Kohlhammer

Sucht: Risiken – Formen – Interventionen
Interdisziplinäre Ansätze von der Prävention zur Therapie

Herausgegeben von Oliver Bilke-Hentsch,
Euphrosyne Gouzoulis-Mayfrank und Michael Klein

Eine Übersicht aller lieferbaren und im Buchhandel angekündigten
Bände der Reihe finden Sie unter:

 https://shop.kohlhammer.de/sucht-reihe

Die Autoren

Prof. Dr. med. Marc Walter, Klinikleiter und Chefarzt der Klinik für Psychiatrie und Psychotherapie, Psychiatrische Dienste Aargau AG (PDAG) und Professor für Psychiatrie und Psychotherapie, ist Facharzt für Psychiatrie und Psychotherapie und Facharzt für Psychosomatische Medizin und Psychotherapie sowie Psychoanalytischer Psychotherapeut (EFPP).

PD Dr. med. Dr. phil. Daniel Sollberger, stv. ärztlicher Direktor Erwachsenenpsychiatrie Baselland, Chefarzt der Schwerpunkte Spezifische Psychotherapien und Psychosomatik (SPP) und Psychosoziale Therapie (SPT), ist Facharzt FMH für Psychiatrie und Psychotherapie, Privatdozent an der Medizinischen Fakultät der Universität Basel, TFP-Dozent und Supervisor (ISTFP).

PD Dr. med. Sebastian Euler, stv. Klinikdirektor der Klinik für Konsiliarpsychiatrie und Psychosomatik am Universitätsspital Zürich, ist Facharzt für Psychiatrie und Psychotherapie mit Zusatztitel Psychosomatische und Psychosoziale Medizin (SAPPM) und Konsiliar- und Liaisonpsychiatrie (SSCLPP), Privatdozent an der Medizinischen Fakultät der Universität Zürich, Psychoanalytischer Psychotherapeut (EFPP) und Gruppenanalytiker (D3G), MBT-Trainer und Supervisor (AFNCCF).

Marc Walter
Daniel Sollberger
Sebastian Euler

Persönlichkeitsstörung und Sucht

2., erweiterte und
überarbeitete Auflage

Verlag W. Kohlhammer

Dieses Werk einschließlich aller seiner Teile ist urheberrechtlich geschützt. Jede Verwendung außerhalb der engen Grenzen des Urheberrechts ist ohne Zustimmung des Verlags unzulässig und strafbar. Das gilt insbesondere für Vervielfältigungen, Übersetzungen und für die Einspeicherung und Verarbeitung in elektronischen Systemen.
Pharmakologische Daten verändern sich ständig. Verlag und Autoren tragen dafür Sorge, dass alle gemachten Angaben dem derzeitigen Wissensstand entsprechen. Eine Haftung hierfür kann jedoch nicht übernommen werden. Es empfiehlt sich, die Angaben anhand des Beipackzettels und der entsprechenden Fachinformationen zu überprüfen. Aufgrund der Auswahl häufig angewendeter Arzneimittel besteht kein Anspruch auf Vollständigkeit.

Die Wiedergabe von Warenbezeichnungen, Handelsnamen und sonstigen Kennzeichen berechtigt nicht zu der Annahme, dass diese frei benutzt werden dürfen. Vielmehr kann es sich auch dann um eingetragene Warenzeichen oder sonstige geschützte Kennzeichen handeln, wenn sie nicht eigens als solche gekennzeichnet sind.

Es konnten nicht alle Rechtsinhaber von Abbildungen ermittelt werden. Sollte dem Verlag gegenüber der Nachweis der Rechtsinhaberschaft geführt werden, wird das branchenübliche Honorar nachträglich gezahlt.

Dieses Werk enthält Hinweise/Links zu externen Websites Dritter, auf deren Inhalt der Verlag keinen Einfluss hat und die der Haftung der jeweiligen Seitenanbieter oder -betreiber unterliegen. Zum Zeitpunkt der Verlinkung wurden die externen Websites auf mögliche Rechtsverstöße überprüft und dabei keine Rechtsverletzung festgestellt. Ohne konkrete Hinweise auf eine solche Rechtsverletzung ist eine permanente inhaltliche Kontrolle der verlinkten Seiten nicht zumutbar. Sollten jedoch Rechtsverletzungen bekannt werden, werden die betroffenen externen Links soweit möglich unverzüglich entfernt.

2., erweiterte und überarbeitete Auflage 2022

Alle Rechte vorbehalten
© W. Kohlhammer GmbH, Stuttgart
Gesamtherstellung: W. Kohlhammer GmbH, Heßbrühlstr. 69, 70565 Stuttgart
produktsicherheit@kohlhammer.de

Print:
ISBN 978-3-17-039754-5

E-Book-Formate:
pdf: ISBN 978-3-17-039755-2
epub: ISBN 978-3-17-039756-9

Geleitwort der Reihenherausgeber

Die Entwicklungen der letzten Jahrzehnte im Suchtbereich sind beachtlich und erfreulich. Dies gilt für Prävention, Diagnostik und Therapie, aber auch für die Suchtforschung in den Bereichen Biologie, Medizin, Psychologie und den Sozialwissenschaften. Dabei wird vielfältig und interdisziplinär an den Themen der Abhängigkeit, des schädlichen Gebrauchs und der gesellschaftlichen, persönlichen und biologischen Risikofaktoren gearbeitet. In den unterschiedlichen Alters- und Entwicklungsphasen sowie in den unterschiedlichen familiären, beruflichen und sozialen Kontexten zeigen sich teils überlappende, teils sehr unterschiedliche Herausforderungen.

Um diesen vielen neuen Entwicklungen im Suchtbereich gerecht zu werden, wurde die Reihe »Sucht: Risiken – Formen – Interventionen« konzipiert. In jedem einzelnen Band wird von ausgewiesenen Expertinnen und Experten ein Schwerpunktthema bearbeitet.

Die Reihe gliedert sich konzeptionell in drei Hauptbereiche, sog. »tracks«:

Track 1: Grundlagen und Interventionsansätze
Track 2: Substanzabhängige Störungen und Verhaltenssüchte
    im Einzelnen
Track 3: Gefährdete Personengruppen und Komorbiditäten

In jedem Band wird auf die interdisziplinären und praxisrelevanten Aspekte fokussiert, es werden aber auch die neuesten wissenschaftlichen Grundlagen des Themas umfassend und verständlich dargestellt. Die Leserinnen und Leser haben so die Möglichkeit, sich entweder Stück für Stück ihre »persönliche Suchtbibliothek« zusammenzustellen oder aber mit einzelnen Bänden Wissen und Können in einem bestimmten Bereich zu erweitern.

Geleitwort der Reihenherausgeber

Unsere Reihe »Sucht« ist geeignet und besonders gedacht für Fachleute und Praktiker aus den unterschiedlichen Arbeitsfeldern der Suchtberatung, der ambulanten und stationären Therapie, der Rehabilitation und nicht zuletzt der Prävention. Sie ist aber auch gleichermaßen geeignet für Studierende der Psychologie, der Pädagogik, der Medizin, der Pflege und anderer Fachbereiche, die sich intensiver mit Suchtgefährdeten und Suchtkranken beschäftigen wollen.

Die Herausgeber möchten mit diesem interdisziplinären Konzept der Sucht-Reihe einen Beitrag in der Aus- und Weiterbildung in diesem anspruchsvollen Feld leisten. Wir bedanken uns beim Verlag für die Umsetzung dieses innovativen Konzepts und bei allen Autoren für die sehr anspruchsvollen, aber dennoch gut lesbaren und praxisrelevanten Werke.

Der vorliegende Band zur Komorbidität von Suchterkrankungen mit Persönlichkeitsstörung gehört zu Track 3: Gefährdete Personengruppen und Komorbiditäten. Herzstücke des Buchs sind die Kapitel zu der Ätiologie und speziellen Psychodynamik sowie zu der Therapie. Mit der nun vorgelegten Neuauflage zeigt sich einerseits das große Interesse von Fachpersonen an der Thematik der Persönlichkeitsstörung im Kontext von Suchterkrankungen, andererseits aber auch die Fortschritte im Verständnis und in der Therapie dieser relevanten Störungsbilder. Die Autoren haben den Text gründlich überarbeitet und durch viele neue Ansätze ergänzt. Dies ist umso wichtiger, als auch durch die Überarbeitung der Konzeptualisierung der Persönlichkeitsstörung in der ICD-11 in den nächsten Jahren ein noch höheres Augenmerk auf diese Störungsgruppe gerichtet werden wird. Insgesamt bietet das Buch von Marc Walter und seinen Mitautoren eine fundierte Grundlage für die Arbeit mit der anspruchsvollen Klientel von Suchtkranken mit Persönlichkeitsstörung.

Oliver Bilke-Hentsch, Luzern
Euphrosyne Gouzoulis-Mayfrank, Köln
Michael Klein, Köln

Inhalt

Geleitwort der Reihenherausgeber 5

Vorwort zur 2. Auflage 11

1	Einleitung	13
2	Kasuistiken	16
3	Epidemiologie	25
3.1	Persönlichkeitsstörungen	25
3.2	Suchterkrankungen	27
3.3	Komorbidität	28
4	Klinik	32
4.1	Persönlichkeitsstörungen im DSM-5 und in der ICD-10	32
4.2	Persönlichkeitsstörungen im DSM-5, Sektion III	34
4.3	Persönlichkeitsstörungen in der ICD-11	37
4.4	Borderline-Persönlichkeitsstörung	40
4.4	Narzisstische Persönlichkeitsstörung	46
4.5	Antisoziale Persönlichkeitsstörung	51

4.6	Vermeidend-Selbstunsichere Persönlichkeitsstörung	56
5	**Ätiologie**	**62**
5.1	Neurobiologie der Persönlichkeitsstörungen	62
5.2	Persönlichkeitsstörung als Identitätsstörung	66
5.3	Persönlichkeitsstörung als Bindungs- und Traumafolgestörung	71
5.4	Persönlichkeitsstörung als Mentalisierungsstörung	76
6	**Spezielle Psychodynamik**	**85**
6.1	Psychodynamik der Persönlichkeitsstörungen	85
6.2	Psychodynamik der Sucht	93
7	**Diagnostik**	**102**
7.1	Diagnostik von Persönlichkeitsstörungen	102
7.2	Diagnostik von Suchterkrankungen	105
7.3	Interviews und testpsychologische Diagnostik	109
8	**Therapie**	**112**
8.1	Psychotherapeutische Behandlung der Persönlichkeitsstörungen	112
8.1.1	Neurobehaviorale und psychodynamische Therapierationale	112
8.1.2	Allgemeine Behandlungsprinzipien	121
8.1.3	Spezifische Therapieverfahren	126

8.1.4	Evidenz der psychotherapeutischen Ansätze in der Behandlung der Borderline-Persönlichkeitsstörung	132
8.1.5	Übertragungsfokussierte Psychotherapie (TFP/Transference-Focused Psychotherapy)	135
8.1.6	Mentalisierungsbasierte Therapie (MBT)	138
8.1.7	Dialektisch-behaviorale Therapie (DBT)	142
8.1.8	Schematherapie	143
8.2	Suchtspezifische Interventionen und Behandlung bei Suchterkrankungen	146
8.3	Duale Behandlung von Persönlichkeitsstörungen und Sucht	153
8.3.1	Evidenzbasierte Verfahren in der Behandlung von Persönlichkeitsstörungen und Sucht	155
8.3.2	Die Dynamisch-dekonstruktive Therapie	158
8.4	Besonderheiten in der Behandlung der komorbiden Persönlichkeitsstörung und Sucht	161
8.4.1	Therapie-Setting und Behandlungsindikation	161
8.4.2	Gruppentherapie	164
8.4.3	Narzisstische Dynamiken und Sucht	168
8.4.4	Narzisstisch-psychodynamische Funktionen des Substanzkonsums	170
8.4.5	Übertragungs- und Gegenübertragungsmanifestationen bei narzisstischen Patienten	173
8.4.6	Behandlungstechnische Überlegungen bei narzisstischen Psychodynamiken	174
8.4.7	Antisoziale Aspekte der Behandlung komorbider Sucht und schweren Persönlichkeitsstörungen	180
8.4.8	Die fallzentrierte Teamsupervision	184
8.5	Pharmakologische Behandlung	186

| 9 | Ausblick | 191 |

Literatur 195

Stichwortverzeichnis 225

Vorwort zur 2. Auflage

Wir freuen uns, dass die 1. Auflage unseres Buches zu »Persönlichkeitsstörungen und Sucht« gut angenommen wurde und auf Interesse stieß. Nunmehr können wir hiermit eine 2., erweiterte und überarbeitete Auflage unseres Buches vorlegen. Die Gliederung des Buches wurde leicht vereinfacht, aber in ihrer Struktur grundsätzlich beibehalten.

Das Kapitel »Ätiologie« zeigt wie auch bereits in der 1. Auflage, dass die Persönlichkeitsstörungen je nach zugrundeliegender Theorie unterschiedlich konzeptualisiert werden. Trotz aller Unterschiede gibt es aber auch Gemeinsamkeiten: Die resultierenden Störungsmuster sind immer bezogen auf das Selbst und die Beziehungen zu anderen. Insofern sind Persönlichkeitsstörungen auch Beziehungsstörungen und zeigen sich in ihren auffälligen Beziehungsmustern situativ und über die Zeit hinweg. Leider liegen bislang nur wenige empirische Studien zu den Ursachen einer Persönlichkeitsstörung vor, so dass neben einzelnen neurobiologischen Studien vor allem weiterhin die zentralen Theorien der Ätiologie beschrieben wurden.

Die Kapitel »Klinik« und »Diagnostik« wurden um die neue ICD-11-Klassifikation der WHO ergänzt. Bei den Suchterkrankungen werden darin die Verhaltenssüchte (Glücksspiel und Spielsucht) neu aufgenommen und ergänzen die bekannten substanzbezogenen Störungen. Bei den Persönlichkeitsstörungen wird eine neue dimensionale Einteilung eingeführt. In der ICD-11 gibt es dann nur noch eine Persönlichkeitsstörung, die in Schweregrade und unterschiedliche Domänen eingeteilt wird. Besonders in der Klinik hatte sich in der Vergangenheit gezeigt, dass meistens mehrere Persönlichkeitsstörungen kombiniert diagnostiziert wurden. Die ICD-11 vereinfacht damit insbesondere auch den Umgang mit dieser Diagnose. So wurde auch der Titel des Buches angepasst und lautet deshalb jetzt »Persönlichkeitsstörung und Sucht«. Im aktuellen DSM-5 wurde dieser radikale Wandel (noch) nicht vollzogen, sodass wir im Buch auf die bekannten und bei den Suchterkrankungen besonders häufigen Diagnosen »Borderline-Persönlichkeitsstörung«, »Narzisstische Persönlichkeitsstörung«, »Antisoziale Persönlichkeitsstörung« und »Ängstlich-vermeidende Persönlichkeitsstörung« nicht verzichten wollten.

Das Kapitel »Therapie« fasst die Störungsbilder »Persönlichkeitsstörung und Sucht« letztlich zusammen. Beide Störungen können einzeln diagnostiziert werden, sollten aber integriert und gemeinsam behandelt werden. Die Berücksichtigung der zugrundeliegenden Psychopathologie der Persönlichkeit ist entscheidend für den Therapieerfolg einer komorbiden Suchterkrankung. Sowohl der erste therapeutische Umgang als auch die evidenzbasierten störungsspezifischen Therapien werden in diesem Kapitel ausführlich beschrieben.

Unser Buch ist wissenschaftlich fundiert, aber für die Praxis gedacht. Es soll einen umfassenden Überblick über Ätiologie, Klinik und Therapie der Komorbidität »Persönlichkeitsstörung und Sucht« bieten. Es beschreibt Phänomene, die in der klinischen Versorgung unserer Patientinnen und Patienten zum Alltag gehören.

Wir wünschen Ihnen viel Freude und Gewinn beim Lesen.

Basel und Zürich, im November 2021

Prof. Dr. med. Marc Walter
PD Dr. med. Dr. phil. Daniel Sollberger
PD Dr. med. Sebastian Euler

1

Einleitung

Der Begriff »Sucht« bezeichnet grundsätzlich eine zwanghafte und unkontrollierte Verhaltensweise, die den Charakter einer Störung oder einer Erkrankung aufweist. Suchterkrankungen gehören zu den häufigsten psychischen Erkrankungen und sind mit schwerwiegenden gesundheitlichen und psychosozialen Konsequenzen für die betroffene Person sowie für ihr Umfeld verbunden; sie verursachen hohe Kosten und gehen mit erhöhten Morbiditäts- und Mortalitätsraten einher. Stigmatisierung und Kriminalität sind mit diesem Krankheitsbild assoziiert und erschweren Diagnostik und Behandlungserfolg. Stressfaktoren und deren Bewältigung sowie traumatische Erfahrungen und deren Reaktion spielen neben genetischen Dispositionen bei der Entwicklung und Aufrechterhaltung der Suchterkrankung eine entscheidende Rolle.

1 Einleitung

Auch wenn es keine einheitliche zugrundeliegende Suchtpersönlichkeit gibt, so ist die konsumierende Person mit ihren Persönlichkeitseigenschaften und Motiven ganz entscheidend an der Suchtentwicklung beteiligt. Vulnerabel sind besonders Personen mit Selbstwertproblemen, mit starken Ängsten und Aggressionen und mit Schwierigkeiten in der Emotionsregulation. Bei Patienten mit großen Schwierigkeiten in diesen Bereichen kann eine Persönlichkeitsstörung durch Strukturierte Klinische Interviews diagnostiziert werden. Es ist bekannt, dass bei denjenigen Patienten, die unter einer Persönlichkeitsstörung leiden, Suchtprobleme und Suchterkrankungen besonders häufig auftreten (Euler et al. 2015).

Allgemeine Risikofaktoren für eine Persönlichkeitsstörung sind die genetische Veranlagung (Temperament) sowie frühe negative Beziehungserfahrungen, die sich als Selbstbild und Beziehungsmuster im Laufe der Adoleszenz und des frühen Erwachsenenalters ausgestalten.

> Persönlichkeitsstörungen können als Störungen der Emotionsregulation, der Identität, als Bindungsstörung oder als Mentalisierungsstörung konzeptualisiert werden.

Kommen die Auswirkungen anhaltenden Konsums bei einer Suchterkrankung zu der Symptomatik einer Persönlichkeitsstörung hinzu, kann die Diagnostik einer spezifischen Persönlichkeitsstörung im klinischen Alltag erschwert sein. Eine anhaltende Suchterkrankung kann im Verlauf eine Persönlichkeitsproblematik überlagern, oder die Sucht kann Ausdruck einer Krise bei einer Persönlichkeitsstörung sein. Im Einzelfall mag es deshalb häufig schwerfallen, beide Störungsbilder in Bezug auf das Auftreten, ihre Entwicklung und Verlauf einander zu zuordnen. Diese Entscheidung hat jedoch auch Auswirkungen auf die Therapie.

Allgemein sind in der Therapie bei Persönlichkeitsstörungen wie bei Suchterkrankungen psychotherapeutische Interventionen und Behandlungen erfolgversprechend und gelten entsprechend empirischer Studien als hinreichend evidenzbasiert. Pharmakologische Behandlungen können in akuten Krisen und bei zusätzlichen komorbiden psychischen Störungen hilfreich sein – sie sind aber nicht ausreichend, um eine Persönlichkeitsstörung zu behandeln. Steht die Persönlichkeitsproblematik im Vordergrund, werden insbesondere störungsspezifische Psychotherapieverfahren mit Erfolg angewandt. Ist die Suchtproblematik klinisch führend, kommen derzeit vorrangig suchtspezifische Therapien zum Einsatz. In den letzten Jahren wurden zudem für diese Doppeldiagnose adaptierte evidenzbasierte Therapieformen entwickelt.

> Grundsätzlich ist es für die Therapie von Patienten mit Persönlichkeitsstörungen und Suchterkrankung entscheidend, dass immer beide Störungsbilder beachtet und gemeinsam behandelt werden.

2

Kasuistiken

Fallvignette 1: Borderline-Persönlichkeitsstörung und schädlicher Gebrauch von Alkohol
45-jährige alleinlebende, zurzeit arbeitslose Patientin mit einer Borderline-Persönlichkeitsstörung und schädlichem Gebrauch von Alkohol. Die Kündigung ihrer Tätigkeit bei der Gemeindeverwaltung wurde ihr ausgesprochen, nachdem es zu interaktionellen Schwierigkeiten mit ihren Vorgesetzten gekommen war, bei denen die Patientin mehrmals impulsiv reagiert habe. Bei ihr zeigte sich ein schmaler Grat zwischen erlebter Über- und Unterforderung und ein andauerndes Gefühl fehlender Anerkennung. Sie zeigte langjährige Stimmungsschwankungen mit Verschlechterung abends beim Alleinsein, Grübeln, Schuldgefühle und Gedankenkreisen, häufig Aggression gegen sich selbst

mit Tendenz, sich selbst zu verletzten (Faust an die Wand schlagen, Ritzen), um sich besser spüren zu können, phasenweise Suizidgedanken, Wutausbrüche sowie dissoziative Zustände von mehreren Stunden unter Alkoholeinfluss bereits geringer Menge mit aggressiv-agitiertem Verhalten. Nach eigener Aussage mache sie »gute Miene zu verdecktem Spiel« und dann irgendwann lasse sie »die Sau raus« und es komme zu den »black-outs«. Es gab mehrere Vorbehandlungen stationär und ambulant wegen Depressionen, eine vorgängig 10-wöchige stationäre Behandlung einer schweren depressiven Episode auf einer Spezialabteilung für affektive Erkrankungen; dort wurde die pharmakologische Etablierung von zwei Antidepressiva, einem Mood-Stabilizer, einem Neuroleptikum sowie einer hohen Dosis eines Benzodiazepins fokussiert. Ihren Alkoholkonsum hat sie aus Schamgründen in den Vorbehandlungen nicht offenbart: seit Jahren mehrmals pro Woche 4–5 Gläser Wein oder Bier mit obigen Konsequenzen, kein Konsum anderer Substanzen. Anmeldung von der vorbehandelnden Abteilung zur Diagnostik in der Schwerpunktsprechstunde für Persönlichkeitsstörungen mit Diagnose einer Borderline-Persönlichkeitsstörung und Indikationsstellung für eine störungsspezifische 12-wöchige stationäre Psychotherapie. Ihr eigener Wunsch an die stationäre Psychotherapie waren eine bessere Affektbalance und sich zeigen zu können, ohne dass es zu unkontrollierbaren Wutdurchbrüchen oder Aggressionen gegen sich selbst komme. Sie wolle wieder leistungsfähig werden, habe aktuell keine gute Stresstoleranz und setze sich selbst zu sehr unter Druck, worauf unkontrollierbare Wut und Aggressionen folgten. Vorbehandlungen seien »nur ein Kratzen an der Mauer um sie herum« gewesen.

Es erfolgte die Aufnahme auf die Spezialstation für Persönlichkeitsstörungen zur 12-wöchigen stationären Psychotherapie mit psychodynamischer Einzelpsychotherapie, mentalisierungsbasierter Gruppenpsychotherapie, cotherapeutischen Bezugspersonengesprächen, Musiktherapie, progressiver Muskelrelaxation, Achtsamkeits- und Fertigkeitentraining (nach Dialektisch-behavioraler Therapie/DBT), integrativer Körpertherapie, Sozialberatung und Sport mit spezifischen Behandlungsvereinbarungen zum Konsum psychotroper Substanzen. Der Fokus der Behandlung lag auf der Förderung von Selbsterleben und Selbstwirksamkeit, so dass die Patientin zunehmend ein inneres Gefühl entwickeln konnte, »etwas zu taugen«, ohne dass dafür Beweise in der Außenwelt bzw. bei den Mitmenschen gesucht werden müssen, und dass aggressive Anteile in Beziehungen dosiert und konstruktiv integriert werden können. Wiederholt zeigten sich Konflikte auch in ihrem engeren Freundeskreis und der Familie, was während der Behandlung gut bearbeitet werden konnte. Im Gesamtverlauf und zusehends entwickelte sie eine positivere Selbstbesetzung inklusive aggressiver Selbstanteile. Medikamentös erfolgte ein Absetzen des Neuroleptikums und allmähliches Ausschleichen des Benzodiazepins. Eine ambulante Behandlung bei einer mit Persönlichkeitsstörungen erfahrenen Psychiaterin wurde etabliert. Über ihren Austritt hinaus besuchte sie die klinikinterne Arbeitsrehabilitation, um eine berufliche Wiedereingliederung vorzubereiten.

Fallvignette 2: Narzisstisch-selbstunsichere Persönlichkeitsstörung und Cannabis- und Alkoholabhängigkeit
22-jähriger arbeitsloser Patient mit narzisstischer und selbstunsicherer Persönlichkeitsstörung und Cannabis- und Alkoholabhängigkeit. Er berichtete seit dem 15. Lebensjahr unter diffusen Anspannungszuständen, einem Gefühl innerer Leere, Suizidgedanken und Insuffizienzerleben v. a. gegenüber dem Vater gelitten zu haben. Er praktizierte täglichen Cannabiskonsum zur Entlastung. Die Schule hatte er nur knapp geschafft, mehrere Lehren dann wegen interaktioneller Schwierigkeiten (Kränkungs- und Insuffizienzerleben) abgebrochen. Seit dem letzten Lehrabbruch vor einem Jahr konsumierte er zusätzlich Alkohol »zur Betäubung« der Insuffizienz- und Schamgefühle. 6 Monate vor Eintritt Entzugsbehandlung in einer anderen Klinik erfolgte aufgrund eines Konsumereignisses der Therapieabbruch, seitdem Rückzug

ins abgedunkelte Zimmer in der Wohnung des Vaters und vor Klinikeintritt täglich Konsum von ca. einer Flasche Wodka seit 6 Monaten und 2–5 Joints pro Tag seit vielen Jahren.

Nach 14-tägigem qualifiziertem Alkohol- und Cannabisentzug auf einer Drogenentzugsabteilung wurde der Patient auf die Spezialstation für Persönlichkeitsstörungen übernommen zur 12-wöchigen stationären Psychotherapie mit psychodynamischer Einzelpsychotherapie, mentalisierungsbasierter Gruppenpsychotherapie, cotherapeutischen Bezugspersonengesprächen, Gestaltungstherapie, progressiver Muskelrelaxation, Achtsamkeits- und Fertigkeitentraining (nach Dialektisch-behavioraler Therapie/DBT), integrativer Körpertherapie, Sozialberatung und Sport mit spezifischen Behandlungsvereinbarungen zum Konsum psychotroper Substanzen.

Der Patient imponierte mit geringer Frustrationstoleranz in Beziehungen, die in der Vergangenheit häufig zum Beziehungsabbruch führten (Familie, Lehre, Freunde, Partnerin), verbunden mit Kränkungs- und Schamgefühlen. Er zeigte einerseits ausgeprägte Selbstentwertungen als »Parasit« oder »Versager«, andererseits narzisstisch-überhöhte Ansprüche an sich selbst, allen und allem gerecht zu werden. Im Kontakt schien er stets betont freundlich, hilfsbereit und angepasst, gleichzeitig nervös und unsicher, aggressive Affekte (Wut/Zorn) schienen nicht vorhanden. In der Therapie zeigte er auffällig sozial erwünschtes Verhalten mit Antizipation der möglichen therapeutischen Interventionen. Im gesamten Behandlungszeitraum waren alle durchgeführten Atemalkoholtests und toxikologischen Urinuntersuchungen durchweg unauffällig. Eine medikamentöse Therapie war nicht indiziert. In Zusammenarbeit mit der klinikinternen Sozialberatung erfolgten die Anmeldung beim Sozialamt, die Vermittlung in eine betreute Wohneinrichtung und die Entwicklung einer Ausbildungsperspektive.

Katamnesegespräch 2 Monate nach Therapieabschluss: Patient wohnt in betreuter Wohnform und plant eine kaufmännische Ausbildung in geschütztem Rahmen noch im gleichen Jahr.

Für eine ambulante Therapie wurde er nach zwei Vorgesprächen vom niedergelassenen Psychotherapeuten »abgelehnt«, nach dem Katamnesegespräch gelang die Vermittlung zu einer mit der Klinik kooperierenden, in der Arbeit mit Patienten mit Persönlichkeitsstörungen erfahrenen Psychotherapeutin. Seit seiner Klinikentlassung zeigt er kein Konsum von Cannabis oder Alkohol und pflegt soziale Kontakte zu Kollegen sowie eine neue Partnerschaft.

Fallvignette 3: Borderline-Persönlichkeitsstörung, narzisstische Persönlichkeitsstörung und Mehrfachabhängigkeit

30-jährige Patientin mit Borderline-Persönlichkeitsstörung und narzisstischer Persönlichkeitsstörung sowie Heroin- und Kokainabhängigkeit. Sie ist alleinlebend und an einem geschützten Arbeitsplatz (ein geförderter Arbeitsplatz auf dem freien Arbeitsmarkt für Menschen mit psychischen Beeinträchtigungen) tätig. Regelmäßiger Konsum von Heroin und Kokain, langjährige stabile Buprenorphin-Substitution beim Hausarzt. Geld für Drogen verdiente sie zum Teil durch Prostitution. Sie zeigte Kratzen und Schneiden der Haut sowie eben genannte Prostitution als selbstverletzende und -destruktive Verhaltensweisen.

Die Patientin war als einzige Tochter einer drogenabhängigen alleinerziehenden Mutter aufgewachsen. So entstand ein früher Kontakt mit der Drogenszene und eine emotionale Vernachlässigung in der Kindheit. Ihre Mutter starb an drogenassoziierten Folgeerkrankungen, als die Patientin 14 Jahre alt war. Danach lebte sie zeitweise bei ihren Großeltern. Sie absolvierte eine obligate Schulausbildung, verschiedene Ausbildungen wurden aufgrund von schwerem Drogenkonsum mit vielen Fehlzeiten abgebrochen. Es folgten wiederholte Behandlungen in der Drogenentzugsabteilung zum Beikonsumentzug von Heroin und Kokain nach ihrem 20. Lebensjahr.

Die Patientin träumte von einem geregelten bürgerlichen Leben mit Beruf und einer eigenen Familie. Insgesamt hegte sie weitgehend unrealistische Vorstellungen über diese Möglichkeiten, geprägt durch narzisstische Idealisierung und eine Entwertung anderer Menschen in ihrer Umgebung. Realistische Wahrnehmung auch unter leichten therapeutischen Konfrontationen führten zu massiven Selbstwerteinbrüchen, die sie sodann häufig mit Drogenkonsum beantwortete. Gleichzeitig bedeutete die Droge ein verlässliches Objekt, das sie gebrauchen und missbrauchen kann. Zusätzlich führte der Drogenkonsum wiederum zur Stabilisierung der Situation und verhinderte eine Anpassung an die Realität sowie die Integration negativer Affekte und Selbstanteile. Zunächst war sie unzuverlässig beim Einhalten der Therapiestunden, auch aufgrund des Drogenkonsums.

Nach Abschluss eines Therapievertrags waren wiederholte Neuanpassungen der Therapievereinbarungen erforderlich. Es folgten die Etablierung einer regelmäßigen Substitutionsbehandlung sowie Verhaltensanalysen und motivierende Gesprächsführung, um den Zusammenhang zwischen Drogenkonsum und ihren Gefühlen zu verstehen. In der überwiegend übertragungsfokussierten Psychotherapie im ambulanten Setting erfolgten Konfrontation und Deutung in der Übertragung. Die Patientin ließ dann jedoch die Therapie aus und zeigte ein unbesorgt-gefühlloses, teilweise triumphierendes Auftreten während der folgenden Sitzung. Sie wurde auf die Fehltermine angesprochen. In der Gegenübertragung führten Aggressionen zur Verachtung und Geringschätzung oder zu Langeweile beim Zuhören der selbststabilisierenden Monologe der Patientin. Beides wurde in der Übertragungsbeziehung gedeutet und mit ihren aktuellen und später mit ihren früheren Beziehungen in Zusammenhang gebracht.

Es folgten mehrere Jahre hochfrequenter Psychotherapie und gelegentlich supportive Psychotherapie während krisenhafter Selbstwertzustände. Der Fokus lag auf der Abhängigkeitsproblematik und auf der Persönlichkeitsstruktur der Patientin, je nach der im Vordergrund stehenden Problematik.

Fallvignette 4: Selbstschädigung durch Selbstmedikation einer Patientin mit einer Borderline-Persönlichkeitsstörung mit narzisstischen Zügen und einer Benzodiazepinabhängigkeit
22-jährige Patientin, intelligente junge Frau mit Maturaabschluss und Möglichkeiten, ein Studium zu beginnen, Diagnose einer Borderline-Persönlichkeitsstörung und einer Benzodiazepinabhängigkeit. Sie verletzt sich über Jahre anhaltend selbst und sorgt wiederholt mit suizidalen Impulsen für viel Unruhe in ihrem sozialen Umfeld. In der Therapie sind aufdeckende Gespräche über die Schwierigkeiten und Handlungsmotive der Patientin möglich. Sie kommt zu vielen Einsichten, allerdings ändert die Patientin in der äußeren Realität kaum etwas. Vielmehr entsteht der Eindruck eines Stillstandes. Dabei nutzt sie unbewusst nahezu jede Gelegenheit, eine Verantwortung für sich und ihr Tun zu umgehen und damit letztlich indirekt anderes und andere für ihren Zustand verantwortlich zu machen.

Nach einer kurzen stationären Krisenintervention aufgrund einer nicht mehr selbst kontrollierbaren Suizidalität werden der Patientin (entgegen der Empfehlungen pharmakotherapeutischer Leitlinien) Benzodiazepine verabreicht. Nach Entlassung aus der Klinik macht die Patientin derart Druck auf den ambulanten Pharmakotherapeuten, dass dieser die Benzodiazepin-Medikation widerwillig vorerst beibehält, und erst nach weiteren Wochen auf Abbau drängt. Daraufhin klagt die Patientin über Entzugssymptome, die sie dazu bringen würden, dass sie die Kontrolle über ihre Impulse und Affekte verliere. Es kommt wiederholt zu selbstdestruktivem und fremdaggressivem Verhalten, welches die Patientin – gewissermaßen sich selbst in ihrer Verantwortung entlastend – dem Entzugssyndrom und damit indirekt den behandelnden Ärzten während der Krisenintervention attribuiert. Sie erwirkt damit in ihrer betreuten Wohneinrichtung eine Extrabehandlung mit Rückzugsmöglichkeiten. Die (zumeist theatralisch) präsentierte Entzugssymptomatik kaschiert dabei die im Selbstbild der Patientin abgespaltenen fremdaggressiven Anteile. Die Orientierung und Planung mit real zu vollziehenden Schritten in Richtung einer Berufsausbildung bzw. eines Studiums, die die Patientin z. T. vollzieht, werden zugleich aber auf diese und ähnliche Weise (indirekt) immer wieder torpediert.

Die Patientin verharrt dabei in einer Art »Opferstatus«, den sie sich zugleich selbst vorwirft, vordergründig um andere zu entlasten, ihre Selbstbestrafungstendenzen rationalisierend zu rechtfertigen und in ihrem selbstdestruktiven Verhaltensmodus zu verbleiben. Schließlich wird auch die Therapie in dieser Weise funktionalisiert: sie soll einst allen zum Beweis dienen, dass ihre therapeutischen Bemühungen hoffnungslos waren und sind. So dass man verstehen und akzeptieren, ja, es vielleicht sogar als richtig erachten könnte, dass sie sich umbringt. Niemand kann ihr helfen, sie muss selbst mit allem zurechtkommen und ist auf sich gestellt – so ihre subjektive Erlebensweise in der Ambivalenz zwischen einem heroischen Gefühl, alles Schlechte auf sich zu nehmen und zu ertragen, und der Frustration, dass niemand wirklich für sie da ist. In dieser Dynamik drohen die therapeutischen Bemühungen der Behandler zu pervertieren: ihre Bemühungen werden von der Patientin innerlich zurückgewiesen bzw. in den Dienst ihrer Suizidabsichten gestellt. Sie entfernt sich damit nicht nur zunehmend vom Therapieziel, sondern entzieht sich auch dem therapeutischen Kontakt und beginnt, die Verantwortung für die Therapie dem Therapeuten zu übergeben.

Schließlich intoxikiert sich die Patientin in suizidaler Absicht mit heimlich gehorteten Lithiumtabletten, einer vom Pharmakotherapeuten verordneten Medikation. Im Gegensatz zu früheren Intoxikationen mit Benzodiazepinen, die letztlich als Selbstmedikationsversuche (sedierende Selbstbehandlung in Erregungszuständen) verstanden werden konnten, gewinnt der jetzige Versuch einen deutlicheren destruktiven psychodynamischen Beziehungsaspekt: Die Patientin wird in der Therapie mit ihrer reservierten Haltung gegenüber der therapeutischen Beziehung und der angebotenen Hilfestellung konfrontiert. Ihr Suizidversuch, der nicht wie bei Benzodiazepin-Intoxikationen als Form einer pharmakologischen Selbstsedierung aufzufassen ist, wird als Abwehr der therapeutischen Beziehung – konkretisiert in der verordneten Medikation –, von welcher sie profitieren könnte, letztlich als negative therapeutische Reaktion gedeutet (vgl. Sollberger 2020). Im Annehmen der Hilfe würde sie mit ihren unbewussten Wünschen nach Versorgung und Abhängigkeit und damit mit den weniger starken Anteilen ihrer selbst konfrontiert – möglicherweise gar mit einem Neid auf den Therapeuten, der ihr etwas zu geben hätte.

3

Epidemiologie

3.1 Persönlichkeitsstörungen

Epidemiologische Studien gehen in der Allgemeinbevölkerung von einer Prävalenzrate von ca. 10 % für das Vorliegen einer Persönlichkeitsstörung aus. Die Daten schwanken je nach Studie zwischen 4 % und 20 % (Trull et al. 2010). In Adoleszentenpopulationen werden höhere Prävalenzen berichtet (Johnson et al. 2000). Bei psychiatrischen Patienten sind die Zahlen deutlich höher. Studien (Fydrich et al. 1996; Loranger 1994) berichten hier von einer Prävalenz von 30–50 % bei Erwachsenen und bei Jugendlichen 50–60 % (Becker et al. 1999).

3 Epidemiologie

Von den spezifischen Persönlichkeitsstörungen treten in der Klinik die (ängstlich-)vermeidende Persönlichkeitsstörung, die zwanghafte Persönlichkeitsstörung und die Borderline-Persönlichkeitsstörung besonders häufig auf (Zimmermann et al. 2005; Walter und Bilke-Hentsch 2020; Benoy und Walter 2022). Die Borderline-Persönlichkeitsstörung wird mit einer Prävalenz von 10 % in der ambulanten und 15–25 % (Gunderson 2009; Kernberg und Michels 2009) in der institutionellen Versorgung auch als häufigste Persönlichkeitsstörung in klinischen Populationen angegeben. Für die Borderline-Persönlichkeitsstörung wird eine Prävalenz von 3 % (Trull et al. 2010) bis 4 % (Kernberg und Michels 2009) in der Allgemeinbevölkerung berichtet. In klinischen Populationen finden sich überwiegend Frauen mit einer Borderline-Störung, nicht aber in Bevölkerungsstudien, in denen Männer und Frauen etwa gleich häufig betroffen sind, was einen Hinweis darauf gibt, dass Frauen mit Borderline-Persönlichkeitsstörung sich häufiger in Behandlung begeben (Paris et al. 2013). Die Borderline-Persönlichkeitsstörung findet sich seltener in traditionellen Kulturen, aber zunehmend in städtischen Populationen (Paris und Lis 2013). Suchterkrankungen treten bei Männern mit Borderline-Persönlichkeitsstörung häufiger auf (Johnson et al. 2003).

Für die narzisstische Persönlichkeitsstörung wird im deutschsprachigen Raum eine Prävalenz von etwa 1 % (Ritter und Lammers 2007; Vater 2013) angegeben. Neuere Studien zeigten eine Lebenszeitprävalenz von 6 % (Walter und Bilke-Hentsch 2020). Dabei sind die Raten für Männer mit 7,7 % etwas höher als für Frauen mit 4,8 % (Stinson et al. 2008). Auch in den meisten klinischen Stichproben ist die Prävalenz der narzisstischen Persönlichkeitsstörung bei Männern größer als bei Frauen (Karterud et al. 2011). Die Studien sprechen dafür, dass dieser Unterschied zwischen Männern und Frauen mit narzisstischer Persönlichkeitsstörung in der Allgemeinbevölkerung und in klinischen Stichproben vorhanden ist, und nicht auf einen (Geschlechts-)Bias zurückzuführen ist (Grijalva et al. 2015).

Für die antisoziale Persönlichkeitsstörung reichen die Prävalenzraten je nach Studie von 1–3 % (Gibbon et al. 2010; Torgensen et al. 2001; Coid et al. 2006), die antisoziale Persönlichkeitsstörung ist etwa fünfmal häufiger bei Männern (Paris 2013).

3.2 Suchterkrankungen

Hinsichtlich der Prävalenzraten zeigten Studien, dass ungefähr 48 % der weltweiten Bevölkerung Alkohol konsumieren und 4.5 % illegale Drogen (Walter und Wiesbeck 2009). Die Tabakabhängigkeit und die Alkoholabhängigkeit gelten als die häufigsten Substanzabhängigkeiten mit ungefähr 8 % für die Tabakabhängigkeit bzw. 5 % 12-Monats-Prävalenz für die Alkoholabhängigkeit. In den westlichen Ländern wird von einer Lebenszeitprävalenz für Alkoholabhängigkeit zwischen 7 und 12 % ausgegangen. Für die Drogenabhängigkeit beträgt die Lebenszeitprävalenz 3 %. Die Cannabisabhängigkeit wird mit einer 12-Monats-Prävalenzrate zwischen 1,5 und 2 % angegeben, die Abhängigkeit von Stimulanzien und Opiaten liegt bei 0,3 bis 0,5 % in der Allgemeinbevölkerung (Kessler et al. 2005; McBride et al. 2008).

Für die Glücksspielsucht werden ähnlich hohe Prävalenzen erreicht. Deutschlandweit und in internationalen Studien wurden 0,2 bis 0,5 % in Repräsentativumfragen für das pathologische Glücksspiel gefunden (Wölfling et al. 2009). Die Prävalenz für die Internetsucht liegt bei ca. 1 % in der Allgemeinbevölkerung (Rumpf et al. 2014). Studienergebnisse zeigen, dass ca. 2 bis 7 % der regelmäßigen Internetnutzer einen problematischen Umgang bis zu internetsüchtigem Verhalten aufweisen (Wölfling et al. 2009). Bei Studenten steigen die Prävalenzzahlen gegenüber der Allgemeinbevölkerung auf 13 bis 18 % für die Internetsucht (Young und Nabuco de Abreu 2011).

3.3 Komorbidität

Das Risiko, bei bestehender Persönlichkeitsstörung auch an einer zusätzlichen, also komorbiden Suchterkrankung zu leiden, ist um den Faktor fünf für alkoholbezogene Störungen und um den Faktor zwölf für die drogenbezogenen Störungen erhöht (Trull et al. 2010).

In einer Übersichtsarbeit zur Komorbidität von Persönlichkeitsstörungen bei Patienten mit Suchterkrankungen zeigten die Studien eine Prävalenzrate zwischen 34 und 73 % (Verheul 2001). Es kann mittlerweile davon ausgegangen werden, dass je nach untersuchter Stichprobe und zugrundeliegender Suchterkrankung ungefähr *jeder zweite Patient* neben der Diagnose einer Suchterkrankung auch die einer oder mehrerer Persönlichkeitsstörungen hat. In einer Stichprobe mit Borderline-Persönlichkeitsstörung hatten die Hälfte der Patienten auch eine alkohol- und/oder eine drogenbezogene Störung (McGlashan et al. 2000). Tatsächlich wurde das gemeinsame Auftreten von Suchterkrankungen und Cluster-B-Persönlichkeitsstörungen besonders häufig berichtet (Skodol et al. 1999; Walter et al. 2009a; Köck und Walter 2018).

Bei Patienten mit Alkoholabhängigkeit wurden verschiedene spezifische Persönlichkeitsstörungen festgestellt, darunter neben der Borderline-Persönlichkeitsstörung auch die narzisstische, die zwanghafte und die paranoide Persönlichkeitsstörung. Das Auftreten einer oder mehrerer Persönlichkeitsstörungen hatte einen positiven Zusammenhang mit der Schwere der Suchtproblematik (Preuss et al. 2009). Bei Patienten mit Alkoholabhängigkeit und Cannabis-bezogenen Störungen wurden neben der schizotypischen Persönlichkeitsstörung die Borderline-Persönlichkeitsstörung und die antisoziale Persönlichkeitsstörung häufig diagnostiziert (Hasin et al. 2011).

Es bleibt festzuhalten, dass die Komorbidität zwischen Suchterkrankung und Persönlichkeitsstörung häufig ist, insbesondere und je nach Stichprobe die Borderline-Persönlichkeitsstörung und die

3.3 Komorbidität

antisoziale Persönlichkeitsstörung betrifft und häufig mit einer schweren Suchtproblematik verbunden ist.

Zusätzlich gibt es derzeit auch deutliche Hinweise dafür, dass, auch wenn sich die Art der Persönlichkeitsstörung zwischen Alkohol- und Drogenabhängigkeit nicht wesentlich unterscheidet, bei drogenabhängigen Patienten die Prävalenz für eine spezifische komorbide Persönlichkeitsstörung aber möglicherweise noch etwas höher ist als bei alkoholabhängigen Patienten (Colpaert et al. 2012). So haben in einer brasilianischen Studie auch 25 % der Crack-Kokain-Konsumenten, aber nur 9 % der Alkohol- und Cannabis-Konsumenten eine zusätzliche antisoziale Persönlichkeitsstörung (Paim Kessler et al. 2012). In einer Studie mit heroinsubstituierten Patienten hatten 27 % eine komorbide antisoziale Persönlichkeitsstörung (Dammann et al. 2017). Kritisch bleibt jedoch anzumerken, dass die standardisierten Interviews zur Diagnostik der Persönlichkeitsstörungen ein delinquentes Verhalten erfassen, das bei der Abhängigkeit von Heroin oder Kokain beinahe regelhaft zu finden ist und als sog. »Beschaffungskriminalität« im Rahmen der Suchterkrankung zu werten ist und kein antisoziales/psychopathisches Verhalten im engeren Sinn darstellt, welches typischerweise mit Aggressivität, fehlender Empathie und Rücksichtslosigkeit verbunden ist (Walter et al. 2011).

Wie bei den Suchterkrankungen scheint auch die Komorbidität von Persönlichkeitsstörung und pathologischem Glücksspiel besonders häufig aufzutreten. Es wurden erhöhte Prävalenzen für narzisstische Persönlichkeitsstörung und Borderline-Persönlichkeitsstörung festgestellt (Saez-Abad et al. 2008). Bagby et al. (2008) fanden auch nach Kontrolle für zusätzliche psychische Störungen ein signifikant höheres Auftreten von Borderline-Persönlichkeitsstörungen bei pathologischen Glücksspielern im Vergleich zu nicht-pathologischen Glückspielern. Studien zur Internetsucht zeigen auch, dass die komorbiden psychischen Störungen sehr häufig sind. In der Regel haben alle untersuchten internetabhängigen Personen mindestens eine weitere psychische Störung (te Wildt et al. 2010). In einer Studie von Black et al. (1999) wurden vor allem

›3 Epidemiologie

Persönlichkeitsstörungen (52 %), stoffgebundene Abhängigkeitserkrankungen (38 %), affektive Störungen (33 %) und Angststörungen (18 %) diagnostiziert.

Grundsätzlich unterscheiden sich Patienten mit Suchterkrankung und komorbider Persönlichkeitsstörung von Patienten ohne komorbide Persönlichkeitsstörung. Sie weisen früher Suchtprobleme auf, sind bei Eintritt in eine suchtspezifische Behandlung jünger, haben häufiger einen Konsum von illegalen Substanzen und haben mehr soziale Probleme sowie eine geringere psychosoziale Funktionsfähigkeit (Langås et al. 2012).

Auch der klinische Verlauf ist für Patienten mit Persönlichkeitsstörung und komorbider Suchterkrankung den empirischen Befunden zufolge wie erwartet schlechter. Trotz Verbesserungen im Verlauf zeigten Patienten mit komorbider antisozialer Persönlichkeitsstörung sowohl in der Schwere der Sucht als auch der psychischen Problematik eine stärkere Beeinträchtigung als diejenigen ohne komorbide Persönlichkeitsstörung (Galen et al. 2000). Zudem konnte festgestellt werden, dass eine komorbide antisoziale, Borderline- und schizotypische Persönlichkeitsstörung als spezifische Persönlichkeitsstörung einen signifikanten Prädiktor für eine anhaltende drogenbezogene Störung über mehrere Jahre darstellt – eine andere komorbide psychische Störung hatte dagegen keinen Einfluss auf den Verlauf der Drogenproblematik (Fenton et al. 2011).

Ein weiterer Befund zeigt auf, wie wichtig die Diagnosestellung einer Persönlichkeitsstörung für den Verlauf der suchtspezifischen Behandlung ist: Die komorbide Persönlichkeitsstörung remittiert nicht nach einer Behandlung der Suchterkrankung (Verheul et al. 2000). Umgekehrt ist es die komorbide Suchterkrankung, die mit einem schlechteren Verlauf bei Patienten mit einer Borderline-Persönlichkeitsstörung assoziiert ist (Zanarini et al. 2004).

Auch die neue S3-Leitlinie »Screening, Diagnose und Behandlung alkoholbezogener Störungen« bezieht erstmalig die Diagnostik und Behandlung der Komorbidität der Alkoholkonsumstörung und Persönlichkeitsstörung mit ein. Es wird darin betont, dass ein

3.3 Komorbidität

Screening zur Diagnostik sowie eine störungsspezifische Therapie in der Behandlung der Komorbidität von großer Bedeutung sind und bei der vorliegenden empirischen Grundlage auch empfohlen werden (AWMF 2021).

Zusammenfassung
Insgesamt gilt, dass eine Behandlung der Suchterkrankung allein nur einen geringen reziproken Effekt auf den Verlauf einer komorbiden Persönlichkeitsstörung hat, so dass die Behandlung der spezifischen Persönlichkeitsstörung verstärkt in den Fokus der Suchtbehandlung gerückt werden sollte.

4

Klinik

4.1 Persönlichkeitsstörungen im DSM-5 und in der ICD-10

Persönlichkeitsstörungen sind allgemein dadurch gekennzeichnet, dass bei einer Person bestimmte Verhaltens-, Gefühls- und Denkmuster vorhanden sind, die von den Erwartungen der soziokulturellen Umgebung abweichen und sich in einem breiten Spektrum sozialer und persönlicher Situationen bemerkbar machen (▶ Kap. 7.1). Menschen mit Persönlichkeitsstörungen sind im Erlangen von Zufriedenheit und dem Erreichen persönlicher Ziele eingeschränkt. Dabei ist häufig die Beziehungswelt der Betroffenen

4.1 Persönlichkeitsstörungen im DSM-5 und in der ICD-10

stark beeinträchtigt mit der Folge von sozialer Isolation oder instabilen, wenig befriedigenden Beziehungen.

Spezifische Subtypen von Persönlichkeitsstörungen werden im DSM-5 und in der ICD-10 hinsichtlich ihrer Beeinträchtigung in den Bereichen Kognition, Affektivität, Beziehungsgestaltung und Impulskontrolle definiert. Schmitz et al. (2001) stellen der kategorialen Systematik eine dimensionale Sichtweise gegenüber, die von einem Kontinuum von Persönlichkeitsstil zur Persönlichkeitsstörung ausgeht. Persönlichkeitsstile werden hier als Qualitäten gesehen, die in unterschiedlichen Anteilen bei praktisch jedem Menschen vorhanden sind und bei Persönlichkeitsstörungen als Extremvarianten angesehen werden (Renneberg et al. 2010). Die Unterscheidung zwischen Persönlichkeitsstil und Persönlichkeitsstörung ist eine Frage des Ausprägungsgrades (Fiedler 2011), ohne dass hier eine klare Trennlinie gezogen werden kann (Stieglitz und Ermer 2007).

Die mit Persönlichkeitsstörungen verbundenen maladaptiven Muster reichen in der Regel in Kindheit und Adoleszenz zurück, vor dem 14. Lebensjahr sollte eine entsprechende Diagnose jedoch nicht vergeben werden. Die Diagnose einer dissozialen (ICD-10) bzw. antisozialen (DSM-5) Persönlichkeitsstörung darf definitionsgemäß vor dem Alter von 18 Jahren nicht gestellt werden. Allgemein wird die Diagnosestellung erst für das frühe Erwachsenenalter empfohlen (Fiedler 2011). Obwohl ein stabiler zeitlicher Verlauf diagnostisch wegweisend ist, zeigen neuere Verlaufsstudien eine geringe zeitliche Stabilität (Gunderson et al. 2011).

Durch den Zusammenhang mit Suchterkrankungen, Suizidalität, Impulsivität und Kriminalität sowie intensiven psychiatrischen Behandlungen nehmen die schweren Persönlichkeitsstörungen des DSM-5 (▶ Tab. 4.1) – und hier insbesondere die Borderline-Persönlichkeitsstörung und die antisoziale Persönlichkeitsstörung, aber auch die narzisstische Persönlichkeitsstörung – eine Sonderstellung ein (Coid et al. 2006). Neben der Borderline-Persönlichkeitsstörung gehört insbesondere auch die Vermeidend-Selbstunsichere Persönlichkeitsstörung (DSM-5) oder die ängstliche (vermeidende) Persönlichkeitsstörung (ICD-10) in klinischen Populationen zu den häufigsten Persönlichkeitsstörungen (Wälte 2003; Renneberg und Ströhle 2006). Auf die zwanghafte Persönlichkeitsstörung wird hier nicht näher eingegangen (vgl. Benoy und Walter 2022).

Tab. 4.1: Persönlichkeitsstörungen (PS) nach Clustern des DSM-5 (Falkai et al. 2015) und ihre Entsprechung in der ICD-10 (F60.-) (Dilling et al. 1991)

DSM-5		ICD-10
Cluster A bizarr, exzentrisch	Paranoide PS Schizoide PS Schizotype PS	Paranoide PS (F60.0) Schizoide PS (F60.1)
Cluster B dramatisch, emotional	Borderline-PS Histrionische PS Antisoziale PS Narzisstische PS	Emotional instabile PS (F60.3) Borderline-Typ (F60.31) Impulsiver Typ (F60.30) Histrionische PS (F60.4) Dissoziale PS (F60.2)
Cluster C ängstlich, vermeidend	Vermeidend-Selbst- unsichere PS Dependente PS Zwanghafte PS	Ängstliche PS (F60.6) Abhängige PS (F60.7) Anankastische PS (F60.5) Passiv-aggressive PS (F60.8)

4.2 Persönlichkeitsstörungen im DSM-5, Sektion III

Häufig können Persönlichkeitsstörungen einer einzigen Persönlichkeitsstörung nicht eindeutig zugeordnet werden. Dann kann die Diagnose »unspezifische Persönlichkeitsstörung« (»personality disorder not otherwise specified«, PNOS) gestellt oder mehrere spezifische Persönlichkeitsstörungen als Komorbiditäten angegeben werden (Torgersen et al. 2001; Zimmermann et al. 2005).

Weiterhin zeigte sich in empirischen Studien, dass weniger die einzelne spezifische Persönlichkeitsstörung als vielmehr die Schwe-

4.2 Persönlichkeitsstörungen im DSM-5, Sektion III

re der Persönlichkeitsstörung ein entscheidender Prädiktor für Funktionsfähigkeit und Prognose ist, so dass anstelle des kategorialen Systems der Persönlichkeitsstörungen im DSM-IV vermehrt dimensionale Modelle für Persönlichkeitsstörungen diskutiert wurden (Crawford et al. 2011; Trull et al. 2011). Um den Bruch zum DSM-IV nicht zu groß werden zu lassen, wurde der neue dimensionale Ansatz nach breiter Diskussion schließlich im Anhang (Sektion III) des DSM-5 untergebracht, verbunden mit dem Auftrag, das Modell empirisch besser abzustützen (APA 2013).

Im alternativen Modell des DSM-5 in Sektion III (▶ Tab. 4.2) werden vor allem zwei Komponenten unterschieden:

Kriterium A bezieht sich auf das Funktionsniveau der Persönlichkeit und wird anhand der Level of Personality Functioning Scale LPFS (Bender et al. 2011) operationalisiert. Es werden vier Fähigkeitsbereiche unterschieden: Identität und Zielorientierung mit Bezug auf das eigene Selbst sowie Empathie und Nähe/Intimität mit Bezug auf andere Menschen. Das Ausmaß der Beeinträchtigung in diesen vier Bereichen wird auf einer 5-stufigen Skala (0–4) erfasst und daraus ein Gesamtwert (Funktionsniveau des Patienten insgesamt) angegeben. Für die Diagnose einer Persönlichkeitsstörung ist mindestens eine mittelgradige Beeinträchtigung (Level 2) nötig. Das Kriterium A hat große Ähnlichkeiten mit der Operationalisierten Psychodynamischen Diagnostik (OPD) (Arbeitskreis OPD 2006), welche überwiegend unter deutschsprachigen psychodynamisch orientierten Klinikern und Forschern verwendet wird und sich an das Modell des Borderline-Organisationsniveaus von Kernberg anlehnt. Level 2 der Level of Personality Functioning Scale entspricht dort einem Strukturniveau von 2,5 (mäßig-gering) (Zimmermann et al. 2013). Die Anwendbarkeit des AMPD konnte inzwischen in verschiedenen Studien gezeigt werden; so vermag das Funktionsniveau von Identität und Zielorientierung bei Patienten mit einer Borderline-Persönlickeitsstörung (BPS) Behandlungsabbrüche vorherzusagen (Busmann et al. 2019).

Kriterium B bezieht sich auf maladaptive Persönlichkeitseigenschaften mit 25 Facetten, die fünf übergeordneten Domänen (negative Affektivität, Verschlossenheit, Antagonismus, Enthemmtheit und Psychotizismus) zugeteilt sind. Die Persönlichkeitsfacetten werden anhand eines Persönlichkeitsinventars (PID-5) mit 220 Items erfasst. Die ersten vier Domänen entsprechen in etwa den negativen Polen der »big five«-Persönlichkeitsdimensionen: emotionale Stabilität, Extraversion, Verträglichkeit und Gewissenhaftigkeit (Costa und Mac Crae 1990). Anhand der Einschätzungen der Kriterien A und B lassen sich die festgestellten Beeinträchtigungen sechs prototypischen Persönlichkeitsmustern zuordnen: antisoziale, vermeidend-selbstunsichere, Borderline-, narzisstische, zwanghafte und schizotypische Persönlichkeit. Wenn das Muster der Beeinträchtigung keinem der Typen entspricht, kann eine sog. traitspezifische Persönlichkeitsstörung diagnostiziert werden. Die Zuordnung zu den sechs Typen dient vor allem der Kontinuität im DSM. Durch die Erhebung des Schweregrads anhand von Kriterium A und der Klassifikation spezifischer maladaptiver Muster durch Kriterium B lassen sich für die Behandlung der betroffenen Patienten spezifische und personalisierte Foki ableiten. Es wird sich andererseits zeigen müssen, ob die Klassifikation in ihrer Komplexität im Praxisalltag anwendbar ist (Herpertz 2011; Zimmermann et al. 2013).

Tab. 4.2: Kriterium A und B in Sektion III der DSM-5 (Falkai et al. 2015)

Kriterium	Fähigkeitsbereiche in Bezug auf das eigene Selbst	Fähigkeitsbereiche in Bezug auf andere Menschen
Kriterium A	Selbst Identität Zielorientierung	Interpersonell Empathie Nähe/Intimität
Kriterium B	Persönlichkeitsdimensionen Negative Affektivität Verschlossenheit Antagonismus Enthemmtheit Psychotizismus	

4.3 Persönlichkeitsstörungen in der ICD-11

Auch in der Entwicklung des ICD-11 wurde Kritik gegenüber dem kategorialen System der Persönlichkeitsstörungen im ICD-10 geäußert. Wie im DSM-5, Sektion III (alternatives Modell), kam es im ICD-11 zu einem Paradigmenwechsel in der Klassifikation von Persönlichkeitsstörungen. Es gibt vor allem vier Gründe, die für eine neue *dimensionale Klassifikation* und gegen die bisherige *kategoriale Klassifikation* sprechen (Herpertz 2018):

* Es gibt ein Kontinuum zwischen Normalität und Persönlichkeitspathologie
* Eine artifizielle Komorbidität mit anderen Persönlichkeitsstörungen ist häufig
* Eine einzige Persönlichkeitsstörung hat sehr heterogene Ausprägungstypen
* Längsschnittstudien zeigen psychosoziale Beeinträchtigungen trotz Remission

Im ICD-11 wurde deshalb ein neues dimensionales Modell entworfen, das sich vom ICD-10 stark unterscheidet. Wenn die Definition für eine Persönlichkeitsstörung grundsätzlich erfüllt ist, wird anschließend der Schweregrad der Persönlichkeitsstörung eingeschätzt. Wie in Tab. 4.3 dargestellt, wird an dem Ausmaß der psychosozialen Funktionsbeeinträchtigung und dem Vorhandensein selbst- und/oder fremdschädigendem Verhalten sowie auf Grundlage eines standardisierten Testverfahrens, dem Standardized Assessment of Severity of Personality Disorder (SASPD), der Schweregrad der Persönlichkeitsstörung dreistufig skaliert (▶ Tab. 4.3). Der SASPD zeigt eine gute test-retest-Reliabilität für die leichte und mäßige Persönlichkeitsstörung (Olajide et al. 2018).

Tab. 4.3: Schweregrad der Persönlichkeitsstörung (ICD-11) (WHO 2021)

Schweregrad	Soziale Funktionsbeeinträchtigung	Aggressives und selbstdestruktives Verhalten
leicht	Leichte Funktionsbeeinträchtigung mit Begrenzung auf spezifische Lebensbereiche. Soziale und berufliche Rollen können teilweise aufrechterhalten werden.	Kein selbst- oder fremdschädigendes Verhalten vorhanden.
mittel	↕	↕
schwer	Schwere Funktionsbeeinträchtigung. Keine Erfüllung sozialer Normen.	Selbst- oder fremdschädigendes Verhalten vorhanden oder möglich.

Der Schweregrad der Persönlichkeitsstörung im ICD-11 entspricht dem Kriterium A, Sektion III des DSM-5, und bezieht sich ebenfalls zentral auf das soziale Funktionsniveau der Persönlichkeit.

Nach der Einteilung des Schweregrades kann noch eine Zuordnung in fünf Merkmalsdomänen vorgenommen werden. Zusätzlich bleibt auch das Qualitätsmerkmal »Borderline« bestehen, das ebenfalls vergeben werden kann, wenn die typischen Merkmale wie Stimmungsschwankungen, emotionale Anspannungszustände und Selbstverletzungsverhalten vorhanden sein sollten (Herpertz 2018).

Die Merkmalsdomänen ähneln dabei den Domänen der Sektion III des DSM-5 (Falkai et al. 2015). Beide sind in Tab. 4.4 zum Vergleich gegenübergestellt (▶ Tab. 4.4). Im ICD-11 fehlt der Psychotizismus, dafür ist die Zwanghaftigkeit aufgenommen.

Das Besondere an der ICD-11 Konzeption sind weniger die Merkmalsdomänen als vielmehr die dimensionale Betrachtungsweise. Es wird damit ein Persönlichkeitsprofil beschrieben, das nicht mehr ein Entweder/Oder, sondern je nach Person ein mehr oder weniger von den beschriebenen Merkmalen aufweist (▶ Tab. 4.4).

4.3 Persönlichkeitsstörungen in der ICD-11

Tab. 4.4: Merkmalsdomänen der Persönlichkeitsstörungen (ICD-11 (WHO 2021) und DSM-5 (Falkai et al. 2015), Sektion III)

ICD-11	DSM-5	Merkmale
Negative Emotionalität	Negative Affektivität	Häufige negative Emotionen, emotionale Labilität, geringes Selbstvertrauen, Pessimismus und Misstrauen
Dissozialität	Antagonismus	Egozentrismus, manipulatives Verhalten, Mangel an Empathie, Aggressivität/Feindseligkeit, Gefühllosigkeit
Enthemmung	Enthemmtheit	Impulsives, rücksichtsloses oder risikosuchendes Verhalten
Zwanghaftigkeit	–	Perfektionistisches, zögerliches und skrupulöses Verhalten
Distanziertheit	Verschlossenheit	Sozialer Rückzug, mangelnde Selbstbehauptung, eingeschränkte Affektivität und Freudlosigkeit
–	Psychotizismus	

Im Folgenden wird auf die in der Klinik häufig im Zusammenhang mit Suchterkrankungen auftretenden Persönlichkeitsstörungen eingegangen. In wissenschaftlichen Untersuchungen wird meist die DSM-5 Klassifizierungen zugrunde gelegt. Sie unterscheidet sich nur wenig von der ICD-10 Klassifikation und weist die im Vordergrund stehende Psychopathologie aus (APA 2013):

- Borderline-Persönlichkeitsstörung mit einer Instabilität in zwischenmenschlichen Beziehungen, im Selbstbild und in den Affekten sowie einer deutlichen Impulsivität

4 Klinik

- Narzisstische Persönlichkeitsstörung mit einem Gefühl von Grossartigkeit, dem Bedürfnis nach Bewunderung und Empathiemangel
- Antisoziale Persönlichkeitsstörung mit Missachtung und Verletzung der Rechte anderer
- Vermeidend-selbstunsichere Persönlichkeitsstörung mit sozialer Gehemmtheit, Insuffizienzgefühlen und Überempfindlichkeit gegenüber negativer Beurteilung

4.4 Borderline-Persönlichkeitsstörung

Der Begriff »Borderline« wurde ursprünglich von Stern (1938) erwähnt und diente zur Charakterisierung einer Patientengruppe, die sich hinsichtlich des Störungsbildes im *Grenz*bereich zwischen Neurose und Psychose befand. Hintergrund dafür war die klinische Beobachtung, dass diese Patienten weder auf psychoanalytische Behandlungen respondierten, noch dass sie für diese gänzlich unerreichbar waren, wie dies für psychotische Störungen angenommen wurde (Gunderson 2009; Kernberg und Mitchels 2009; Barnow 2008). Kernberg entwickelte diesen Gedanken weiter und etablierte Ende der 1960er Jahre den Begriff der *Borderline-Persönlichkeitsorganisation* (BPO; Kernberg 1975, 1980).

Frühe empirische Ansätze näherten sich dem Störungsbild eher deskriptiv-phänomenologisch und beschrieben primär die beobachtbare Symptomatik, was 1980 zur Aufnahme der Borderline-Persönlichkeitsstörung als eigene Störungskategorie ins DSM-III führte. Zur Schizophrenie, in deren *Grenz*bereich die Störung ursprünglich verortet wurde, erfolgte nun eine klare Abgrenzung. Gleichzeitig gab es bezüglich der Behandelbarkeit viele kritische Einschätzungen. Dabei wurden die Patienten – ausgehend von psychoanalytischen Hypothesen zu innerpsychischen Trieb-Abwehr-Konflikten – nicht selten geringschätzig beschrieben. Das Fehlen angemessener

4.4 Borderline-Persönlichkeitsstörung

Behandlungsstrategien und das konsekutive Scheitern der klassischen Psychoanalyse wurde entsprechend der psychoanalytischen Nomenklatur dabei primär dem Widerstand der Patienten zugeschrieben. Daraus resultierte ein bis heute nachwirkendes Bild der Patienten als destruktiv für sich selbst und andere und sie galten durch die Induktion eines sog. »Gegenübertragungshasses« (Maltsberger und Buie 1974) beim Therapeuten lange als nicht behandelbar. Ausgehend von der Klassifikation im DSM-III erfolgte andererseits eine zunehmende Validierung, die die Eigenständigkeit des Störungsbildes untermauerte und zunehmende Kenntnisse über die damit verbundene Psychopathologie brachte.

Ende der 1980er Jahre kam dann aus der Verhaltenstherapie mit der Dialektisch-behavioralen Therapie (DBT; Linehan 1990) der bisher innovativste Ansatz für das Verständnis und die Behandlung der Störung. Er folgt einem neurobehavioralen Verständnis, bei dem die Affektregulationsstörung im Zentrum steht. Der Therapeut wird als eine Art Coach verstanden, es erfolgt eine klare Vereinbarung des Therapierahmens und eine dynamische Hierarchisierung der Behandlungsziele. Die mit der DBT verbundene veränderte, durch Akzeptanz und Validierung von Störungsaspekten gekennzeichnete Haltung gegenüber den Patienten hat viel zu deren Entstigmatisierung beigetragen. Heute ist die Borderline-Störung dank einer regen Forschungstätigkeit ab Ende der 1990er Jahre eine gut untersuchte und validierte Störungskategorie, für die spezifische Behandlungsoptionen evidenzbasiert sind (▶ Kap. 8). Dabei wird sie entsprechend eines bio-psycho-sozialen Krankheitsverständnisses als polyätiologisch verursacht verstanden, d. h. durch mehrere Krankheitsursachen bedingt. Die Klassifikation erfolgt entsprechend der Logik von DSM und ICD auf einer phänomenologischen Ebene als primäre Störung der Affektregulation als Leitsymptom (Herpertz 2011a), während strukturell zugrundeliegende psychologische und neurobiologische Faktoren vermehrt konzeptuell ausgearbeitet worden sind. Je nach Perspektive werden verstärkt die Symptomatologie (Affektdysregulation und Störung der Impulskontrolle), die psychische Organisation (Identitätsdiffusion und Mentalisierungsstörung) oder neurobiologische Mechanismen (fehlende inhibitorische kortikale Kontrolle des subkortikalen limbischen Systems) betont.

Bezüglich der Symptomatologie wurden die ausgeprägte Furcht, verlassen zu werden, und die Instabilität der Beziehungen als trennschärfste Items gegenüber anderen Persönlichkeitsstörungen beschrieben (Gunderson 1996). Diese haben zusammen mit den drei affektiven Symptomen auch die höchste Pävalenz und Stabilität (Zanarini et al. 2007). Gunderson (2011) bezeichnet die Hypersensitivität gegenüber Zurückweisung und die Angst vor dem Verlassenwerden als typischste Symptome der Borderline-Störung. Selbstverletzungen und Suiziddrohungen oder -handlungen gelten diagnostisch als richtungsweisend (Grilo et al. 2007). Die Borderline-Persönlichkeitsstörung ist verbunden mit ausgeprägter psychosozialer Beeinträchtigung und einem erhöhten Suizidrisiko (Leichsenring 2011), wobei die tatsächliche Suizidrate mit 8–10 % (Gunderson 2011) niedriger ist als angenommen. Bezüglich des Verlaufs konnte in Langzeitstudien (The McLean Study of Adult Development [MSAD] und Collaborative Longitudinal Personality Disorders study [CLAPS]) gezeigt werden, dass die psychosoziale Beeinträchtigung von Borderline-Patienten schwerwiegender ist als bei anderen Persönlichkeitsstörungen und schweren Depressionen und anhält, auch wenn die Symptomatik remittiert bzw. die diagnostischen Kriterien nicht mehr erfüllt sind (Skodol et al. 2002; Zanarini et al. 2010; Gunderson et al. 2011).

Neben der Ausarbeitung von störungsspezifischen Behandlungskonzepten haben Erkenntnisse über die Genetik, die frühkindliche Entwicklung (Fonagy 1995; Fonagy und Target 1997) und den günstigen Verlauf der Erkrankung mit hoher Remissionsrate (Zanarini et al. 2004; Zanarini et al. 2005; Zanarini et al. 2010; Gunderson et al. 2011) viel zum Verständnis des Störungsbildes und zur Verbesserung psychotherapeutischer Behandlungsangebote beigetragen. Die inzwischen überwiegend biologisch ausgerichtete Psychiatrie tut sich aber nach wie vor schwer mit dem Konzept der Borderline-Persönlichkeitsstörung. Zum einen spielt dabei wohl eine Rolle,

4.4 Borderline-Persönlichkeitsstörung

dass ihre Komplexität und die damit verbundenen Anforderungen an die Behandlung dem Wunsch nach einer an die somatische Medizin angelehnten kategorialen Ordnung nicht entsprechen, zum anderen psychopharmakologische Therapieansätze einen untergeordneten Stellenwert einnehmen. Dass psychotherapeutische Interventionen neurobiologische Veränderungen induzieren, wird hier noch wenig zur Kenntnis genommen (Oldham 2009). Kernberg und Gunderson (Kernberg und Michels 2009; Gunderson 2009) sprechen davon, dass die Borderline-Persönlichkeitsstörung gegenüber der Psychiatrie heute eine ähnliche Position einnehme, wie die Psychiatrie gegenüber der somatischen Medizin – »unterschätzt, zu wenig behandelt, unterfinanziert und stigmatisiert« (Kernberg und Michels 2009, S. 508) im Verhältnis zur größeren Disziplin. Aufgrund der häufigen Komorbiditäten, nicht zuletzt die hohe Rate an komorbider Substanzabhängigkeit, haben die Patienten allerdings häufig Kontakte mit der Psychiatrie, so dass ein verstärkter Wissenstransfer vor allem bezüglich der Beziehungsarbeit nötig ist, um häufigen Behandlungsfehlern entgegenzuwirken. Nur einer von 1.000 Patienten erhält in Deutschland eine leitliniengerechte Behandlung (Bohus 2011). Neben Fehldiagnosen und der Fehleinschätzung der Patienten als manipulativ statt seelisch krank (Gunderson 2011) mit der Folge unprofessioneller Behandlungsansätze ist dies auch verbunden mit erheblichen Kosten vor allem im stationärpsychiatrischen Bereich (Bohus 2011; Euler et al. 2018d).

Die Ausführungen zu Epidemiologie (▶ Kap. 3) und Ätiologie (▶ Kap. 5) der Sucht weisen bereits auf einen engen Zusammenhang zwischen der Borderline-Persönlichkeitsstörung und Suchterkrankungen hin. Die Zahlen zur Komorbidität sagen zunächst wenig darüber aus, ob es sich um kausale, wechselseitige oder Komorbiditäten mit gemeinsamem ätiologischem Faktor handelt (Wittchen 1996). Allerdings verweisen die Befunde auf einen komplexen Zusammenhang, bei dem jeder der genannten Aspekte eine Rolle spielt. Es kann grundsätzlich davon ausgegangen werden, dass gleichzeitig bestehende oder in der Lebenszeit gemeinsam auftretende psychische Erkrankungen sich gegenseitig ungünstig beeinflussen (Preuss et al. 2000; Walter et al. 2009a). Das gilt insbesondere auch für Persönlichkeitsstörungen bzw. Borderline-Störungen und Achse-I-Störungen inklusive der substanzbedingten Störungen (Jackson und Burgess 2002; Zanarini 1998, 2004). Auf den früheren Beginn einer Alkoholabhängigkeit bei Cluster-B-Störungen wurde bereits hingewiesen (Bottlender et al. 2006; Preuss et al. 2006). Darüber hinaus zeigte sich ein signifikant ungünstigeres Ergebnis für den Verlauf Alkoholabhängiger mit einer Borderline-Persönlichkeitsstörung (Martinez-Raga et al. 2002). Ursachen dafür liegen im schweren Verlauf der Abhängigkeit bereits vor der Behandlung und einer geringeren Compliance bezüglich der Sucht bei diesen Patienten (Ross et al. 2003). Es konnte gezeigt werden, dass sich das Bestehen einer Suchterkrankung signifikant auf den Verlauf der Borderline-Persönlichkeitsstörung auswirkt. Eine Suchterkrankung ist diejenige Komorbidität mit der stärksten Prädiktion für den Verlauf der Borderline-Persönlichkeitsstörung

Gemäß Zanarini et al. (2005) ist aus klinischer Sicht plausibel, dass sich Alkohol- oder Drogenkonsum negativ auf alle vier Kernsymptome der Borderline-Persönlichkeitsstörung (Depression/Ärger, Misstrauen, Impulsivität und Beziehungsstörungen) auswirken. Die mangelnde Stressresistenz von Borderline-Patienten gegenüber psychosozialen Stressoren bei gleichzeitiger Stress-Assoziation des Substanzkonsums sind dabei ebenfalls relevant (Walter et al. 2009a). Nach Pennay et al. (2011) zeigen Borderline-Patienten mit komorbider Substanzabhängigkeit eine höhere Rückfallrate, Malcompliance und schlechtere Verläufe. Aus psychodynamischer Perspektive wird die Ursache von Drogenkonsum letztendlich zum großen Teil in einem labilen und fragilen Selbstkonzept verankert gesehen, was auch die Grundlage der Borderline-Persönlichkeitsstörung darstellt (Tretter 2011).

Eine besondere Bedeutung hat die Komorbidität von Borderline-Persönlichkeitsstörung und Suchterkrankung für die mit beiden Störungskategorien verbundene Suizidalität. Möglicherweise potenziert sich die hohe Suizidgefährdung beider Erkrankungen. Das Risiko, dass Alkoholabhängige suizidal werden, ist für Patienten

4.4 Borderline-Persönlichkeitsstörung

mit einer komorbiden Borderline-Persönlichkeitsstörung besonders hoch.

Als wichtigster Mediator für die Suizidalität gelten dabei die mit beiden Störungsbildern verbundenen impulsiven Verhaltensweisen, verbunden mit Stimmungsschwankungen, psychotischen Krisen, Substanzkonsum, selbstverletzendem Verhalten und Suizidaliät (Preuss et al. 2006; Yen et al. 2003). Erste empirische Befunde zeigen auch einen Zusammenhang zwischen nicht-substanzgebundenen Störungen und der Borderline-Persönlichkeitsstörung, beispielsweise für das pathologische Glücksspiel (Bagby et al. 2008). Auch hier kann eine genetische und entwicklungsbedingte Neigung zu impulsivem Verhalten als gemeinsame und sich gegenseitig beeinflussende Kovariable angesehen werden.

> Bei Borderline-Patienten mit komorbider Suchterkrankung wird – entsprechend der empirischen Kenntnis, dass sich die Behandlung der Persönlichkeitsstörung positiv auf die Suchterkrankung auswirkt, nicht aber umgekehrt – primär die Persönlichkeitsstörung behandelt. Gleichzeitig finden die Aspekte der komorbiden Suchterkrankung in besonderen Therapievereinbarungen Berücksichtigung.

Aus der eigenen klinischen Erfahrung stellen Borderline-Patienten mit komorbider Suchterkrankung zwar eine große Herausforderung dar, können aber durch ein ausgewiesenes störungsspezifisches Konzept gut erreicht werden.

Nichtsdestotrotz ist im Falle schwerer komorbider Suchterkrankungen initial der Fokus auf eine Entzugs- bzw. Entwöhnungsbehandlung zu legen mit einer anschließenden störungsspezifischen Fokussierung der Persönlichkeitsstörung. Dass Suchtverhalten als mögliche dysfunktionale Bewältigungsstrategie in der Borderline-Behandlung beleuchtet werden muss, wird auch dadurch untermauert, dass auch nach Remission der Borderline-Störung die Wahrscheinlichkeit für das Neuauftreten einer Suchterkrankung hoch bleibt (Walter et al. 2009a).

4 Klinik

> **Zusammenfassung**
> Die Komorbidität von Borderline-Persönlichkeitsstörung und Suchterkrankung ist häufig und besitzt eine hohe klinische Relevanz. Neben der gemeinsamen neurobiologischen Prädisposition als Impuls-Spektrum-Erkrankung ist die Bedeutsamkeit der Komorbidität für suizidales Verhalten und die Gestaltung des Behandlungsangebots hervorzuheben. In der Behandlung müssen zwingend die mit der Persönlichkeitsstörung verbundenen klinischen Merkmale fokussiert werden, da sich deren Besserung auch positiv auf den Verlauf der Suchterkrankung auswirkt.

4.4 Narzisstische Persönlichkeitsstörung

Die narzisstische Persönlichkeitsstörung ist allgemein gekennzeichnet durch eine Konzentration des seelischen Interesses auf das Selbst (Moore und Fine 1967) und zeigt sich vor allem als Störung zwischenmenschlicher Beziehungen. Die narzisstische Persönlichkeitsstörung ist durch ein tiefgreifendes Muster von selbst empfundener Großartigkeit, ein Bedürfnis nach Bewunderung und einen Mangel an Einfühlungsvermögen gekennzeichnet. Sie gilt als Prototyp für die häufige Ich-Syntonie der Persönlichkeitsstörungen (Fiedler 2007). Patienten mit narzisstischer Persönlichkeitsstörung können – sofern sie auf Grund ihrer Begabung oder Attraktivität erfolgreich sind – lange Zeit kompensiert und angepasst sein, wenn sie ausreichend Bestätigung und Bewunderung erhalten. Psychotherapeutische Hilfe suchen sie in der Regel nicht wegen ihrer Persönlichkeitsprobleme per se, sondern wegen möglicher nachteiliger Folgen des damit verbundenen Verhaltens oder wenn kompensatorische Möglichkeiten wegfallen (Vater et al. 2013a).

4.4 Narzisstische Persönlichkeitsstörung

Bezüglich der narzisstischen Persönlichkeitsstörung erfolgt bis heute eine Diskussion, ob ihre Konzeption ausreichend empirisch gestützt ist, um als Diagnose in den gültigen Manualen aufgeführt zu werden. Diese Diskussion wurde intensiv auch für das DSM-5 geführt und schließlich zugunsten einer erneuten Aufnahme entschieden (Zimmermann 2013). In der ICD-10 wird die narzisstische Persönlichkeitsstörung mit der Begründung ihrer Kulturspezifität und mangelnder Reliabilität des zugrundeliegenden Konstrukts nicht spezifiziert und kann nur unter den »anderen spezifischen Persönlichkeitsstörungen« (F60.8) klassifiziert werden, was verschiedentlich kritisiert wurde (Fiedler 2007; Arbeitskreis OPD 1996). In der ICD-11 wird der Begriff Narzissmus voraussichtlich ganz verschwinden.

Es konnte gezeigt werden, dass Patienten mit narzisstischer Persönlichkeitsstörung einen niedrigeren Selbstwert (Vater et al. 2013b) und eine höhere Schamneigung (Ritter et al. 2013) aufweisen als gesunde Probanden. Es zeigten sich außerdem Defizite in der emotionalen, nicht jedoch der kognitiven Empathie (Ritter et al. 2011) und eine mit dem Defizit der emotionalen Empathie korrespondierende Verminderung der grauen Substanz in der Inselregion (Schulze et al. 2013).

Unter Klinikern ist es unbestritten, dass Patienten mit narzisstischer Problematik, gekennzeichnet durch einen fragilen Selbstwert, im psychiatrischen Alltag häufig sind. Narzissmus bzw. narzisstische Störungen folgen dabei einem fließenden Übergang, wie von Kernberg (Kernberg 1985) schon früh proklamiert wurde. Walter und Bilke-Hentsch (2020) und Ritter und Lammers (2007), welche ebenfalls ein dimensionales Modell vertreten, beschreiben einen Übergang von einem gesunden Narzissmus zu subsyndromaler narzisstischer Störung bzw. narzisstischer Persönlichkeitsakzentuierung und narzisstischen Persönlichkeitsstörung (Ritter und Lammers 2007). Gesunde Narzissten haben dabei sogar ein gesünderes Selbstwerterleben und größere interpersonelle Kompetenzen als der Durchschnitt. Der Umschlag zum pathologischen Narzissmus ist gemäß den Autoren vor allem dadurch gekennzeichnet, dass bei stärkeren Narzissmusanteilen bezüglich des Selbstwerts nicht die präventive Verlustvermeidung im Vordergrund steht, sondern eine selbstbezogene, offensive Gewinnmaximierung. Das Kontinuumsmodell wird durch die sozial- und persönlichkeitspsychologischen Studien und Konzepte zum Narzissmus als komplexem und mehrdimensionalem Persönlichkeitskonstrukt bestätigt (DGPPN 2009).

In ihrer grundlegenden Konzeptualisierung ist die narzisstische Persönlichkeitsstörung vor allem ein psychoanalytisches Konstrukt. Zurückgehend auf den Narzissmusbegriff von Freud (Freud 1914), entwickelten vor allem Kohut und Kernberg Theorien der narzisstischen Persönlichkeitsstörung (Kernberg 1967, 1970; Kohut 1966, 1971), welche die Begrifflichkeit in ihrer Verwendung im DSM (seit dem DSM-III) bis heute maßgeblich geprägt haben. Eine narzisstische Störung nach Kernberg ist als Bewältigungsversuch für eine von Minderwertigkeit, Scham, Wut und Neid gekennzeichnete Selbstrepräsentanz zu verstehen. Das Kind entwickelt kompensatorisch ein »grandioses Selbst« mit übersteigertem Selbstwertgefühl. Die Störung ist bezüglich ihrer Abwehrformation damit reifer bzw. den menschlichen Entwicklungsaufgaben eher gewachsen als eine Borderline-Störung, zu der ätiologisch aber eine große Ähnlichkeit besteht. Der innere Kampf mit der drohenden Selbstabwertung ist für die Lebensführung der Betroffenen kennzeichnend und führt häufig zu klinisch relevanten narzisstischen Krisen. Eine Sonderform nach Kernberg bildet der maligne Narzissms (Kernberg 1984), bei dem jede Form von Abhängigkeit in Beziehungen aufgrund der Schwere der Selbstwertregulationsstörung abgewehrt wird. Die Gestaltung einer therapeutischen Beziehung ist bei diesen Patienten ausgesprochen schwierig.

Nach Kohut ist die narzisstische Störung ein Entwicklungsstillstand aufgrund einer emotional vernachlässigenden Mutter. Dadurch gelingt die Aufgabe des entwicklungspsychologisch normalen Stadiums eines idealisierten Selbstbildes nicht.

Die klassische Verhaltenstherapie konzipiert die narzisstische Persönlichkeitsstörung lerntheoretisch im Sinne einer unrealisti-

4.4 Narzisstische Persönlichkeitsstörung

schen Aufwertung des Kindes durch die Eltern (Millon und Everly 1985; Fiedler 2007). Neuere kognitiv-behaviorale Erklärungsansätze (Beck 2006; Young 2003) benutzen andere Begrifflichkeiten, sind aber sehr eng an das Modell von Kernberg angelehnt. So wird hier von Grundannahmen (statt Selbstrepräsentanzen) und kompensatorischen Schemata (i. S. des grandiosen Selbst) gesprochen.

Die Diagnosestellung erfolgt wie bei allen Persönlichkeitsstörungen nach dem Strukturierten Klinischen Interview zur Diagnostik von Persönlichkeitsstörungen (SKID-II, SCID-5-PD). Dabei findet allerdings nur die nach außen sichtbare, grandiose und selbstwertüberschätzende Form des Narzissmus Beachtung. Verschiedentlich ist darauf hingewiesen worden, dass der klinisch relevante sog. vulnerable oder verdeckte (»thin-skinned«, Rosenfeld 1987) Typ des Narzissmus (Vater et al. 2013; Pincus et al. 2011; Wink 1991; Levy 2012) damit unentdeckt bleibt. Dieser ist mit einem negativen Selbstwertgefühl verbunden und kann nach Neumann (2010) durch eine hohe Bindungsangst vorhergesagt werden. Bei den Patienten verbergen sich hinter einer selbstunsicheren, schüchternen, empfindsamen Fassade typische narzisstische Merkmale wie Größenphantasien, Egozentrik, Kränkbarkeit und mangelnde Empathie (Ritter et al. 2013). Russ (2008) unterteilen sogar drei Subtypen (grandios-maligne, vulnerabel-fragil, exhibitionistisch mit hohem Funktionsniveau), allerdings ist diese Unterteilung nicht i. e. S. empirisch, sondern beruht auf der Beschreibung des typischen Narzissten durch Psychotherapeuten und Psychiater. Vater et al. (2013) gehen davon aus, dass es sich dabei nicht um echte Subtypen handelt, sondern die beschriebene Phänomenologie sich auf vor allem von Kompensationsmöglichkeiten abhängigen Facetten der gleichen Störung bezieht. Für das Phänomen dieser unterschiedlichen Facetten der narzisstischen Persönlichkeitsstörung (grandios vs. vulnerabel) wurden die Begriffe der Spaltung (Kernberg 1984), der Paradoxa des Narzissmus (Kernberg und Hartmann 2005; Morff et al. 2001) oder der doppelten Selbstwertregulation (Sachse et al. 2011) verwendet. Patienten mit verdecktem Narzissmus erhalten meist allein die Diagnose der damit verbundenen Komorbidität (depressive Störung, Substanzabhängigkeit) oder einer selbstunsicheren Persönlichkeitsstörung (Vater et al. 2013). In Zukunft wird voraussichtlich auf den vulnerablen Narzissten stärker fokussiert werden. Die vulnerable narzisstische Psychopathologie ist in klinischen Settings besonders häufig (Walter und Bilke-Hentsch 2020) und tritt bei vielen anderen Persönlichkeitsstörungen auf (Euler et al. 2018a).

Aufgrund der die narzisstische Störung kennzeichnenden Ich-Syntonie leiden durch die primäre Störung häufig nicht die Patienten selbst, sondern die Personen in ihrer Umgebung. Das Leiden des Patienten in Form sogenannter narzisstischer Krisen (Henseler 2000) geht vor allem mit depressiven Symptomen, Substanzmissbrauch und Suizidalität einher (Dammann und Gerisch 2005). Letztere ist häufig mit starkem Schamerleben verbunden (Links 2013). Bezüglich der zugrundeliegenden narzisstischen Problematik besteht häufig eine geringe Einsicht und es erfolgt eine selbstwertstabilisierende Externalisierung mit eingeschränkter und selbstbezogener Veränderungsmotivation (Vater et al. 2013) mit besonderen Schwierigkeiten für die Psychotherapie (Busmann und Euler 2019) (▶ Kap. 8).

Ein gutes Drittel der Patienten mit einer narzisstischen Persönlichkeitsstörung zeigt einen komorbiden Substanzkonsum (Ritter et al. 2010; Walter und Bilke-Hentsch 2020). Es kann außerdem davon ausgegangen werden, dass einige der empirischen Befunde für die Komorbidität von antisozialer Persönlichkeitsstörung und Suchterkrankungen aufgrund des dimensionalen Aspekts beider Persönlichkeitsstörungen auch für die schwere narzisstische Persönlichkeitsstörung gelten. Die eigene klinische Beobachtung zeigt bei Patienten mit schweren narzisstischen Persönlichkeitsstörungen, dass durch eine komorbide Substanzabhängigkeit die an sich bereits schwierigen Behandlungsvoraussetzungen noch deutlich verkompliziert werden. Das gilt insbesondere für Patienten in der 4. bis 5. Lebensdekade, bei denen eine komplexe Abwehrkonstellation mit funktionalen und dysfunktionalen Mechanismen zusammenbricht und dabei ein häufig langjähriger kompensatorischer

Konsum, der bisher subklinisch geblieben ist, exazerbiert und in einen chronischen Verlauf übergeht. Häufig ist diese Exazerbation zunächst Anlass für eine suchtspezifische Behandlung, bei der dann die narzisstische Persönlichkeitsstörung diagnostiziert wird. Der subjektive Verlust von Selbstbestimmung und die existenzielle Bedrohung des (Größen-)Selbst erschweren den Zugang zu den Patienten, da die damit verbundenen schmerzhaften Affekte subjektiv kaum zu ertragen sind. Die gleichzeitige Aufgabe des Substanzkonsums ist für die Patienten nur sehr schwer zu bewältigen. Der schmale Grat, der sich daraus für das Behandlungsangebot ergibt, erfordert häufig eine hohe Toleranz und Flexibiltät des Behandlungsteams, was am besten im Rahmen einer teamgestützten Behandlung möglich ist. Dennoch gehören Patienten mit schwerer narzisstischer Persönlichkeitsstörung und komorbider Abhängigkeit auch im Rahmen spezialisierter Behandlungsangebote zu den am schwierigsten zu behandelnden Patienten.

4.5 Antisoziale Persönlichkeitsstörung

Zur antisozialen Persönlichkeitsstörung, in der ICD-10 als dissoziale Persönlichkeitsstörung klassifiziert, besteht ein dimensionaler Übergang von der narzisstischen Persönlichkeitsstörung (Walter und Bilke-Hentsch 2020). Auch bezüglich der Persönlichkeitsstörung wurde kritisiert, dass vor allem das beobachtbare Verhalten Eingang in die diagnostischen Kriterien gefunden hat und nicht zugrundeliegende strukturelle Merkmale der Persönlichkeit. Dennoch sind auch hinsichtlich der Persönlichkeitsstörung keine Veränderungen in der kategorialen Klassifikation im DSM-5 erfolgt, obwohl die zu starke Assoziation mit delinquentem Verhalten und damit artifiziell hohe Prävalenzraten unter Straftätern verschiedentlich kritisiert wurden (Coid und Ullrich 2010; Herpertz und Habermeyer 2004). Die Möglichkeit einer zusätzlichen Klassifikation im alternativen Modell der Sektion III des DSM-5 wird hier für die Zukunft als bedeutsam angesehen. Die dort definierten Persönlichkeitscharakteristika weisen mit ihren interpersonellen und affektiven Traits eine große Überschneidung mit dem Psychopathiekonzept auf (Glenn et al. 2013). Der Begriff Psychopathie selbst kommt allerdings im DSM-5 nicht vor. Hare hat zur Erfassung der Psychopathie die Psychopathy Checklist (PCL, Hare 1991, 2003) mit einer inzwischen vorliegenden revidierten Form (PCL-R) entwickelt, in dem neben den Verhaltensmerkmalen Impulsivität, mangelhafte Verhaltenskontrolle, Suche nach Stimulation, Neigung zur Langeweile und Verantwortungslosigkeit sowie antisoziale Verhaltensstilen auch interpersonale und emotionale Faktoren wie fehlende Gefühle von Reue und Schuld, mangelndes Gefühl der Verbundenheit mit anderen Menschen, fehlende Zuneigung und Verantwortung sowie typische kognitive Muster mit impulsivem Denkstil, fehlender Reflexionsfähigkeit, Defiziten im Erkennen von Problemsituationen und Unfähigkeit, die Konsequenzen des eigenen Verhaltens zu antizipieren, beschrieben werden (Herpertz und Habermeyer 2004; Hare 1991, 2003).

Coid und Ullrich (2010) klassifizieren die psychopathische Persönlichkeitsstörung als schwere Form der antisozialen Persönlichkeitsstörung. Andererseits gibt es Hinweise dafür, dass es verschiedene Subtypen der antisozialen Persönlichkeitsstörung gibt, welche mehr oder weniger mit Merkmalen der Psychopathie assoziiert sind. Poythress et al. (2010) haben beispielsweise in einer Clusteranalyse vier Typen der antisozialen Persönlichkeitsstörung identifiziert: eine primäre, sekundäre, »ängstliche« und eine nicht-psychopathische antisoziale Persönlichkeitsstörung. In einer Folgestudie (Magyar et al. 2011) fanden sich Hinweise, dass Alkohol- und Drogengebrauch vor allem mit Impulsivität und negativer Affektivität bei der nicht-psychopathischen antisozialen Persönlichkeitsstörung in Verbindung steht und weiterhin die Impulsivität nur bei der nicht-psychopathischen antisozialen Persönlichkeitsstörung signifikant mit Drogengebrauch assoziiert war. Coid und Ullrich (2010) fanden in einer großen Studie mit Gefängnisinsassen wiede-

4.5 Antisoziale Persönlichkeitsstörung

rum keine signifikanten Unterschiede im Gebrauch von Alkohol und Drogen bei den beiden Subgruppen psychopathischer und nicht-psychopathischer antisozialer Persönlichkeitsstörung mit hohen Komorbiditätsraten (bis über 80 %) in beiden Gruppen. Die Beobachtung, dass vor allem die deskriptiven Merkmale der antisozialen Persönlichkeitsstörung und weniger die psychopathischen Persönlichkeitsmerkmale mit Substanzmissbrauch korrelieren, fand sich auch in Untersuchungen mit dem PCL-R (Hare 1991).

Aus Sicht der Mentalisierungstheorie werden Menschen mit antisozialer Persönlichkeitsstörung als Experten für das (kognitive) Erkennen der mentalen Zustände anderer (kognitive Hypermentalisierung) bezeichnet, die es verstehen, dies für ihre eigenen Zwecke nutzbar zu machen (Euler und Walter 2020). Dabei werden im Sinne des teleologischen Modus primär äußerlich beobachtbare Aspekte (»external focus«) berücksichtigt, während sich daraus ableitbare mentale Zustände anderer nicht erkannt werden können. Gleichzeitig sind antisoziale Persönlichkeiten nicht in der Lage, sich affektiv in das innere Erleben anderer einzufühlen (Baron-Cohen 2005). Weiterhin besteht auch eine mangelnde Fähigkeit, eigene affektive innere Zustände zu mentalisieren (Bateman et al. 2013b). Mentalisieren bei Menschen mit antisozialer Persönlichkeitsstörung hat also einen kognitiv-externen Fokus auf andere. Nach Bateman et al. (2013b) ist die antisoziale Persönlichkeitsstörung außerdem durch folgende Charakteristika gekennzeichnet:

- Übersteuerung bezüglich emotionaler Zustände
- Suche nach einem hierarchisch organisierten Beziehungsnetz
- Vor allem Bedrohungen dieser hierarchischen Beziehungsorganisation führen zu emotionalen Erregungszuständen mit Verlust von Selbstwerterleben und Überflutung mit Schamgefühlen. Die damit einhergehende Angst vor Untersteuerung führt konsekutiv zu gewalttätigem Verhalten mit dem Ziel einer emotionalen Selbst-Reorganisation.
- Die mangelnde Fähigkeit, die Gefühle anderer korrekt zu identifizieren, ist der Fokus der Behandlung.

4 Klinik

Im psychodynamischen Konzept nach Kernberg (2006b) wird die antisoziale Persönlichkeitsstörung als schwerste Form des pathologischen Narzissmus gesehen. Die Unterscheidung zwischen beiden Störungsbildern ergibt sich vor allem daraus, dass maligne Narzissten Schuld und Selbstfürsorge empfinden, in begrenztem Umfang nicht-ausbeuterische Beziehungen unterhalten und auf einen Rest an authentischen Über-Ich Funktionen zurückgreifen können. Schwere antisoziale (»psychopathische«) Persönlichkeiten sind nach Kernberg nicht behandelbar (»Unbehandelbarkeits-Paradigma«, vgl. Lackinger 2006). Gemäß Kernbergs Konzept verfügen spätere antisoziale Persönlichkeiten über starke primitive, aggressive Impulse. Es wird angenommen, dass diese aufgrund grausamer Aggressionsausübung durch die frühen Bezugspersonen nicht durch die Internalisierung (Verinnerlichung) guter Repräsentanzen in der frühen Entwicklung neutralisiert werden können. Dadurch kann in der Entwicklung kein realistisches Über-Ich im Sinne eines angemessenen, kohärenten moralisch-ethischen Wertesystems entstehen. In der Regulation von Interaktion und Verhalten sind antisoziale Menschen vollständig auf äußere Zeichen angewiesen (entsprechend dem teleologischen Modus aus Sicht des Mentalisierungskonzepts). Projektiv werden Selbstsucht, Misstrauen und Aggressionen allen anderen zugeschrieben. Die Repräsentanzen aus den frühen Objektbeziehungen führen zu Wut, Hass und unbewusstem Neid sowie der Überzeugung, dass gute Menschen schwach und unzuverlässig sind. Schmerz und chronische Wut führen zu Hass. Projizierter Hass führt zu einer paranoiden Orientierung, die mit Unehrlichkeit, Verrat und Aggression bzw. vorsichtiger Unterwerfung und Manipulation des Aggressors bewältigt wird. Kernberg (2006b) spricht diesbezüglich auch von psychopathischer Abwehr und unterscheidet diesbezüglich einen passiv-parasitären und einen aggressiven psychopathischen Typus. Während der passiv-parasitäre Typus durch Lügen, Betrügen, Stehlen und Ausbeutung gekennzeichnet ist, zeigt sich der aggressive Typus in Form von schwerer Gewalt.

4.5 Antisoziale Persönlichkeitsstörung

Zusammenfassend zeichnet sich die psychopathische Persönlichkeit (Lackinger 2006) durch folgende, für Differenzialdiagnostik und Behandelbarkeit höchst relevante Charakteristika aus:

- keine Schuld- und Reuegefühle
- keine Verhaltensänderung gegenüber den Opfern
- Vergehen werden nur zugegeben, wenn sie bereits nachgewiesen wurden
- Manipulation und pathologisches Lügen
- oberflächliche Objektbeziehungen ohne Zärtlichkeit oder Liebe
- keine Angsttoleranz
- keine Trauer oder Depressivität
- Gegenübertragung mit Verwirrung, unkritischer Akzeptanz vs. paranoider Infragestellung, Pseudoneutralität und Wunsch, die Beziehung zu beenden.

Fehlende echte Selbstfürsorge bedingt, dass Befriedigung nur körperlich erfahren werden kann: durch Essen, Sexualität ohne echte Intimität und nicht zuletzt Alkohol- und Drogenkonsum.

Die Assoziation der antisozialen Persönlichkeitsstörung mit Substanzgebrauch konnte verschiedentlich aufgezeigt werden (Mueser et al. 2012; Sylvers et al. 2011; Compton et al. 2005). Eine neuere Studie stellte eine Komorbidität von 62 % mit Drogen- und 71 % mit Alkoholmissbrauch fest (Chavez 2010). Crawford et al. (2005) fanden eine Prävalenz von 64 % für Alkoholmissbrauch bei antisozialen Persönlichkeiten. Unter Behandlung ließ sich die Rate senken.

Die antisoziale Persönlichkeitsstörung hat eine enge Beziehung zu den komorbiden Suchterkrankungen. Ähnlich wie bei der Borderline-Persönlichkeitsstörung wird die Gemeinsamkeit mit den Suchterkrankungen in den Schwierigkeiten mit der Impulskontrolle gesehen.

Als Co-Variable besteht möglicherweise ein genetisch bedingter Mangel an Verhaltensinhibition. Es gibt Hinweise, dass antisoziales Verhalten einer Alkoholabhängigkeit vorausgeht (Preuss und Wong

2008). Ein ungünstiger Einfluss der antisozialen Persönlichkeitsstörung auf den Verlauf einer Alkoholabhängigkeit wurde ebenfalls berichtet (Kranzler 1996).

4.6 Vermeidend-Selbstunsichere Persönlichkeitsstörung

Die Vermeidend-Selbstunsichere Persönlichkeitsstörung ist gekennzeichnet durch Gefühle von Anspannung, Besorgtheit, Unsicherheit und Minderwertigkeit. Als Kardinalsymptome gelten Schüchternheit und fehlende soziale Kompetenz (Barnow 2008). Die Sehnsucht nach Zuneigung und Akzeptanz, verbunden mit einer Überempfindlichkeit gegenüber Zurückweisung und Kritik, sind ebenso kennzeichnend wie die daraus resultierenden Schwierigkeiten in der Beziehungsführung. Das kann aufgrund des Meidens sozialer Situationen in besonders schweren Fällen zu einer zunehmenden Isolation der betroffenen Patienten führen (Fiedler 2007). Das Beziehungsverhalten zeichnet sich aus durch den Wunsch nach Sicherheit und Nähe und gleichzeitig durch starke Bindungsängste, sofern die Betroffenen sich nicht ausreichend sicher sind, dass sie vom Gegenüber nicht verletzt oder beschämt werden. Häufig reicht dieser Konflikt zwischen Bindungs- und Autonomiewünschen bzw. Bindungsangst und Bindungssehnsucht weit in die Lebensgeschichte zurück. Das daraus resultierende widersprüchliche Verhaltensmuster mit Vermeidung von und Suche nach Nähe ist ebenso typisch wie die Hypervigilanz für potenzielle Gefahren in sozialen Situationen. Potenzielle Bezugspersonen werden häufig lange getestet, bevor Nähe zugelassen werden kann. Andererseits fallen manche Patienten auch durch ein vermeintlich sicheres, perfektioniertes Auftreten auf, um die eigene Selbstunsicherheit zu kaschieren (Wälte 2003). Für Außenstehende ergeben sich daraus besondere Schwierigkeiten im Umgang mit den Betroffenen, da sie

4.6 Vermeidend-Selbstunsichere Persönlichkeitsstörung

sich einerseits unsicher, anlehnend und unterwürfig, andererseits aber auch kühl, arrogant und vermeintlich perfekt zeigen. So entsteht ein komplexes und konfliktanfälliges Interaktionsmuster, das die problematischen Verhaltensweisen weiter verstärkt.

Für Patienten mit vermeidend-selbstunsicherer Persönlichkeitsstörung ist ein hoher Leidensdruck charakteristisch. Sie sind – im Gegensatz zu Patienten mit stärker ich-syntonen Persönlichkeitsmerkmalen – eher bereit, professionelle Hilfe in Anspruch zunehmen (DGPPN 2009), dies mehrheitlich in ambulanten Kontexten. Es werden zwei Subtypen unterteilt (Alden und Capreol 1993), wobei Mischtypen häufig sind:

- kühl-distanzierter Subtyp mit Misstrauen und Unfähigkeit zu warmen Gefühlen und engen Beziehungen,
- nachgiebig-ausnutzbarer Subtyp mit Neigung, sich ausgenutzt zu fühlen und mangelnder Fähigkeit, anderen Freude zu bereiten.

Differenzialdiagnostisch muss die vermeidend-selbstunsichere Persönlichkeitsstörung in erster Linie von der schizoiden und der abhängigen Persönlichkeitsstörung sowie der sozialen Phobie abgegrenzt werden (Fiedler 2007; Wälte 2003). Menschen mit schizoider Persönlichkeitsstörung meiden ebenfalls soziale Kontakte, allerdings nicht wie ängstlich-vermeidende Patienten aus Angst vor Kritik und Zurückweisung, sondern aus Gleichgültigkeit und Desinteresse gegenüber anderen Menschen. Diese wichtige Unterscheidung wurde allerdings erst ab dem DSM-III (1980) vorgenommen, als die Diagnose der vermeidend-selbstunsicheren Persönlichkeitsstörung als eigene Entität eingeführt wurde (Millon 1981). Bei der abhängigen Persönlichkeitsstörung liegt im Gegensatz zur vermeidenden Persönlichkeitsstörung das Hauptmotiv für die maladaptiven interpersonellen Verhaltensweisen darin, ein überzogenes Bedürfnis nach Umsorgtwerden zu befriedigen. Die Abgrenzung von der sozialen Phobie ist wesentlich schwieriger, da beide Störungsbilder große Überschneidungen zeigen und gehäuft auch Komorbiditäten auftreten. So erfüllen 25–89 % der Patienten mit generalisierter sozialer Phobie gleichzeitig die diagnostischen Kriterien für eine vermeidend-selbstunsichere Persönlichkeitsstörung (Alden et al. 2002). Die sozialen Ängste der ängstlich-vermeidenden Patienten sind häufiger generalisierbar und damit weniger spezifisch und situationsbezogen als diejenigen der Patienten mit sozialer Phobie. Die stark interpersonelle Prägung ist kennzeichnend für die ängstlich-vermeidende Persönlichkeitsstörung, bei der sich vermehrt auch Hinweise auf eine Symptomentwicklung seit der Kindheit finden als bei der sozialen Phobie. Dennoch ist die kategoriale Abgrenzung der beiden Störungsbilder nicht ausreichend validiert und es wird eine eher dimensionale Ausprägung sozialer Ängstlichkeit als Grundlage beider Störungsbilder angenommen, die von Schüchternheit als Persönlichkeitsmerkmal über die spezifische und generalisierte soziale Phobie zur schwersten Ausprägung der vermeidend-selbstunsicheren Persönlichkeitsstörung reicht (Renneberg und Ströhle 2006; Fiedler 2007). Dabei ist die Symptomatik bei der ängstlich-vermeidenden Persönlichkeitsstörung am stärksten ausgeprägt und schließt ein sehr negatives Selbstbild sowie eine stark ausgeprägte Angst vor Zurückweisung und Ablehnung mit ein (Renneberg und Ströhle 2006). Diese dimensionale Klassifikation ist aber weiterhin Gegenstand der Diskussion und wurde jüngst erneut kritisiert und zugunsten einer Unterscheidung von sozialer Phobie und vermeidender Persönlichkeitsstörung als kategoriale, qualitative Entitäten verworfen (Lampe und Sunderland 2013).

Ätiologisch bestehen bei Menschen mit vermeidend-selbstunsicheren Persönlichkeitsstörung hohe Korrelationen mit hohen Neurotizismus- und hohen Introversionswerten, für die beide eine genetische Disposition angenommen wird (DGPPN 2009). Sowohl eine biologisch als auch eine psychologisch bedingte Vulnerabilität führen auch bezüglich der vermeidenden Persönlichkeitsstörung zu einem bio-psycho-sozialen Störungsmodell. Psychologisch werden ein kritischer und distanzierter Bindungs- und Erziehungsstil sowie belastende Lebensereignisse mit öffentlicher Ablehnung und Kritik als disponierende Faktoren angenommen (Renneberg und Ströhle

4.6 Vermeidend-Selbstunsichere Persönlichkeitsstörung

Kasten 4.1: Klassifikation der (ängstlich-)Vermeidend-Selbstunsicheren Persönlichkeitsstörung nach DSM-5 (Abdruck erfolgt mit Genehmigung vom Hogrefe Verlag Göttingen aus dem Diagnostic and Statistical Manual of Mental Disorders, Fifth Edition, © 2013 American Psychiatric Association, dt. Version © 2018 Hogrefe Verlag) und ICD-10 (Dilling et al. 1991)

DSM-5 F60.6: Vermeidend-Selbstunsichere Persönlichkeitsstörung – Diagnostische Kriterien

Ein tiefgreifendes Muster von sozialer Gehemmtheit, Insuffizienzgefühlen und Überempfindlichkeit gegenüber negativer Beurteilung. Der Beginn liegt im frühen Erwachsenenalter, und das Muster zeigt sich in verschiedenen Situationen. Mindestens vier der folgenden Kriterien müssen erfüllt sein:

1. Vermeidet aus Angst vor Kritik, Missbilligung oder Zurückweisung berufliche Aktivitäten, die engere zwischenmenschliche Kontakte mit sich bringen.
2. Lässt sich nur widerwillig mit Menschen ein, sofern er/sie sich nicht sicher ist, dass er/sie gemocht wird.
3. Zeigt Zurückhaltung in intimen Beziehungen, aus Angst beschämt oder lächerlich gemacht zu werden.
4. Ist stark davon eingenommen, in sozialen Situationen kritisiert oder abgelehnt zu werden.
5. Ist aufgrund von Gefühlen der eigenen Unzulänglichkeit in neuen zwischenmenschlichen Situationen gehemmt.
6. Hält sich für gesellschaftlich unbeholfen, persönlich unattraktiv und anderen gegenüber unterlegen.
7. Nimmt außergewöhnlich ungern persönliche Risiken auf sich oder irgendwelche neuen Unternehmungen in Angriff, weil sich dies als beschämend erweisen könnte.

ICD-10 F60.6: Ängstliche (vermeidende) Persönlichkeitsstörung

A. Die allgemeinen Kriterien für eine Persönlichkeitsstörung müssen erfüllt sein.
B. Mindestens vier der folgenden Eigenschaften oder Verhaltensweisen müssen vorliegen:
   1. andauernde und umfassende Gefühle von Anspannung und Besorgtheit
   2. Überzeugung, selbst sozial unbeholfen, unattraktiv oder im Vergleich mit anderen minderwertig zu sein
   3. übertriebene Sorge, in sozialen Situationen kritisiert oder abgelehnt zu werden
   4. persönliche Kontakte nur, wenn Sicherheit besteht, gemocht zu werden

5. eingeschränkter Lebensstil wegen des Bedürfnisses nach körperlicher Sicherheit
6. Vermeidung beruflicher oder sozialer Aktivitäten, die intensiven zwischenmenschlichen Kontakt bedingen, aus Furcht vor Kritik, Missbilligung oder Ablehnung

Zusätzl. Merkmale können Überempfindlichkeit gegenüber Ablehnung und Kritik sein.

2006). Da Schüchternheit als eine zentrale Eigenart der vermeidend-selbstunsicheren Persönlichkeit gilt, liegt es nahe, ähnliche Entwicklungsbedingungen zu vermuten. Dabei ist das Bemühen, die Wiederholung schmerzhafter interpersoneller Erfahrungen zu vermeiden, welche die Betroffenen erlitten haben, ein wesentlicher gemeinsamer Faktor (Fiedler 2011). Weitergehende psychologische Erklärungskonzepte kommen vor allem aus der Kognitionstheorie. Zwischenmenschliche Gefahrensituationen und Krisen werden biografisch bedingt von den Betroffenen als bedrohlich und gefahrvoll eingestuft. Dadurch werden entsprechende Risiken gescheut, so dass keine neuen Erfahrungen gemacht werden können (Wälte 2003). Der daraus resultierende kognitive Selbstregulationsprozess führt zu überzogener Selbstkritik mit automatischen Gedanken, kognitiven Verzerrungen und negativen Erwartungen. Das negative Selbstbild, gekennzeichnet von der Überzeugung, sozial unbeholfen, unattraktiv und minderwertig zu sein, wird dadurch aufrechterhalten bzw. verstärkt (Fiedler 2007).

Substanzmissbrauch ist nach den Angststörungen eine der häufigsten Komorbiditäten der ängstlich-vermeidenden Persönlichkeitsstörung (Wälte 2003). Hier gibt es bislang aber nur wenige empirische Untersuchungen. In einer epidemiologischen Studie wiesen 35.1 % einer Stichprobe von 173 Patienten mit Alkoholabhängigkeit eine ängstlich-vermeidende Persönlichkeitsstörung auf (Stravynski et al. 1989). Alkohol diente insbesondere zur Verringerung des sozialen Stress. Dabei waren vor allem die psychologischen Abhängigkeitskriterien relevant. Dies liefert einen Hinweis darauf,

4.6 Vermeidend-Selbstunsichere Persönlichkeitsstörung

dass die stressreduzierende Potenz psychotroper Substanzen von Patienten mit vermeidend-selbstunsicheren Persönlichkeitsstörung im Sinne einer Selbstmedikation eingesetzt werden.

5

Ätiologie

5.1 Neurobiologie der Persönlichkeitsstörungen

Es liegt eine Reihe von Untersuchungsbefunden zu genetischen Faktoren sowie hirnstrukturellen und -funktionalen Korrelaten bei Persönlichkeitsstörungen vor. Die Vererbbarkeit von Persönlichkeitsstörungen wird mit 40–60 % angegeben (Cloninger et al. 2005) mit einer Konkordanzrate von 35–38 % für eineiige und 7–9 % für zweieiige Zwillinge. Die neurobiologische Erforschung der Persönlichkeitsstörungen fokussiert besonders auf die Emotionsregulation. Insofern sind die Persönlichkeitsstörungen des Cluster B (»dramatisch, launisch, emotional«) (DSM-IV) und hier besonders die Borderline- und die antisoziale Persönlichkeitsstörung, bei de-

5.1 Neurobiologie der Persönlichkeitsstörungen

nen Störungen im Bereich von Affektregulation und Impulsivität zentral sind, bisher besonderer Gegenstand der Untersuchungen. Dabei konnten neben einer emotionalen Hyperreagibilität bei Borderline-Patienten ein erhöhtes affektives Arousal in Ruhe, eine Hypervigilanz gegenüber negativen Reizen (Walter et al. 2008a) und eine herabgesetzte Aktivierungssschwelle für motorische Antworten gezeigt werden (Herpertz 2011a).

Kritisch anzumerken ist bezüglich der neurobiologischen Forschung, dass die Spezifität der Befunde bisher nicht eindeutig nachgewiesen werden konnte. Zudem fehlen detaillierte Erkenntnisse zu den Mechanismen auf molekularer Ebene (Leichsenring 2011). Gemäß Buchheim sind wir noch »weit entfernt« davon, die neurobiologische Grundlage der Persönlichkeitsstörungen zu verstehen (Buchheim et al. 2013, S. 121). Pritzel (2008) kritisiert allgemein, dass die Prinzipien der Neurowissenschaft, die den Untersuchungen zugrundeliegen, die Komplexität der Emotionsverarbeitung nur begrenzt abbilden und beispielsweise das subjektive Empfinden von Emotionen, vor allem im zwischenmenschlichen Bereich, von den Neurowissenschaften nicht wirklich aufgegriffen werden kann. Gabbard (2011, S. 123) bezeichnet es als »naiv zu denken, dass die Neurobiologie die Kompliziertheit der ... inneren Welt von Borderline Patienten« erklären könnte. Auch von Herpertz (2011a, S. 9) wird ausgeführt, dass neurobiologische Untersuchungen der sozialen Interaktion und der Selbstwertregulation von Borderline-Patienten »erst ... in der Entwicklung sind«, während Defizite in der Mentalisierungsfähigkeit im Sinne einer Verzerrung der zwischenmenschlichen Wahrnehmung für Borderline- und narzisstische Persönlichkeitsstörungen hingegen bereits nachweisbar sind (a. a. O.).

Gemäß den vorliegenden Untersuchungen sind in Bezug auf die Hirnfunktion das limbische- und paralimbische System mit Amygdala, Hippocampus und Insula und ihre Interaktion mit kortikalen Zentren, insbesondere der orbitofrontale Kortex (OFC) und der anteriore cinguläre Kortex (ACC), besonders relevant.

Für Borderline-Patienten wurde gezeigt, dass sie diesbezüglich hirnfunktionelle Dysfunktionen aufweisen. Für den Hippocampus sowie die Amygdala konnten reduzierte Volumina nachgewiesen werden (Leichsenring 2011), wobei Borderline-Patienten mit komorbider postraumatischer Belastungsstörung möglicherweise kein reduziertes Amygdalavolumen aufweisen (Schmahl et al. 2009). Darüber hinaus zeigt sich in funktionellen Bildgebungsuntersuchungen eine Hyperaktivität der Amygdala auf negative emotionale Stimuli, einhergehend mit verminderter neuronaler Aktivität im präfrontalen Kortex (Herpertz 2011; Buchheim et al. 2013; Wrege et al. 2021a). Das Ausmaß der affektiven Anspannung bedingt dabei vermutlich die Probleme der Wahrnehmung von Emotionen und den Therapieverlauf (Domes et al. 2009; Euler et al. 2018b; Wrege et al. 2019, 2021b).

Für die Diagnose einer Borderline-Persönlichkeitsstörung wurde ein Vererbungsfaktor von 0,65–0,75 (News et al. 2008) angegeben. Verschiedene Kandidatengene z. b. das Serotinin-(5-HT-)Transportergen und Geninteraktionen wurden beschrieben, ohne dass eindeutige oder kausale genetische Zusammenhänge klar nachweisbar sind (Überblick bei Leichsenring 2011). Das Chromosom 9 zeigte in einer anderen Studie den engsten Zusammenhang mit Borderline-Charakteristika (Distel et al. 2008). Bezüglich der Gen-Umwelt-Interaktion fehlen wegweisende Befunde, es wird jedoch davon ausgegangen, dass die Umgebungsfaktoren quantitativ stärker wirken (Maier und Hawellek 2011; Lorenzini und Fonagy 2013). Für das Verständnis der Gen-Umwelt-Interaktion kommt der Assoziation zwischen genetischen Temperamentsfaktoren und dem Bindungsverhalten eine Schlüsselstellung zu (Steele und Siever 2010). Eine unmittelbare patientenbezogene Anwendung der bis heute vorliegenden genetischen Befunde ist derzeit gemäß Maier und Hawellek (2011) nicht möglich. Biologische und genetische Marker sind nach Livesly und Jang (2008) bislang inkonsistent und wenig spezifisch.

Sowohl für die antisoziale Persönlichkeitsstörung als auch für psychopathische Persönlichkeiten mit proaktiv-instrumenteller Aggression konnte gezeigt werden, dass sie neben Dysfunktionen in der Interaktion limbischer mit kortikalen Zentren Störungen im

5.1 Neurobiologie der Persönlichkeitsstörungen

Serotoninsystem aufweisen. Impulsives und gewalttätiges Verhalten ist verbunden mit Volumenminderungen des frontalen Kortex sowie verringerter subkortikaler Aktivität in der Amygdala. Für Psychopathen scheint darüber hinaus typisch zu sein, dass sie über eine stärkere Kontrolle kognitiver und exekutiver Funktionen bei gleichzeitigen Defiziten in Empathie und sozialem Lernen verfügen (Buchheim et al. 2013). Mit dem mangelnden Erkennen ängstlicher Gesichtsausdrücke (Marsh et al. 2008) ist eine Hyporesponsivität der Amygdala assoziiert, welche im Sinne eines Bottom-up-Mechanismus zu einer mangelnden exekutiven Kontrolle aggressiven Verhaltens führen könnte (Bateman et al. 2013b).

Zusammenfassend konnte nachgewiesen werden, dass Persönlichkeitsstörungen zu einem gewissen Teil eine erblich bedingte Vulnerabiliät aufweisen und dass die Störungen der Affektregulation mit einer frontolimbischen Dysfunktion einhergehen, bei der kortikale Zentren subkortikale emotionale Prozesse nicht ausreichen hemmen. Für beide Befunde fehlen ausreichend einheitliche und detailliertere Untersuchungen, um für die klinische Diagnostik und Behandlung praktische Relevanz zu erlangen. Vor dem Hintergrund des anhaltenden Trends zur neurowissenschaftlichen Forschung mit hirnfunktionellen Untersuchungen ist ihr Beitrag zu einer optimaleren klinischen Versorgung der Patienten bisher noch wenig verwertbar.

Beim Vergleich neurobiologischer Untersuchungen zu Cluster-B-Persönlichkeitsstörungen und zu Suchterkrankungen fällt auf, dass sich bei beiden Störungsbildern Korrelate im Bereich von orbitofrontalem und angiocingulärem Kortex sowie paralimbischen und limbischen Zentren nachweisen lassen. Da Defizite in Emotionsregulation und Impulskontrolle klinisch für beide Erkrankungen wegweisend sind, ist dieser Befund plausibel und unterstützt die ätiologische Sicht beider als Impuls-Spektrum- bzw. Affektregulationsstörungen.

5 Ätiologie

5.2 Persönlichkeitsstörung als Identitätsstörung

Persönlichkeitsstörungen werden insbesondere aus psychodynamischer Perspektive als strukturelle Störungen verstanden, d. h., unter Berücksichtigung der Stabilität und Reife der Persönlichkeitsorganisation entlang von verschiedenen Merkmalen diagnostiziert. Die Störung der Identität, die sogenannte Identitätsdiffusion (Kernberg 1984), d. h. das Fehlen eines kohärenten, über die Zeit und über verschiedene Kontexte hinweg kontinuierlich bestehenden oder aktualisierbaren, stabilen Selbstbildes sowie das Fehlen eines ebensolchen Bildes der wichtigen Bezugspersonen, markiert für O. F. Kernberg geradezu das differenzialdiagnostische Diskriminationskriterium zwischen leichteren Pathologien der Persönlichkeit und neurotischen Störungen einerseits und schweren Persönlichkeitsstörungen mit einer Borderline-Persönlichkeitsorganisation andererseits (Kernberg 2004, S. 61). Während bei höher strukturierten Persönlichkeitsstörungen neben dem Vorherrschen von Abwehrmechanismen, die um die Verdrängung zentriert sind, und einer gut erhaltenen Realitätsprüfung mit differenziertem Gespür für soziales Taktgefühl eine stabile Ich-Identität vorliegt, sind diese Merkmale bei schwereren Störungen beeinträchtigt.

Der Begriff der Identität und entsprechend jener der Identitätsstörung umfasst eine Vielzahl von Bedeutungen und Funktionen. E. H. Erikson, der mit seinen Arbeiten die beiden Begriffe prominent in die Sozialwissenschaften und die psychoanalytische Theoriediskussion eingebracht hat, rekurriert auf William James' und George Herbert Meads Differenzierung zwischen »I« und »me«, wenn er ebenso deutlich unterscheidet zwischen zwei Identitätsbegriffen: einerseits eine Ich-Identität (»I«), mit welcher im Ich die Spontaneität, unmittelbare Selbstgewissheit und subjektive Unverwechselbarkeit gewissermaßen als praktische Kompetenz adressiert wird, die eine innere Einheitlichkeit und Kontinuität aufrechterhält, andererseits eine Rollenidentität (»me«) gemeint ist,

5.2 Persönlichkeitsstörung als Identitätsstörung

in welcher das Ich sich selbst mit den Augen der anderen erkennt, das heißt, sich über die Identifikation mit sozialen Rollen und Gruppen mit ihren Idealen definiert (Sollberger 2014).

»Der Begriff ›Identität‹ drückt also insofern eine wechselseitige Beziehung aus, als er sowohl ein dauerndes inneres Sich-Selbst-Gleichsein wie ein dauerndes Teilhaben an bestimmten gruppenspezifischen Charakterzügen umfasst ... Es wird sich dadurch einmal um ein bewusstes Gefühl der individuellen Identität handeln, ein andermal um das unbewusste Streben nach einer Kontinuität des persönlichen Charakters; einmal wird die Identität als ein Kriterium der stillschweigenden Akte der Ich-Synthese, dann wieder als das Festhalten an einer inneren Solidarität mit den Idealen und der Identität einer Gruppe erscheinen.« (Erikson 1976, S. 124 f.)

Ausgehend von diesen grundlegenden Differenzierungen wurden viele essentielle Erfahrungen und psychologische Funktionen mit dem Begriff der Identität verbunden (vgl. Westen und Heim 2003; Akhtar 1992; Erikson 1966; Walter et al. 2008b; Walter et al. 2009b; Dammann et al. 2011; Sollberger 2014):

1. ein subjektives Gefühl der Selbigkeit (self-sameness) und der temporalen und situativ-kontextuellen Kontinuität,
2. ein Set stabiler Charaktereigenschaften und Verhaltensformen neben wechselnden anderen,
3. ein Gefühl persönlicher Beständigkeit und Kohärenz angesichts von Veränderungsprozessen,
4. eine Verpflichtung auf bestimmte Selbstbilder und diese mitdefinierende soziale Rollen,
5. Wahrhaftigkeit und Authentizität,
6. ein realistisches Körperbild,
7. die sexuelle und Geschlechts-/Gender-Identität,
8. die Verpflichtung auf bestimmte Werte, Standards und Ideale,
9. eine innere Solidarität mit und Engagement in sozialen Gruppen oder
10. das subjektive Vertrauen darauf, dass bedeutsame Andere einen in diesen Selbstrepräsentanzen erkennen und anerkennen (Jørgensen 2006, 2010).

5 Ätiologie

Mit Identität wird allerdings nicht, wie schon E. H. Erikson (1966) und später R. S. Wallerstein (1998) betonen, eine einmal erreichte selbstbezügliche und inhaltlich festgelegte Einheit des Ich fixiert. Vielmehr unterliegt sie aufgrund der gelebten Beziehungen mit bedeutungsvollen Anderen über den gesamten Lebenszyklus hinweg verschiedenen Modifikationen, so dass es sich um einen lebenslangen sozialen Konstruktionsprozess, letztlich um eine »Identitätsarbeit« (Keupp et al. 1999, S. 189 ff.; Höfer und Keupp 1997; Rosa 2005, S. 352 ff.) handelt, auf welche auch der Begriff der »narrativen Identität« (McAdams 1996; Lucius-Hoene und Deppermann 2002) abzielt und auch in neurobiologischem Kontext als »autobiographisches Selbst« (Damasio 2010) adressiert wird.

Aus psychodynamischer Perspektive wird mit dem Identitätsbegriff eine psychologische Struktur gefasst, die ein fundamentales Organisationsprinzip der Persönlichkeit darstellt, welches Menschen mit einer gefestigten Identität möglich macht, sich an verschiedene Situationen und Kontexte anzupassen und das eigene Verhalten flexibel zu modulieren, dabei aber den inneren Sinn eines kohärenten und stabilen Selbst zu behalten und für andere im Handeln ebenso kohärent, verlässlich und vorhersehbar zu funktionieren (Jørgensen 2006).

In Erweiterung des Identitätskonzepts von E. H. Erikson, welcher vor allem die Integration des Selbst-Konzeptes bei der Bildung der Ich-Identität in den Vordergrund stellt, legt O. F. Kernberg in seinem objektbeziehungstheoretischen Ansatz den Fokus gleichermaßen auch auf die korrespondierende Integration des Konzepts signifikanter Anderer. Fokussiert wird in der Identitätsbildung insbesondere die Integration von Beziehungserfahrungen. Das Selbst in seiner Identität wird nach diesem Modell nicht ausschließlich als einheitliches, authentisches und autonomes Ich/Selbst verstanden, wie dies etwa bei Anna Freud und Heinz Hartmann, aber auch noch bei Melanie Klein und Heinz Kohut zu finden ist, sondern als Selbst, welches aus verschiedenen, mehr oder weniger integrierten Teilobjekten, »inneren Objektrepräsentationen« (Fairbarin 1952; Winnicott 1965, 2002) besteht:

5.2 Persönlichkeitsstörung als Identitätsstörung

»Eine integrierte Identität entspricht also einer inneren Welt, in der das Selbst und andere mit Tiefe und Differenziertheit wahrgenommen werden können, d. h., die Repräsentanzen haben die Qualität ›ganzer Objekte‹ und sind relativ stabil über die Zeit« (Clarkin et al. 2004).

Grundlegend in der objektbeziehungstheoretischen Konzeptualisierung und insbesondere für die darauf aufbauende Therapie der Persönlichkeitsstörungen als Störungen der Identität ist die Annahme, dass die Pathologie des Patienten sich im Hier und Jetzt zeigt, indem internalisierte und pathologische Beziehungserfahrungen aus der Vergangenheit, die sich in der Psyche des Patienten verankert haben, unbewusst aktualisiert werden und sich in der Gestaltung gegenwärtiger Beziehungen – auch zum Therapeuten – symbolisch reinszenieren. Patienten erleben so die gegenwärtige Realität unter der Dominanz dieser inneren Repräsentanten des Selbst und der anderen.

Kernberg (2004, 2006a) geht in seinem Ansatz davon aus, dass das dynamische Unbewusste das Motivationssystem der Psyche darstellt und die grundlegenden Kräfte der Libido und der Aggression, Liebe und Hass integriert. Entsprechend werden aus entwicklungspsychologischer Perspektive die inneren Repräsentanzen des Ich und der anderen, die sogenannten Objektbeziehungen, in der Weise gebildet, dass die Beziehungserfahrungen des Selbst in seinem Verhältnis zu anderen, mit einem jeweiligen positiven Liebesoder negativ-aggressiven Affekt besetzt, als dyadische Einheiten internalisiert werden und fortan die Wahrnehmung und das Verständnis der Realität prägen.

In der Kindheitsentwicklung sind es Befriedigungs- und Frustrationserfahrungen mit frühen Bezugspersonen in Kombination mit konstitutionellen Faktoren und Temperamentseigenschaften in der Entwicklung von libidinösen und aggressiven Impulsen, die die Ausbildung der inneren Welt der Objektbeziehungen prägen. So erlebt der hungrige Säugling seine Mutter, die sein Hungerbedürfnis stillt, als verfügbar und haltend, was seine liebevolle Bindung fördert, während er sie, ist sie nicht unmittelbar verfügbar, als frustrierend und versagend erlebt, was (verkürzt gesagt) Wut und

Hassgefühle erzeugt. Aus solchen Erfahrungen bilden sich nach objektbeziehungsdynamischer Auffassung zwei grundlegende innere Repräsentanzen von Beziehungsmustern aus: jene eines zufriedenen Säuglings-Selbst, welches über den Affekt der Liebe mit der nährenden Mutter verbunden ist, und jene eines frustrierten, hungrigen Selbst, welches über den Affekt der Wut mit der als vernachlässigend erlebten Mutter verbunden ist. Die Mutter wird vom Säugling in diesen verschiedenen Wahrnehmungserfahrungen zunächst als zwei voneinander getrennte Personen erlebt, die in der gesunden seelischen Entwicklung des Säuglings dann aber zum Bild einer ganzen, positiv-befriedigende sowie negativ-frustrierende Anteile in sich vereinigenden Person integriert wird (Clarkin et al. 2006).

Im Fall pathologischer Entwicklungen und bei der Ausbildung von schweren Persönlichkeitsstörungen persistieren unreife, unter der Dominanz von idealisierter Liebe und zerstörerischem Hass gebildete Objektbeziehungen. Karrikaturesk verzerrte und rigide Bilder des Selbst und der anderen bleiben unverbunden, fragmentiert und desintegriert nebeneinander bestehen. Bei Patienten mit einer schweren Persönlichkeitsstörung (Borderline-Persönlichkeitsorganisation) führt dies dazu, dass die äußere Welt nicht mit dieser unreifen inneren, fragmentierten, starren und verarmten Welt der Objektbeziehungen übereinstimmt, so dass in Beziehungen sowohl im Selbsterleben der Patienten wie auch in der Weise, wie andere den Patienten erleben, immer wieder Verwirrungen entstehen, die auf das chaotische innere Erleben der Patienten hinweisen, welches als Identitätsdiffusion charakterisiert wird. Die verzerrten und von kaum modulierbaren, starren Affekten dominierten Bilder des Selbst und der anderen verhindern denn auch eine adäquate Anpassung von Wahrnehmung, Fühlen, Denken und Verhalten sowohl an die innere wie äußere Realität. Diese wird vielmehr durch unreife Abwehrmechanismen der Spaltung, projektiven Identifikation und Projektion distanziert und abgewehrt, um dabei anflutende intensive Affekte zu bewältigen.

5.3 Persönlichkeitsstörung als Bindungs- und Traumafolgestörung

Die Störung der Identitätsbildung führt also zu einer Identitäts-diffusion, welche einer inneren Welt entspricht, »in der das Selbst und andere einseitig, widersprüchlich und oberflächlich wahrgenommen werden, d. h., Repräsentanzen haben die Qualität von ›Teilobjekten‹ und sind instabil« (Clarkin et al. 2004).

Die ätiologischen Gründe für eine gestörte Identitätsentwicklung sind vielfältig und können hier nur gestreift werden. Temperamentale Prädispositionen liegen sicherlich in der genetisch verankerten – insbesondere negativen – Affektaktivierung, welche etwa im Fall der Borderline-Störung das limbische und paralimbische System betreffen und beispielsweise in einer Hyperreagibilität der Amygdala als einem zentralen, durch biogene Amine (serotonerges, noradrenerges und dopaminerges System) vermittelten emotionsverarbeitenden Zentrum besteht (de Vegar et al. 1994; Gurvits et al. 2000; Steinberg et al. 1994; Stone 1993; van Reekum et al. 1994; Depue und Lenzenweger 2005). Ebenso scheinen genetisch prädisponierte kortikale Strukturen in der kognitiven Kontrolle (»effortful control«, Posner et al. 2002) eine Rolle zu spielen, insofern als in empirischen Studien eine verminderte Aktivität im dorsolateralen präfrontalen und orbitofrontalen Kortex bei Patienten mit einer Borderline-Persönlichkeitsstörung im Gegensatz zu normalen Kontrollprobanden zu finden ist (Silbersweig et al. 2007; Koenigsberg et al. 2009; Salavert et al. 2001).

5.3 Persönlichkeitsstörung als Bindungs- und Traumafolgestörung

Der Zusammenhang zwischen der Entwicklung einer Persönlichkeitsstörung, insbesondere der Borderline-Persönlichkeitsstörung, und einer Bindungsstörung erhielt in den letzten Jahren besondere Aufmerksamkeit. Bindungsstörungen gelten inzwischen im Rahmen des polyätiologischen Modells als ein zentraler, wenn nicht

5 Ätiologie

sogar als wesentlicher Faktor für die Entwicklung einer Persönlichkeitsstörung, vor allem aus dem Cluster B (DSM-IV) (Buchheim 2011; Lorenzini und Fonagy 2013; Walter und Dammann 2006). Lorenzini und Fonagy (2013) erachten die Bindungstheorie als »evidenz-basierte Perspektive« für die Erklärung der zeitlich relativ stabilen intra-, interpersonellen und sozialen Charakteristika von Persönlichkeitsstörungen. Insbesondere die die Beziehungsgestaltung von Borderline-Patienten kennzeichnende Dynamik aus Suche nach Nähe, Gefühlen von Abhängigkeit und Sensitivität für Zurückweisung besitzt einen hohen Stellenwert (Agrawal et al. 2004). Aus der Perspektive der Bindungstheorie ergibt sich damit eine wesentliche Bedeutung für die Gestaltung der therapeutischen Beziehung mit Patienten mit Persönlichkeitsstörungen (Euler und Schultz-Venrath 2014; ▶ Kap. 8 Therapie).

Die Bindungstheorie von Bowlby (1977), der Bindungsstörungen bereits mit einer späteren Persönlichkeitspathologie verknüpfte (Levy 2005), hat durch die Bindungsforschung mit Bezug zur Ätiologie von Persönlichkeitsstörungen eine Reaktualisierung erfahren. Bowlby beschrieb, dass Kinder das Bindungsmuster mit den primären Bezugspersonen als »inner working models« (Bowlby 1977) speichern und dieses lebenslang im Beziehungskontext, insbesondere bei Belastungs-, Trennungs-, und Gefahrensituationen reaktiviert wird. Dabei ging er bereits davon aus, dass das Bindungsmuster Aspekte des Selbst, der Anderen und der Beziehung zwischen beiden umfasst, was den psychodynamischen Begriffen internalisierter Selbst- und Objektrepräsentanzen bzw. der Objektbeziehung weitgehend entspricht. Einem sicheren Bindungsmuster stehen unsichere – vermeidende (»avoidant«/»dismissing«) oder ängstlich-anklammernde (»anxious-preoccupied«) – und desorganisierte (»unresolved«/»disorganized«) Muster gegenüber. Unsichere und desorganisierte Bindungsmuster stellen wesentliche Risikofaktoren für eine psychische Erkrankung dar, für Borderline-Persönlichkeitsstörungen ist neben den unsicheren Stilen das desorganisierte Bindungsmuster besonders bedeutsam. Eine Assoziation besteht für letzteres insbesondere mit dissoziativen Phänomenen (Buchheim

5.3 Persönlichkeitsstörung als Bindungs- und Traumafolgestörung

2011). Der vermeidende Bindungstyp ist wiederum vor allem kennzeichnend für Borderline-Patienten mit komorbider Substanzabhängigkeit (Lorenzini und Fonagy 2013). Levy (2005) geht davon aus, dass es sich bei den Auswirkungen der unsicheren bzw. desorganisierten Bindungstypen um ein Kontinuum handelt, wobei es von Differenzierungs- und Integrationsgrad der mentalen Repräsentanzen abhängt, ob sich eine schwere Persönlichkeitspathologie entwickelt oder nicht. Diese hängen nicht zuletzt auch von konstitutionellen Faktoren ab. Die Bindungsforschung hat durch zahlreiche Befunde die Assoziation zwischen unsicherem bzw. desorganisiertem Bindungstyp und Persönlichkeitsstörungen belegen können (Buchheim und George 2011; Übersicht bei Agrawal et al. 2004). Neben verschiedenen Formen der Selbstbeurteilung ist das Adult Attachment Interview (AAI) hier wegweisend (Buchheim und George 2012; George et al. 1994). Während der ängstlich-anklammernde Bindungstyp, gekennzeichnet durch eine *Hyper*aktivierung des Bindungssystems, vor allem mit chronischer Hypersensitivität für Signale von Zurückweisung oder Verlassenwerden und mit histrionischer, vermeidend-selbstunsicherer, Borderline- und abhängiger Persönlichkeitsstörung einhergeht, ist der vermeidende Bindungstyp, gekennzeichnet durch *Hypo*aktivierung des Bindungssystems, mit schizoider, narzisstischer, antisozialer und paranoider Persönlichkeitsstörung assoziiert (Übersicht bei Lorenzini und Fonagy 2013). 50–80 % der Borderline-Patienten weisen einen ängstlich-anklammernden oder desorganisierten Bindungstyp auf (Lorenzini und Fonagy 2013; Agrawal et al. 2004). Ein desorganisiertes Bindungsmuster entwickelt sich insbesondere in einer dilemmatischen kindlichen Situation, wenn die Bezugsperson, bei der das Kind Schutz und Sicherheit sucht, gleichzeitig eine Quelle der Gefahr darstellt. Dieses Dilemma ist insbesondere bei frühen traumatischen Erfahrungen gegeben. Im Fremde-Situations-Test (Ainsworth et al. 1978), bei dem einjährige Kinder in wiederholten kurzen Trennungs- und anschließenden Wiedervereinigungssituationen mit der Bezugsperson sowie in der Interaktion mit Fremden beobachtet werden, verfügen Kinder mit desorganisiertem Bindungsmuster nicht über Bewältigungsstrategien, weder durch Herstellung von Nähe zur Bezugsperson, noch durch Ablenkung (Buchheim 2011). Transgenerationale Aspekte sind bei der Genese von Bindungsstörungen ebenfalls von Bedeutung. Unverarbeitete Traumata (»unresolved trauma«) der primären Bezugspersonen sind mit einer hohen Wahrscheinlichkeit mit einem desorganisierten Bindungsverhalten beim Kind assoziiert (Lorenzini und Fonagy 2013). Die bisherigen Ausführungen verweisen auf einen engen Zusammenhang zwischen kindlicher Traumatisierung und Entwicklung einer Persönlichkeitsstörung, insbesondere bei der Borderline-Persönlichkeitsstörung. 40–60 % (Fiedler und Herpertz 2010), 70 % (Boll-Klatt und Kohrs 2014) bzw. 90 % (Zanarini 2000) der Borderline-Patienten berichten über traumatische Kindheitserfahrungen im Sinne von sexuellem und/oder körperlichem Missbrauch und/oder Vernachlässigung (Übersicht bei Dulz und Jensen 2011). Dies hat in der Vergangenheit auch zu Bestrebungen geführt, die Borderline-Persönlichkeitstörung als komplexe posttraumatische Belastungsstörung (KPTBS, englisch »Disorder of Extreme Stress Not Otherwise Specified« – DESNOS) zu klassifizieren und konzeptualisieren (Herman 1993; Sack 2004). Dieser Ansatz wurde von verschiedenen Seiten kritisiert (Dulz und Jensen 2011; Boll-Klatt und Kohrs 2014; Lorenzini und Fonagy 2013; Fiedler und Herpertz 2010; Kernberg und Hörz 2011; Lewis und Grenyer 2009) und kann heute als obsolet angesehen werden. Argumente dagegen bestehen vor allem darin, dass die Rate der Traumatisierungen in der Allgemeinbevölkerung wesentlich höher ist als die Prävalenz der Borderline-Persönlichkeitsstörung, kindliche Traumata auch bei anderen psychischen Störungen, vor allem anderen Persönlichkeitsstörungen, weit überrepräsentiert sind und nicht alle Patienten mit einer Borderline-Persönlichkeitsstörung traumatische Erfahrungen aufweisen. Zudem mangelt es an prospektiven Studien, die hohen Prävalenzraten beruhen im Wesentlichen auf retrospektiven Selbstberichten mit der Gefahr eines »recall bias« (Lewis und Grenyer 2009). Traumata werden heute als wesentlicher, aber

5.3 Persönlichkeitsstörung als Bindungs- und Traumafolgestörung

nicht hinreichender Faktor zur Erklärung einer Persönlichkeitsstörung bzw. Borderline-Persönlichkeitsstörung angesehen. Dabei handelt es sich um langanhaltende Bindungs- und Beziehungstraumatisierungen (sog. Typ-II-Traumata), während Ereignistraumata (sog. Typ-I-Traumata) für die PTBS im engeren Sinne kennzeichnend sind. Das Trauma in Bezug auf Persönlichkeitsstörungen wird als »Geschehen in Beziehungen« (Hirsch 2004) verstanden, bei dem auch dem Anteil des Nichttäters ein hoher Stellenwert zukommt (Dulz und Jensen 2011). Hinweise für eine schlechtere Prognose bei Borderline-Persönlichkeitsstörungen mit Traumatisierungen liegen vor (Dulz und Jensen 2011; Sachsee 2011). Insofern sind auch verschiedene spezifische therapeutische Konzepte für Borderline-Patienten mit schweren Traumatisierungen ausgearbeitet worden (Dulz et al. 2011). Alle für die Borderline-Störung evidenzbasierten Psychotherapieverfahren empfehlen eine sequenzielle Behandlung, in der Traumaaspekte nur fokussiert werden, wenn Symptomatik und therapeutische Beziehung ausreichend stabil sind (Lewis und Grenyer 2009).

Buchheim (2011) identifiziert bezüglich der Borderline-Störung neben der Bindungsdesorganisation eine eingeschränkte Fähigkeit zur Mentalisierung als weiteren zentralen Faktor zur Erklärung der Assoziation von Bindungstraumata und Borderline-Störung. Widersprüchliche und traumatische Beziehungserfahrungen unterminieren die Entwicklung von stabilen mentalen Repräsentanzen. Darüber hinaus ist die Mentalisierungsfähigkeit der primären Bezugsperson höchst bedeutsam (Lorenzini und Fonagy 2013), was den Zusammenhang zwischen »unresolved« Trauma der Bezugsperson und Bindungsstörung des Kindes besonders plausibel macht.

Zusammenfassend kann auch bezüglich Bindungs- und Traumafolgeaspekten bei Persönlichkeitsstörungen von einem polyätiologischen Zusammenhang ausgegangen werden. Eine Traumatisierung allein erklärt die Entwicklung einer Persönlichkeitsstörung nicht. Diese muss im Kontext eines andauernden »mismatch« (Köhler 1990) zwischen primären Bezugspersonen und Kind statt-

5 Ätiologie

finden, welche schwerwiegende Defizite in der Mentalisierungsfähigkeit bedingt. Die traumatheoretische Auffassung, kindliche Traumatisierungen könnten einerseits zu einer komplexen Traumafolgestörung im Sinne einer internalisierenden Ausprägung und andererseits zu einer Borderline-Störung im Sinne einer externalisierenden Ausprägung führen, bei der Patienten ihre Problematik »in agierender Weise im zwischenmenschlichen Bereich erleben« (Sack et al. 2011, S. 201), teilen wir nicht und halten sie für eine unrechtmäßige Spaltung in »gute« und »böse« traumatisierte Patienten. Mit einer solchen Differenzierung wird u. E. das Gegenteil des erklärten Ziels einer Entstigmatisierung von Borderline-Patienten erreicht. Andererseits hat die Traumadebatte zu einer vertieften Auseinandersetzung mit den ätiologischen Entwicklungsbedingungen von Borderline-Patienten geführt, deren Ergebnisse maßgeblich zu ihrer Entstigmatisierung beitragen. Die Auseinandersetzung mit der Assoziation von Entwicklungsbedingungen und Persönlichkeitsstörung ermöglicht eine Verknüpfung von psychologischen und neurobiologischen Faktoren und bereichert die Diskussion um eine kreative und differenzierte Betrachtungsweise der Persönlichkeitsstörungen.

5.4 Persönlichkeitsstörung als Mentalisierungsstörung

Mentalisieren ist ein jüngeres psychologisches Konstrukt, das viele Elemente aus den Kognitionswissenschaften, der Psychoanalyse, der Entwicklungspsychologie, der Affektforschung und der Neurobiologie enthält (Fonagy et al. 2004; Bateman und Fonagy 2012; Schultz-Venrath 2013; Euler und Walter 2020). Beeinflusst ist das Konzept unter anderem durch die »theory of mind«, die Bindungsforschung, die intersubjektive Psychoanalyse und die Neurowissenschaften.

5.4 Persönlichkeitsstörung als Mentalisierungsstörung

Definition
Mentalisieren heißt, sich auf die inneren, ›mentalen‹ Zustände (Gedanken, Gefühle, Wünsche, Bedürfnisse, Überzeugungen etc.) von sich selbst und anderen zu beziehen, diese als dem Verhalten zugrundeliegend zu begreifen und darüber nachdenken zu können.

Bezüglich der Ätiopathogenese der Borderline-Störung gilt als »Common sense«, dass sie wesentlich von den entwicklungspsychologischen Bedingungen abhängt, in denen sich konstitutionelle Merkmale zu einer mehr oder weniger gesunden Persönlichkeit entfalten können (Gunderson 2009; Leichsenring et al. 2011). Diese Entwicklung des Selbst ist in erster Linie »transaktioneller Natur« (Fonagy et al. 2012), d. h., die Persönlichkeitsentwicklung hängt primär von den Interaktionen mit primären Bezugspersonen ab. Die Säuglings-, Kleinkind- und Bindungsforschung haben hierzu wesentliche Beiträge geleistet (Bowlby 1977; Ainsworth et al. 1978; Stern 2007a; Übersicht bei Schultz-Venrath 2013, S. 106–137).

Kinder entwickeln im Alter von etwa vier Jahren eine Vorstellung davon, dass ihr geistiger Zustand (»mind«) sich von dem anderer unterscheidet, und erkennen diesen als repräsentationales Abbild der Realität. Das bedeutet gleichzeitig, dass erst ab diesem Alter Wahrnehmungs- und Denkinhalte im Sinne einer Metakognition bzw. reflexiven Funktion (Fonagy et al. 2004) zum Gegenstand des Nachdenkens gemacht werden können (Dornes 2004). Dies ist nicht zu verwechseln mit der Fähigkeit, den eigenen mentalen Zustand als vom anderen unterschiedlich zu *erleben*, die bereits ab dem Alter von 15–18 Monaten ausgebildet wird. Bis dahin kommt der Affektspiegelung durch die Bezugsperson eine zentrale Funktion für die Bildung von Affekt- und Selbstrepräsentanzen zu.

Diese Spiegelung der Affekte muss *kongruent* (d. h. dem Affekt des Säuglings entsprechend) und gleichzeitig *markiert* (d. h. durch die Bezugsperson leicht verzerrt, z. B. durch Verwendung einer Babysprache oder einer übertriebenen Mimik) sein. Erst durch diese

5 Ätiologie

Markierung kann eine Repräsentanz zweiter Ordnung (»second order representation«, Fonagy et al. 2004) ausgebildet werden, damit sich das Kind zunehmend selbst als Agens (»agent«) des Affekts erlebt. Wenn Bindungspersonen unmarkiert *und* inkongruent spiegeln, entsteht ein sogenanntes *fremdes Selbst* (»alien self«, Fonagy et al. 2004; Dornes 2004), d. h., der Affekt der Bezugsperson wird dem Kind gleichsam introjiziert (»hineingeworfen«, »einverleibt«). Diese fremden Selbstanteile können später nicht mentalisiert werden, so dass ein ständiger Druck zu deren projektiver Identifikation entsteht (Fonagy und Bateman 2008), d. h., »fremde« Affektkorrelate müssen lebenslang im Dienste der Selbsterhaltung anderen Personen eingegeben (gewissermaßen re-introjiziert) werden. Die Pathologie des fremden Selbst ist eng an Missbrauchserfahrungen gekoppelt, bei denen der Säugling als Selbstobjekt für eigene emotionale, sexuelle oder aggressive Affekte der Bezugsperson benutzt wird (Euler und Schultz-Venrath 2014b). Das davon zu unterscheidende *falsche Selbst* wiederum entsteht, wenn zwar *markiert*, aber *inkongruent* gespiegelt wird, d. h., ein fehlgedeuteter Affekt des Kindes markiert gespiegelt wird (z. B. wenn Ärger des Kindes als Müdigkeit fehlgedeutet und dem Kind markiert gespiegelt wird: »Jaja, gell mein Schatz, du bist sooo müde, die Mutti bringt dich jetzt gleich ins Bett, dann ist alles gut«). Eine *unmarkierte* und *kongruente* Spiegelung wiederum entspricht ihrerseits dem Mechanismus der projektiven Identifikation, bei dem der Affekt des Kindes korrekt identifiziert, aber von der Bezugsperson gleichsam ungefiltert selbst er- und ausgelebt wird, ohne dass markiert wird, dass der eigene Affekt der Bezugsperson sich von diesem gespiegelten Affekt des Kindes unterscheidet. Das hat zur Folge, dass für das Kind unerträgliche Affekte nicht stellvertretend von der Bezugsperson mentalisiert (container-contained-Paradigma von Bion 1962 [1990]) werden und das Kind diesen hilflos ausgeliefert bleibt (z. B. wenn die Angst des Kindes die Bezugsperson ängstigt und sie diese Angst unmentalisiert mit dem Kind agiert).

Die zentrale Funktion der Affektspiegelung des Säuglings bzw. Kleinkinds für die Entwicklung von Affektrepräsentanzen bezieht

5.4 Persönlichkeitsstörung als Mentalisierungsstörung

sich vor allem auf die ersten eineinhalb Lebensjahre. Sie ist Voraussetzung für die Konstitution eines mentalen, im Unterschied zum teleologischen (d. h. im engeren Sinne zielgerichtet handelnden) Selbst. Anschließend kommt – vor allem bis zum Alter von etwa vier Jahren – dem Spiel der Bezugsperson mit den inneren Zuständen (Äquivalenz- und Als-ob-Modus, ▶ Tab. 5.1) des Kindes zu (sog. »playing with reality«, Fonagy et al. 2004). Das Kind beginnt über das Spiel, sich als Selbst in einer mental konstituierten Welt zu entdecken, und ist dabei auf einen flexiblen und spielerischen Umgang der Bezugspersonen mit seiner entwicklungspsychologisch altersentsprechenden inneren Erlebniswelt angewiesen. Repetitive Fehlabstimmungen in der Interaktion der Bezugspersonen mit dem Kind sind aus Sicht des Mentalisierungskonzepts für die Ätiopathogenese der Borderline-Störung der zentrale Mechanismus. Dabei ist weniger ein Ereignistrauma entscheidend, sondern die generelle und anhaltende Insuffizienz der Bezugspersonen, die Perspektive des Kindes für die Interaktion zu berücksichtigen (Fonagy et al. 2012). Es kommt zu einer nachhaltigen Beeinträchtigung der Fähigkeit zum Mentalisieren, insbesondere in Situationen, in denen das Bindungssystem aktiviert wird. Daraus ergeben sich die für Borderline-Patienten typischen schwerwiegenden Störungen der Affekt- und Selbstregulation im interpersonellen Kontext, verbunden mit dem Auftreten prämentalistischer Modi und projektiver Identifikation zur Externalisierung des fremden Selbst (Euler und Schultz-Venrath 2014b). Gleichzeitig wird das Selbst im Sinne eines prozessualen Konstrukts verstanden, welches nicht stabil repräsentiert ist und dessen Veränderbarkeit auch im späteren Lebensalter grundsätzlich erhalten bleibt. Ausschlaggebend sind auch später vor allem Entwicklungsschritte im interpersonellen Kontext. Diese Erkenntnisse, die sich in ihrem Grundsatz schon in den frühen 1970er Jahren bei Winnicott (2010) finden, haben zur Entwicklung der intersubjektiven Psychoanalyse wesentlich beigetragen, als deren bedeutsamste Weiterentwicklung die Mentalisierungstheorie gelten kann (Schultz-Venrath et al. 2012). Die psychotherapeutische Begegnung wird hier als interaktive Ko-Konstruktion von Realität verstanden (Euler und Schultz-Venrath 2014a). Bei Borderline-Patienten ist von besonderer Bedeutung, dass das Mentalisieren im Kontext von signifikanten zwischenmenschlichen Begegnungen bei Aktivierung des Bindungssystems schwer beeinträchtigt ist (Volkert und Euler 2018). Wenn in bindungsrelevanten Situationen das Mentalisieren zusammenbricht, treten als Ausdruck einer bedrohten Selbstkohärenz die sogenannten prämentalistischen Modi auf (▶ Kasten 5.1). Dabei besteht ein enger Zusammenhang mit den kindlichen Beziehungsrepräsentanzen (im Sinne der »inner working models« nach Bowlby 1977).

Kasten 5.1: Prämentalistische Modi (nach Euler und Schultz-Venrath 2014b)

Teleologischer Modus (»zielgerichtet«)
Nur real befriedigende Handlungen oder körperliche Eingriffe sind in der Lage, mentales Erleben zu beeinflussen, nur real Beobachtbares ist von Bedeutung. Die Umwelt muss »funktionieren«, um innere Spannungszustände zu mindern. Eigene Handlungen werden eingesetzt, um andere zu etwas zu bewegen, verbunden mit intentionaler (Fehl-)Interpretation von Verhalten.
Entwicklungspsychologisches Beispiel: Ein Säugling mentalisiert seinen diffusen körperlich-affektiven Notzustand nicht. Beruhigung ist nur durch die reale Handlung des ›Stillens‹ möglich.
Klinisches Beispiel: Eine Borderline-Patientin kann eine »innere Verletzung« durch einen Mitpatienten nicht mentalisieren und verletzt sich real durch Schnitte in den Unterarm. Trost und Halt vermittelnde Worte und Gesten der pflegerischen Bezugsperson erreichen die Patientin nicht. Nur die reale Handlung eines Wundverbands oder gar einer Wundnaht führt zu psychischer Entlastung.

Äquivalenzmodus (»konkretistisch«)
Innere Welt und äußere Realität werden als identisch erlebt. Es besteht eine Intoleranz gegenüber alternativen Perspektiven.

5.4 Persönlichkeitsstörung als Mentalisierungsstörung

Erschreckende innere Bilder (Ängste, Albträume, Flashbacks) bekommen Realitätscharakter.
Entwicklungspsychologisches Beispiel: Ein Kleinkind, das die ersten Nächte außerhalb des elterlichen Schlafzimmers verbringt, sieht ein Gespenst, das es holen und von den Eltern wegbringen will. Dem Vater gelingt es zunächst nicht, das Kind davon zu überzeugen, dass es sich um einen Vorhang aus weißem Stoff handelt und es Gespenster gar nicht gibt. Erst durch ein einfühlsames und spielerisches Beziehungsangebot, bei dem das subjektive Erleben des Kindes durch gemeinsames Nachschauen etc. ausreichend validiert wird, verliert die ängstigende Fantasie ihren Realitätscharakter und das Kind kann einschlafen.
Klinisches Beispiel: Ein junger Assistenzarzt leitet eine stationäre Gruppe mit neun Borderline-Patienten allein. Aufgrund der für alle spürbar unsicheren Bindungssituation und des damit einhergehenden stressinduzierten Aggressionspotenzials kommt es zu einer Mobilisation destruktiver Kräfte mit einer kollektiven projektiven Identifikation, die der unerfahrene Gruppenleiter nicht mehr mentalisieren kann. Er wähnt sich real angegriffen, so dass er »um sein Leben rennt« und den Raum fluchtartig verlässt.

Als-ob-Modus (»dissoziativ«)
Der erlebte innere Zustand hat keine Implikation für die Außenwelt und umgekehrt. In der Psychotherapie kommt es zu Gesprächen über Gedanken und Gefühle, ohne dass eine »innere Berührung« erfolgt bzw. Veränderungsprozesse induziert werden. Insbesondere wenn eine psychologisierte Sprache verwendet wird, spricht man auch vom »Pseudomentalisieren«. Klinisch kann sich dieser Modus auch in dissoziativen Phänomenen äußern.
Entwicklungspsychologisches Beispiel: Ein vierjähriges Mädchen spielt, es sei eine Prinzessin in einem großen Königreich, während die Mutter im Hintergrund den Tisch für das Abendessen

deckt. Beide Welten sind unverbundene Realitäten. Eine Mutter, die mit der Szene spielen kann, belässt dem Kind seine innere Welt. Dem Kind zu sagen, es soll mit dem Quatsch aufhören, die Krone absetzen und zum Essen kommen, zerstört das Spiel des Kindes mit der Realität.

Klinisches Beispiel: Eine Patientin klagt anhaltend über die ungerechte Behandlung durch die soziale Umwelt, ein Perspektivenwechsel ist nicht möglich (Äquivalenzmodus). Dem Therapeuten gelingt es allmählich, durch wohlwollendes Nach- und Hinterfragen eine Irritation des starren Narrativs zur erreichen; plötzlich wirkt die Patientin wie abgeschottet, starrt mit leeren Augen in die Ferne, reagiert nicht mehr auf Nachfragen. Schließlich berichtet sie von imperativen Stimmen, die sie von den Fragen abgelenkt hätten, sie wisse nicht mehr, worum es im Gespräch gegangen sei.

Mentalisieren ist kein statisches Konstrukt, sondern wird als »dynamische Kapazität« (Fonagy et al. 2012, S. 19) innerhalb eines »trans-diagnostischen Konzepts« (Fonagy et al. 2011, S. 101) verstanden, d. h., für unterschiedliche psychische Störungen können unterschiedliche Beeinträchtigungen des Mentalisierens angenommen werden. Fonagy et al. (2012) haben vier polare Dimensionen ausgearbeitet, die Mentalisieren näher definieren (Fonagy et al. 2012; Euler und Walter 2020; Schultz-Venrath 2013; ▶ Tab. 5.1). Wesentlich für gelingendes Mentalisieren ist die Flexibilität zwischen den Polen. Patienten können zu unterschiedlichen Zeitpunkten in unterschiedlichem Ausmaß innerhalb dieser vier Dimensionen von Mentalisierungsdefiziten betroffen sein. Die jeweiligen Funktionen bzw. Beeinträchtigungen korrelieren dabei mit unterschiedlichen neuronalen Mechanismen. Mentalisieren hat konzeptionelle Überschneidungen mit Aspekten der »theory of mind«, Empathie, Achtsamkeit, Alexithymie, emotionaler Intelligenz, psychologischer Sensibilität (»psychological mindedness«) und Einsicht (Fonagy et al. 2012). Berührungspunkte finden sich auch mit

5.4 Persönlichkeitsstörung als Mentalisierungsstörung

der Stukturdimension der Operationalisierten Psychodynamischen Diagnostik (OPD-2), insbesondere der kognitiven Fähigkeit zur Selbst- und Objektwahrnehmung und der emotionalen Fähigkeit zur Kommunikation nach innen und außen (Arbeitskreis OPD 2006; Sowislo und Euler 2017). Beeinträchtigtes Mentalisieren ist durch qualitative und quantitative Aspekte (Non-/Hypo-/Hypermentalisieren) gekennzeichnet (Euler und Schultz-Venrath 2014a). Die Mentalisierungsstörung umfasst dabei alle vier Dimensionen und korreliert vor allem mit dem Grad der emotionalen Anspannung. Die mangelnde Top-Down-Kontrolle des frontalen Kortex zur Affekt- und Impulsregulation wird als neurobiologisches Korrelat des Mentalisierungsversagens betrachtet (Fonagy et al. 2012). Hyper- und Pseudomentalisieren haben die Funktion, durch exzessive Beschäftigung mit »ungefährlichen« mentalen Inhalten ein echtes Mentalisieren mit für die Selbstkohärenz bedrohlichen eigenen oder fremden mentalen Zuständen abzuwehren und sind eng verwoben mit dem Als-ob-Modus. Hypermentalisieren bezüglich des/der Anderen kann auch die Funktion haben, sich durch eine hypervigilante Aufmerksamkeitsfokussierung an den (vermeintlichen) inneren Zustand des Gegenübers anpassen zu können und den/die Anderen damit unschädlich zu machen. Dies misslingt aber häufig, da durch das Mentalisierungsversagen im Äquivalenzmodus (»der Andere ist gefährlich«) die Einschätzung des Gegenübers immer verzerrt ist (Euler und Schultz-Venrath 2014b). Eine Auseinandersetzung mit der mentalen Welt von sich selbst und anderen in bindungsrelevanten interpersonellen Situationen ist für Borderline-Patienten aufgrund ihrer Biografie so bedrohlich, dass sie auf prämentalistische Modi (teleologischer Modus, Äquivalenzmodus, Als-ob-Modus) regredieren. Da die interpersonelle Signifikanz im Sinne der »Now-Moments« nach Stern (Stern 2007b) gleichzeitig Voraussetzung für die Wirksamkeit einer psychotherapeutischen Intervention ist (Euler 2014), ist das Konzept des Mentalisierens für jede Interaktion mit Borderline-Patienten höchst relevant. So können beispielsweise Interventionen, die betont empathisch sind, bei Borderline-Patienten in einem Erregungszustand das Gegenteil des gewünschten Effekts, nämlich eine Steigerung des Anspannungsniveaus, induzieren (Fonagy et al. 2012).

Zusammenfassend bietet das Mentalisierungskonzept ein entwicklungspsychologisches Erklärungsmodell für die Entwicklung von Persönlichkeitsstörungen. Durch repetitive Fehlabstimmungen der primären Bindungsperson(en) auf die interaktionellen Bedürfnisse des Kindes kommt es früh zu Defiziten und Verzerrungen bei der Bildung von Affekt-, Selbst- und Objektrepräsentanzen. Das daraus resultierende Störungsbild ist entsprechend besonders gekennzeichnet durch Defizite bei der Selbst- und Affektregulation im interpersonellen Kontext (Euler et al. 2019a). Die aus dem Mentalisierungskonzept abgeleitete Mentalisierungsbasierte Therapie (MBT) (▶ Kap. 8.1.6) zielt auf die Entwicklung stabiler mentaler Repräsentanzen, indem die Psychotherapie als intersubjektives dynamisches Interaktionsfeld verstanden wird (▶ Tab. 5.1).

Tab. 5.1: Dimensionen des Mentalisierens (Euler und Schultz-Venrath 2014b, © Thieme Gruppe)

automatisch (implizit) – kontrolliert (explizit)	unbewusstes prozedurales Mentalisieren vs. metakognitive Reflexion
nach innen fokussiert – nach außen fokussiert	Fokus auf inneres Erleben (Gedanken, Gefühle etc.) vs. Fokus auf äußere Aspekte (Mimik, Gestik etc.)
selbst-orientiert – andere(r) orientiert	Fokus auf sich selbst vs. Fokus auf andere
kognitiver Prozess – affektiver Prozess	Reflexion (sich in sich und andere ein*denken*) vs. subjektives Erleben (sich in sich und andere ein*fühlen*)

6

Spezielle Psychodynamik

6.1 Psychodynamik der Persönlichkeitsstörungen

Mit dem Ziel, die deskriptive Diagnostik der ICD um die psychodynamische Dimension zu erweitern, wurde 1992 durch den Arbeitskreis OPD die Operationalisierte Psychodynamische Diagnostik (OPD) entwickelt (Arbeitskreis OPD 1996, 2004). Zu dieser Entwicklung hat maßgeblich beigetragen, dass psychoanalytische Konzeptualisierungen als nosologische Betrachtungsweise von Störungen in der ICD-10 und dem DSM-IV weitgehend eliminiert wurden (Küchenhoff 2006).

In der OPD werden psychodynamische Begrifflichkeiten möglichst nah an der klinischen Praxis definiert. Die OPD verfolgt das Ziel, psychodynamisch orientierten Praktikern und Forschern ein gemeinsames Vokabular bezüglich psychodynamischer Konstrukte verfügbar zu machen. Darüber hinaus können auf Basis der OPD spezifische individuelle Therapieindikationen und -foki definiert werden. Es handelt sich um ein multiaxiales System mit 5 Achsen. Persönlichkeitsstörungen entsprechen in der psychodynamischen Nomenklatur sog. Strukturellen Störungen, d. h., dass aufgrund eines Entwicklungsdefizits Differenzierungen und Integrationsleistungen in der Persönlichkeitsentwicklung nicht erfolgt sind. Persönlichkeitsstörungen können damit primär auf der Achse IV der OPD (»Struktur«) abgebildet werden. Dort wird die Struktur auf vier Dimensionen beschrieben:

* Selbstwahrnehmung und Objektwahrnehmung
* Steuerung des Selbst und der Beziehungen
* Emotionale Kommunikation nach innen und außen
* Innere Bindung und äußere Beziehung

Jede dieser Dimensionen wird auf der Basis eines klinischen Interviews mit zwei Items auf einer Skala von 1 (gut) bis 4 (desintegriert) erfasst, so dass mit Zwischenstufen eine 7-stufige Skala entsteht, mit der auch das Gesamtniveau der psychischen Struktur angegeben wird (▶ Tab. 6.1). Patienten mit Persönlichkeitsstörungen haben meist ein höchstens mäßig-geringes Strukturniveau, entsprechend einem Punktwert von 2,5. Die Strukturachse der OPD wurde verschiedentlich validiert und kann als ein reliables und valides Instrument zur Erfassung der psychischen Struktur mit einer befriedigenden bis sehr guten Interraterreliabilität gelten (Benecke et al. 2009; Ehrental 2014).

Mit dem Begriff der Borderline-Persönlichkeitsorganisation (BPO, vgl. ▶ Kap. 4.4) hatte O. F. Kernberg zuvor bereits ein psychodynamisches Konzept eingeführt und weiterentwickelt (Kernberg 1967, 1978, 2006; Kernberg und Levy 2006), in welchem kate-

6.1 Psychodynamik der Persönlichkeitsstörungen

goriale und dimensionale Kriterien miteinander verbunden sind. Kategorial werden die gemäß DSM klassifizierten Störungen in ein Tableau eingeordnet, welches sich in zwei Achsen aufspannt, nach der Dimension der Intraversion und Extraversion und jener des relativen Ausmaßes des Schweregrads einer Störung, die sich an der psychischen Funktionsweise der jeweiligen Persönlichkeit bemisst. Dabei unterscheidet Kernberg vier Niveaus in der Beeinträchtigung der Persönlichkeitsorganisation, ein neurotisches, eine »hohes« und ein »niedriges« Borderline-Niveau sowie ein psychotisches Niveau.

Tab. 6.1: Struktur-Erfassungsbogen der OPD-2 (Arbeitskreis OPD 2006)

Achse-IV-Struktur		gut		mäßig		gering		desintegriert	nicht beurteilbar
		1	1,5	2	2,5	3	3,5	4	
1a	Selbstwahrnehmung								
1b	Objektwahrnehmung								
2a	Selbstregulierung								
2b	Regulierung des Objektbezugs								
3a	Kommunikation nach innen								
3b	Kommunikation nach außen								
4a	Bindung an innere Objekte								
4b	Bindung an äußere Objekte								
5	Struktur insgesamt								

Gemäß dieser innovativen systematischen Konzeption der psychischen Struktur gelingt es, die klinisch relevanten, d. h. die für eine Indikationsstellung, Therapie und für prognostische Einschätzungen relevanten diagnostischen Beziehungen zwischen den einzelnen Persönlichkeitsstörungen herzustellen.

Die dem Begriff der BPO zugrundeliegende Theorie psychischen Funktionierens basiert auf entwicklungspsychologischen Grundannahmen, die in der Tradition von Sigmund Freuds Entwicklungstheorie und insbesondere der Objektbeziehungstheorie Melanie Kleins stehen. Im Gegensatz zur Gewichtung der Triebe bei Freud betont Kernberg die in den frühen Beziehungen zu anderen zu verortenden libidinösen und aggressiven Affekte. Sie bilden das konstitutionelle, genetisch mitdeterminierte Motivationssystem für das menschliche Wahrnehmen, Denken, Fühlen, Handelns und Verhalten.

Menschen mit einer BPO stehen unter dem Einfluss von primitiven, intensiven und teilweise archaischen Emotionen, welche nicht in ein kohärentes Bild des Selbst in der Beziehung zu anderen integriert werden und entsprechend auch nicht oder nur eingeschränkt kontrolliert werden können. Mit der Mobilisierung solcher Emotionen werden immer zugleich auch die mit ihnen korrespondierenden Denkweisen aktiviert, so dass Ärger, Wut und Hassgefühle nicht bloß affektiv dysreguliert sind, sondern ebenso auf Wahrnehmungs- und Deutungsverzerrungen der Realität basieren.

Gemäß den Grundannahmen der objektbeziehungstheoretischen BPO-Konzeption wird die fehlende Integration und Regulation von positiven und negativen Affekten, welche die pathologische Struktur der BPO beinhaltet, damit erklärt, dass frühe und wiederholte Beziehungserfahrungen gewissermaßen in ihrer positiven, idealisierenden sowie ihrer negativen, verfolgenden Qualität als Erinnerungsspuren in intrapsychisch getrennten Segmenten internalisiert, in der weiteren Entwicklung aber nicht integriert werden. Die Internalisierung von affektiv positiv und negativ besetzten Interaktionen zwischen Selbst und Objekt, die als dyadische Bezie-

6.1 Psychodynamik der Persönlichkeitsstörungen

hungseinheiten die Grundbausteine der Introjekte darstellen, werden im Fall einer pathologischen Entwicklung in ihrer Spaltung aufrechterhalten. Die einerseits »nur guten« und andererseits »nur bösen« Anteilen im Selbstbild und im Bild signifikanter Anderer werden nicht als Teile eines Ganzen der Person erlebt und erkannt, sondern bleiben als internalisierte Selbst- und Objektrepräsentanzen mit den dazugehörigen Affektdispositionen polar gespalten.

Daraus folgt die Kernproblematik der BPO: Patienten können kein stabiles Selbstkonzept und keine stabile Repräsentanz der bedeutsamen Anderen entwickeln, sondern zeigen bei Fortbestehen der desintegrierten Anteile eine *Identitätsdiffusion*. Klinisch manifestiert sich dies in mehrfacher Hinsicht: Patienten sind nicht in der Lage, Beziehungen aufrecht zu erhalten, weder zu sich selbst noch zu anderen. Oftmals fällt ihnen die Differenzierung von Selbst und anderen schwer, so dass eigene affektive Zustände anderen zugeschrieben werden et vice versa. Rasche Wechsel in der Selbst- und Objektwahrnehmung sind die Folge der diffusen, fragmentierten und verarmten Identität, so dass ein mehr oder weniger bewusstes Selbstgefühl einer Bedürftigkeit und Hilflosigkeit unvermittelt kippen kann in ein Gefühl der Omnipotenz und wütender, tyrannischer Aggression gegenüber anderen oder auch sich selbst. Dies ist insbesondere für die therapeutische Bearbeitung der Identitätsdiffusion von zentraler Bedeutung.

Als weitere Verhaltenskorrelate der Borderline-Struktur zeigen sich denn auch eine emotionale Instabilität mit intensiven negativen Affektdurchbrüchen der Wut und des Hasses (Distanznahme in Beziehungen) sowie raschen Wechseln zu positiven Affekten mit dysregulierten Nähe-Wünschen zu idealisierten Objekten (Verschmelzungsphantasien), eine kaum oder nicht kontrollierbare Impulsivität mit selbst- und fremdaggressiven Verhaltensweisen, eine verminderte Angsttoleranz, geringe sublimatorische Fähigkeiten sowie Schwierigkeiten in einer adäquaten Realitätsprüfung.

Ebenso im Blick auf die psychotherapeutische Behandlung sind klinisch insbesondere die *unreifen Abwehrmechanismen* bedeutsam.

Im Zentrum von Kernbergs BPO-Konzept steht in der Tradition M. Kleins der Abwehrmechanismus der *Spaltung*. Die Spaltungsabwehr führt entwicklungspsychologisch zurück auf die Stufe des Kleinkindes, auf welcher es noch nicht in der Lage ist, die unter dem Einfluss von libidinösen und aggressiven Affekten gebildeten Selbst- und Objektrepräsentanzen zu integrieren. Sie dient der Aggressionsabwehr und damit einerseits dem Schutz des Ich vor diffusen Verfolgungsängsten, andererseits aber auch zum Schutz des idealisierten Bildes eines vollkommen, versorgenden guten Objekts (Verlustängste). In der pathologischen BPO persistiert die Spaltung also, da sich die Fähigkeit, Introjekte von gegensätzlicher affektiver Besetzung zum Bild einer ganzen Person zu synthetisieren, nicht entwickelt hat. Patienten haben damit zwar zu den gespaltenen Anteilen bewussten Zugang, allerdings nur in einer diskontinuierlichen Art und Weise, so dass abrupte Wechsel und Dissoziationen stattfinden. Ein weiterer BPO-typischer Abwehrmechanismus ist die projektive Identifikation, wonach unbewusst auf das Gegenüber projizierte Affektzustände in diesem so induziert werden, dass dieses sich damit identifiziert. Im Rahmen einer Therapie verhält sich dann der Therapeut bzw. die Therapeutin erwartungsgemäß unter Dominanz des projizierten Selbstaspekts des Patienten, so dass er bzw. sie in dieser Weise vom Patienten kontrolliert werden kann. Weitere unreife Abwehrmechanismen sind Projektion, Idealisierung und Entwertung, Omnipotenz und omnipotente Kontrolle (Kernberg 1995), Verleugnung sowie Dissoziation und Somatisierung.

Weiteres Strukturmerkmal der BPO ist eine nicht gelungene Integration des Über-Ichs. Werte und Moralvorstellungen sind nicht in der Weise stabil internalisiert, dass sie das innere Erleben der Person beeinflussen und ihr Verhalten steuern. Die Fähigkeit zum Schulderleben ist eingeschränkt. Zumeist bestimmen archaische und sadistische Über-Ich-Vorläufer aus der frühen Entwicklung das Ich und nicht realistisch-fordernde elterliche Erwartungen und Verbote. Verantwortungsübernahme, die Fähigkeit zu einer realistischen und nicht zerstörerischen Selbstkritik, Integrität und Flexibilität im Umgang mit ethischen Aspekten bei Entscheidun-

6.1 Psychodynamik der Persönlichkeitsstörungen

gen sowie die innere Verpflichtung zu Idealen, Werten und gesellschaftlichen Standards sind je nach Schweregrad eingeschränkt oder nicht gegeben.

Im Gegensatz zu einem psychotischen intrapsychischen Organisationslevel ist bei der BPO die Realitätsprüfung – ein weiteres Strukturmerkmal der BPO – erhalten bis auf vorübergehende Unsicherheiten insbesondere in Stresssituationen. Patienten regredieren beispielsweise leicht in ein paranoides Wahrnehmen und Denken und können dabei Empathie, ein differenziertes Gespür für soziales Taktgefühl und Diskretion sowie die Fähigkeit zur Selbstreflexion vorübergehend verlieren. In Tabelle 6.2 sind die Merkmale der BPO zusammengefasst (▶ Tab. 6.2).

Entlang der Ausprägung der Defizite dieser Strukturmerkmale in der Persönlichkeit, also der Identitätsdiffusion, der unreifen Abwehrmechanismen, der Realitätsprüfung, der Objektbeziehungen mit der das innere Erleben und äußere Verhalten bestimmenden Aggression sowie den internalisierten Wertvorstellungen ergibt sich nach diesem Konzept die Möglichkeit einer Graduierung des Schweregrades der Beeinträchtigung der Persönlichkeitsorganisation. Im Unterschied zu neurotischen Persönlichkeitsstrukturen finden sich bei Patienten mit einer BPO also Zeichen einer Ich-Schwäche, häufig einer Über-Ich-Pathologie und ein Überwiegen unreifer, primitiver Abwehrmechanismen, während im Gegensatz zur psychotischen Persönlichkeitsstruktur die Realitätstestung erhalten bleibt.

Nach Kernberg et al. (2000) wären jene Patienten mit einer Borderline-Persönlichkeitsstörung, deren Objektbeziehungen von ausgeprägten aggressiven Affekten geprägt sind, die Defizite in ihrer Über-Ich-Entwicklung aufweisen und bei denen zusätzlich maligne narzisstische Züge erkennbar werden, einem niedrigeren BPO-Strukturniveau zuzuordnen mit entsprechenden Schwierigkeiten in der Behandlung.

Tab. 6.2: Aspekte der BPO (erstellt auf Grundlage von Clarkin et al. 2006)

	Borderline-Persönlichkeitsorganisation	neurotische Persönlichkeitsorganisation	normale Persönlichkeitsorganisation
Identität	inkohärentes Selbst- und Fremdempfinden; große Defizite in den Bereichen Arbeit und Freizeit	kohärentes Selbst- und Fremdempfinden; Funktionieren in den Bereichen Arbeit und Freizeit	integriertes Selbst- und Fremdempfinden; Funktionieren in den Bereichen Arbeit und Freizeit
Abwehrmechanismen	Einsatz primitiver Abwehrmechanismen	Einsatz höher entwickelter Abwehrmechanismen; Rigidität	Einsatz reifer Abwehrmechanismen; Flexibilität
Realitätsprüfung	unbeständig-instabile Einfühlung in Kriterien der sozialen Realität; Mangel an subtilem Taktgefühl	genaue Selbst- und Fremdwahrnehmung bzw. innen vs. außen; Einfühlung in Kriterien der sozialen Realität	genaue Selbst- und Fremdwahrnehmung bzw. innen vs. außen; Einfühlung in Kriterien der sozialen Realität
Aggression	gegen das eigene Selbst gerichtete Aggression; teilweise Fremdaggression; in schweren Fällen Hass	gehemmte Aggression; Wutausbrüche gefolgt von Schuldgefühlen	modulierter Ärger, angemessene Selbstbehauptung
internalisierte Werte	widersprüchliches Wertesystem; Unfähigkeit, gemäß den eigenen Werten zu leben; signifikanter Mangel an Werten	übersteigerte Schuldgefühle; teilweise unflexibler Umgang mit der eigenen Person	stabil, unabhängig und individuell
Objektbeziehung	gestörte interpersonelle Beziehungen; fehlende oder	partielle sexuelle Hemmung bzw. Schwierigkeiten,	langanhaltende und tiefe Beziehungen zu ande-

Tab. 6.2: Aspekte der BPO (erstellt auf Grundlage von Clarkin et al. 2006) – Fortsetzung

Borderline-Persönlichkeitsorganisation	neurotische Persönlichkeitsorganisation	normale Persönlichkeitsorganisation
chaotische sexuelle Beziehungen; verwirrende innere Arbeitsmodelle von Beziehungen; schwere Beeinträchtigungen in den Liebesbeziehungen	Sexualität und Liebe zu integrieren; tiefe Beziehungen zu anderen teilweise konflikthaft eingeschränkt	ren; Fähigkeit, sexuelle Intimität und Zärtlichkeit zu verbinden; kohärente Arbeitsmodelle von Beziehungen

6.2 Psychodynamik der Sucht

In den letzten Jahren konnte eine Ausweitung des Begriffes »Sucht« in der Medizin, insbesondere im Bereich der nicht stoffgebundenen Süchte (Verhaltenssüchte) in der Psychiatrie beobachtet werden, so etwa, wenn von einer in den offiziellen Klassifikationssystemen der WHO und der APA (ICD-11 und DSM-5) (noch) nicht aufgeführten Sexsucht oder Kaufsucht gesprochen wird. In der ICD-11 werden die »Gambling disorder« und die »Gaming disorder« neu aufgenommen werden.

Es stellt sich zudem neben den phänomenologischen Beschreibungen eines Suchtverhaltens die Frage, welche Faktoren eine Sucht begründen: konstitutionelle und genetische Faktoren, der Faktor der Persönlichkeitsstruktur, internalisierte Beziehungserfahrungen und erworbene Bewältigungsmechanismen, aktuelle soziale Umstände sowie biochemische und neurobiologische Ein- und Auswirkungen eines Suchtmittels auf den Körper, die Hirnfunktionen und -strukturen, der psychische Selbstbezug und die sozialen Beziehungen der Abhängigkeitserkrankten. Multifaktorielle Erklärungsansätze, die diese vielfältigen ätiologischen Faktoren berücksichtigen, liegen den modernen bio-psycho-sozialen Erklärungsmodellen und den sich daraus ableitenden Behandlungsansätzen zugrunde (Soyka et al. 2019).

Eine integrative Sichtweise allerdings, welche die verschiedenen Faktoren in ihrer Wechselwirkung und Dynamik zueinander in Verbindung setzt und empirisch überprüfbar macht, bleibt zumeist wenig ausgeführt.

Die kritische Sicht auf eine rein psychiatrische, sowohl kategoriale wie dimensionale Perspektive der Suchtdiagnostik moniert, dass mit dem Verständnis der Sucht als nosologischer Einheit sich die Problematik empirisch verifizierbarer Komorbiditäten ergibt. So werden allein aufgrund statistisch errechenbaren Korrelationen Komorbiditäten anderer psychiatrischer Störungsbilder errechnet und zur Suchtdiagnose addiert, ohne dass klinisch eine innere, strukturelle Affinität bspw. der Suchterkrankung mit einer Persönlichkeitsstörung expliziert und verstehbar würde – und die Sucht damit einen Symptomcharakter für eine tieferliegende strukturelle oder konflikthafte Problematik erhielte (Walter und Dammann 2012; Dammann 2014; Sollberger 2020).

Aus psychodynamischer Sicht gilt es demzufolge, neben dem Suchtmittel als solchem und den mit ihm verbundenen neurobiologischen Wirkungen und Veränderungen insbesondere die Faktoren der Persönlichkeit, die interpersonellen Beziehungen sowie die soziale Umwelt (z. B. mit Frage nach der Verfügbarkeit einer Substanz) genauer zu betrachten. Dies basiert auf einer Vorstellung, dass eine Sucht häufig auf dem Boden einer prämorbiden psychischen Krankheitsentwicklung entsteht, die es ätiologisch und diagnostisch zu berücksichtigen gilt. Sie bildet eine notwendige, wenngleich nicht hinreichende Bedingung für das Verständnis der Entwicklung einer Abhängigkeit im Sinne der Sucht. Die psychische Wirkung von Alkohol und Drogen ist im Einzelfall eben verschieden, »je nachdem welche intrapsychische Struktur dem Abusus jeweils zugrunde liegt« (Kernberg 1978, S. 255).

6.2 Psychodynamik der Sucht

> Aus psychodynamischer Perspektive ist eine Diagnostik der Suchterkrankung ohne die gleichzeitige Diagnostik der Persönlichkeit nicht denkbar.

Eine einheitliche Persönlichkeitsstruktur, die allen Süchtigen eigen wäre, konnte indes in verschiedenen empirischen Studien nicht gefunden werden (Subkowski 2000). Allerdings weisen persönlichkeitsstrukturelle Untersuchungen darauf hin, dass etwa bei alkoholabhängigen Patienten im Vergleich zu Patienten mit psychosomatischen Erkrankungen »ein insgesamt relativ niedriges Ich-Strukturniveau« zu finden ist, d. h. die »Impulskontrolle, Affektregulierung und Realitätswahrnehmung« gleichermaßen schlecht ausgebildet sind (Ellgring et al. 1989). Dieser Befund wird gestützt durch eine jüngere empirische Untersuchung an stationären Patienten mit einer Abhängigkeitserkrankung und einer komorbiden Persönlichkeitsstörung, die im Vergleich zu einer ambulanten psychiatrischen Patientengruppe ohne Abhängigkeitserkrankungen signifikante strukturelle Persönlichkeitsdefizite in den Dimensionen »Identität«, »Aggression« und »moralische Werte« aufweisen (Clarkin et al. 2004; Di Pierro et al. 2014).

Während normalerweise der Konsum von psychotropen Substanzen die Funktionen von Entspannung, aber auch Rausch und Enthemmung vermittelt, kommen dem Konsum für Personen mit neurotischen Konflikten bzw. mit schwereren persönlichkeitsstrukturellen Defiziten zusätzliche Funktionen zu.

Frühere *triebtheoretische Suchtmodelle* erkannten in der substituierenden und triebbefriedigenden Wirkung einer Droge und in der damit gesteigerten Suche nach Lustgewinnung die Triebfeder der Suchtentwicklung (Subkoswki 2000). Neuere, zeitgenössische trieb- und ich-psychologische Modelle stellen dagegen den Aspekt der Selbstmedikation in den Vordergrund. Sie verstehen die Dynamik der Sucht im Rahmen von Versuchen, mittels der Droge Unlust zu vermeiden und ein instabiles narzisstisch dysbalanciertes Selbstgefühl zu »heilen«, d. h. zu strukturieren und zu regulieren.

6 Spezielle Psychodynamik

Die Strukturdiagnostik im Rahmen der psychoanalytischen Suchtdiagnostik dient der Einschätzung der Funktion der Sucht in der Persönlichkeitsstruktur des Patienten: Je nach Ausprägung der ich-strukturellen Persönlichkeitsanteile können verschiedene Störungsniveaus unterschieden werden (Rascovsky 1997; Rost 2001): ein neurotisches Niveau, wonach zumeist überangepasste Patienten an einer unlustbereitenden Realität leiden und die Substanz in Funktion einer Über-Ich-Entlastung, der Verminderung einer zu großen Diskrepanz zwischen Ich-Ideal und realem Ich und den daraus freiwerdenden, nicht tolerierbaren Gefühlen der Angst, Scham, Schuld, Wut u. a. steht oder als Mittel zu einer narzisstischen Regression und zur Rückbesetzung des instabilen Ichs dient. Neurotisch gehemmte libidinöse und aggressive Impulse werden bei diesen Patienten insbesondere unter Alkoholeinfluss angstfreier wahrgenommen und ausgelebt.

Bei Patienten mit einer schwerer gestörten Persönlichkeitsstruktur steht die Droge im Dienst eines narzisstischen Rückzugs von unsicheren Objektbeziehungen und bildet einen Rückzugsort halluzinatorischer Befriedigung (narzisstische Reparation und Ersatzbildung). Bei einer dritten Gruppe mit ausgeprägten strukturellen Defiziten wird das Suchtmittel dazu verwendet, einen Zustand fehlender Triebspannung zu erreichen (Verlangen nach dem Nichtsein, Selbstzerstörung, »Nirvanaprinzip«; Freud 1920), in welchem jegliches Interesse und jede Sorge um sich selbst verloren gehen und bei Patienten ein subjektives Gefühl der Zugehörigkeit zu einer Welt entsteht, in der sie nur noch als passive Beobachter teilnehmen.

Ich- und selbstpsychologische Ansätze gehen von einer ausgeprägten Affektintoleranz aus, die am Anfang einer Suchtentwicklung steht. Dabei kann es sich um die »Initialverstimmung« eines instabilen Selbstgefühls (Rado 1934) handeln, um einen bedrohlichen »Uraffekt« (Krystal und Raskin 1970), welcher einen Zustand eines diffusen, undifferenzierten, körpernahen Gefühlskonglomerats beschreibt, in dem Angst mit Ohnmachts- und Lähmungsgefühlen vorherrscht, oder um eine innere Leere und Depression (Scheid

6.2 Psychodynamik der Sucht

1976). Die im Rausch erlebten Allmachts- und Verschmelzungsgefühle kompensieren gemäß diesen Auffassungen diese dem Suchtgeschehen zugrundeliegenden Gefühlszustände. Die Droge wird zum Ersatz für ein Selbstobjekt, sie bekämpft im Sinn einer versuchten Selbstheilung den auf regrediertem Niveau erlebten, undifferenzierten affektiven Bedrohungszustand (»Uraffekt«).

Auch in Léon Wurmsers Modell der Suchtentwicklung (1987) steht die mit der Einnahme von Suchtmitteln erfolgende künstliche Abwehr nicht tolerierbarer Affekte, insbesondere von Schuld und Scham (aber auch Leere, Langweile und Verzweiflung oder Wut, Verachtung und Neid), im Zentrum. Die überwältigenden, kaum benennbaren, »hyposymbolisierten« Affekte resultieren aus einem sadistisch gefärbten Ich-Über-Ich-Konflikt, welcher einen »phobischen Kern« in der Persönlichkeit des Patienten bildet. Gegen ihn dient die Droge als Schutzobjekt. Sie schützt als narzisstisch überhöhtes Objekt – das im Hinblick auf die Behandlung auch durch den Therapeuten ersetzt werden kann – vor höchst ambivalent erlebter Nähe und Bindung. Wurmser konzipiert die Sucht als psychodynamisches Gegenbild zur Neurose, bei welcher das Ich sich mit dem Über-Ich gegen das Es verbündet, während es sich in der Sucht zusammen mit dem Es gegen die äußere Realität stellt, gegen deren Erwartungen und Ansprüche, gegen die Verpflichtungen, Verantwortungen und verlangten Wunschaufschübe. In der Sucht stehen Formen der Libido wie der Aggression als Es-Anteile im Dienst »einer breit angelegten Abwehr gegen das Über-Ich und die Außenwelt« (Wurmser 1987, S. 237). Das rigide und strafende Über-Ich führt zu Schuld- und Schamgefühlen, die in ihrer überwältigenden Wirkung zu Tendenzen der Schamabwehr mittels Selbstbezichtigung und -bestrafung im »nüchternen« Zustand führen. Diese treiben allerdings ihrerseits den vitiösen Zirkel von erneutem Suchtmittelkonsum aufgrund der letztlich doch unerträglichen Affektüberflutung bei Einsicht in die eigenen Defizite an.

Im Blick auf die psychotherapeutische Bearbeitung der persönlichkeitsstrukturellen Defizite und intrapsychischen Konflikte bieten hier insbesondere die spezifischen, von Wurmser beschriebenen Abwehrformen einen guten Ansatzpunkt. Die pharmakologisch verstärkte Verleugnung, die Wendung ins Gegenteil (v. a. die Wendung vom Passiven ins Aktive, Rollenvertauschung und Identifizierung mit dem Aggressor), die Affektmobilisierung (um einen tiefer ängstigenden anderen zu überdecken) und Affektblockierung sowie die Externalisierung (Wurmser 1987). In der empirischen Forschung wurde in den letzten Jahrzehnten die Selbstmedikationshypothese von E. J. Khantzian aus den 1970er- und 1980er-Jahren (Khantzian 1974, 1977, 1985, 1997) kontrovers diskutiert (vgl. Lembke 2012; Colman McKernan et al. 2015). Die psychodynamische Hypothese besagt, dass nicht tolerierbar quälende oder verwirrende Affektzustände mittels Substanzgebrauch gelindert oder aufgelöst werden, woraus sich psychologisch die Verlockung und später auch das Craving nach dem Suchtmittel letztlich als Copingstrategie erklärt. In explizitem Bezug auf Kohut und die selbstpsychologischen Hypothesen sieht Khantzian in späteren Arbeiten neben der Funktion einer emotionalen Leidensminderung im Suchtmittelgebrauch auch die Funktion einer narzisstischen Selbstwertregulation, die kombiniert mit Defiziten in der Selbstfürsorge für eine Suchterkrankung prädisponiert (Khantzian 2003). Über den generellen Zusammenhang von Selbstmedikation und Suchterkrankung hinaus hat Khantzian eine pharmakospezifische Korrelation von bestimmten Suchtmitteln und Formen von emotionalem Stress im Blick, so etwa wenn der Missbrauch von Psychostimulantien (Kokain, Amphetamine) eher mit einem hyperaktivierenden, Nähe suchendem Bindungsverhalten in Verbindung gebracht wird, der Gebrauch von zentralnervös sedierenden Substanzen (Alkohol, Benzodiazepine, Barbiturate) hingegen eher mit einem deaktivierenden, distanzierenden Verhalten. Empirische Studien zum Zusammenhang von Suchtmittelmissbrauch und Bindungsmustern fanden insbesondere eine Evidenz zu unsicheren Bindungsmustern bei vorliegendem Suchtverhalten sowie das Risiko für eine Suchtgebrauchsstörung bei bestehendem unsicherem Bindungsmuster (Schindler 2019) – wenn die Hypothe-

6.2 Psychodynamik der Sucht

se und die Befunde auch hauptsächlich aufgrund methodologischer Limitationen immer wieder kritisiert wurden und werden (Lembke 2012). Aus *objektbeziehungstheoretischer Sicht* bilden das hochambivalente Verhältnis zu den primären bedeutsamen Bezugspersonen und die daraus folgende fehlende Introjektion eines ausreichend guten, haltenden und tröstenden Objekts, welches der Selbstregulation im Erwachsenenalter diente, die spezifische Vulnerabilität und den Ausgangspunkt einer möglichen Suchtentwicklung (Lürssen 1976). Ätiologisch wird ein Mangel an Empathie und ausreichender Spiegelung und Markierung der Affektzustände des Kindes in der frühen Entwicklung durch die Primär-Objekte als Grund für die Leeregefühle und die fehlenden guten Introjekte gesehen. Zumeist liegt dieser Fehlentwicklung eine übermäßige narzisstische Selbstzentrierung der primären Bezugspersonen mit ungenügender Responsivität in der Interaktion mit dem Kleinkind zugrunde.

Eine innere Loslösung von den ambivalent besetzten Eltern-Imagines gelingt nicht, so dass eine Auflehnung gegen die Abhängigkeit von den Eltern einerseits, gleichzeitig aber unbewusst eine Trennungsangst und fusionäre Wünsche gegenüber den Eltern bzw. deren Ersatzobjekten andererseits, d. h. eine archaische Objektabhängigkeit resultiert. Die nicht integrierten Teil-Selbst- und Teilobjektrepräsentanzen führen kompensatorisch zur Etablierung eines pathologischen Größen-Selbst, in welches ideale Selbst- und ideale Objektrepräsentanzen aufgenommen werden. Es resultiert daraus ein Über-Ich, in welchem die archaischen, aggressiven, verbietenden und bedrohlichen Aspekte der Eltern-Imagines enthalten sind, die entwicklungspsychologisch überdies durch die aggressiven Impulse des Kindes und deren Abwehr verzerrt wurden. Die Objektbeziehungen bleiben verkümmert und in den Schilderungen auffällig blass.

Das Suchtmittel dient in dieser Dynamik der Plombierung der inneren Verletzlichkeit; es unterstützt die Verleugnung der Abhängigkeit von anderen. Zur Abwehr eines bedrohlichen, zumeist unbewussten Neidaffekts stabilisiert sich das grandiose Selbst in der Entwertung und chronischen Geringschätzung anderer Menschen.

Eine Spaltungsabwehr, wie sie bei Patienten mit Borderline-Persönlichkeitsorganisation erkennbar ist, indem die innere und äußere Welt in gute und böse Teilobjekte gespalten wird, gelingt dem schwer Süchtigen gemäß Rost (2001) allerdings nicht. Die überwiegenden bösen Introjekte werden zum Schutz der wenigen guten unbewusst auf das Suchtmittel projiziert. Dieses ist damit hoch ambivalent besetzt, da es auf bewusstseinsnaher Ebene gleichzeitig mit den guten Qualitäten der Mutter verbunden wird, so dass es bei Einnahme kurzfristig Entspannung bringt, dann aber innerlich zum bösen, destruktiven Objekt mutiert. Ähnlich wie die ambivalent besetzten Eltern wird das Suchtmittel geliebt und gehasst; als enger Begleiter dient es dem Schutz vor erneuter Verletzung narzisstischer Wunden, wandelt sich aber rasch in ein verfolgendes Objekt, welches den Süchtigen selbst, unbewusst aber auch die bösen Introjekte zerstört.

Voigtel (1996) stellt die Bedeutung des »unbelebten Objekts«, an welches sich der Süchtige passiv überlässt, ins Zentrum seiner Überlegungen zur Psychodynamik der Sucht. Sich dem Suchtmittel zu überlassen, helfe, Gefühle der Ohnmacht und Verlassenheit zu besänftigen und Zustände des Glücks und Wohlbefindens hervorzurufen. Das unbelebte Objekt, ob Droge oder Spielautomat, sei nicht nur zuverlässig verfügbar, sondern darüber hinaus weder kränkend noch fordernd – und damit auch nicht potenziell beschämend oder ängstigend – im Gegensatz zu menschlichen Objekten. So entsteht eine Kompromissbildung, indem der Abhängige sich den eigenen Abhängigkeitswünschen hingibt und diese von einem belebten auf ein unbelebtes Objekt verschiebt, mit welchem die Illusion einer unbegrenzten Befriedigung verbunden ist. Gleichzeitig wird damit erreicht, dass die mit dem Suchtmittel ebenso erfolgende Enttäuschung nicht als Enttäuschung eines anderen Menschen, sondern als sachliches Geschehen abgewehrt wird: »Das fragile Selbst wird nicht gefordert oder gekränkt« (Voigtel 1996, S. 732).

Um diese Besonderheiten in der Psychodynamik der Suchterkrankungen zu berücksichtigen, wurde in den letzten Jahren ein

6.2 Psychodynamik der Sucht

Modul OPD-Abhängigkeit entwickelt (Arbeitskreis OPD – Abhängigkeitserkrankungen 2013). Dieses Modul stellt eine Ergänzung zur Operationalisierten Psychodynamischen Diagnostik (OPD) dar und berücksichtigt u. a. die Eigendynamik der Suchterkrankung, welche die ursprüngliche Psychodynamik der Patienten überlagern kann. Es wird auch hier darauf hingewiesen, dass durch den zunehmenden und anhaltenden Substanzkonsum strukturelle Fähigkeiten, Beziehungsgestaltung und Konflikterleben beeinträchtigt werden können. Beziehungsmuster können entdifferenziert, Konfliktthemen nivelliert oder zugespitzt werden und das strukturelle Funktionsniveau generell abgesenkt werden (a. a. O.).

Durch diesen chronischen Verlauf mit wiederholten Kränkungen und Frustrationen werden psychosoziale Abwärtsspiralen verstehbar, die auch als »Teufelskreise« bezeichnet werden können. Die zunehmende Spannung zwischen Realitätsprüfung und Idealvorstellung führt zu einem Ausbau der narzisstischen Abwehr, damit das Selbst-System stabilisiert wird (Steiner 2006). In diesem Zusammenhang kann die Idealisierung der Substanz erneut mit einer Verleugnung von Trennung, Versagung, und Verleugnung böser Objekte und schmerzhafter Erfahrungen verbunden sein.

Die aus den verschiedenen psychoanalytischen Sichtweisen in Variationen beschriebene narzisstische Dynamik, welche der Suchtentwicklung und -aufrechterhaltung zugrundeliegt, ist für die psychotherapeutische Behandlung von hoher Relevanz und kann als eine der Hauptherausforderungen in der Behandlung dieser Patienten erkannt werden (▶ Kap. 8 Therapie).

7

Diagnostik

7.1 Diagnostik von Persönlichkeitsstörungen

Die International Classification of Diseases (ICD-10) definiert allgemeine Kriterien für die Diagnose einer Persönlichkeitsstörung. Eine Persönlichkeitsstörung liegt dann grundsätzlich vor, wenn bei einer Person bestimmte *Verhaltens-, Gefühls- und Denkmuster* vorhanden sind, die *deutlich von den Erwartungen der soziokulturellen Umgebung abweichen*. Dieses Muster bezieht sich auf *Kognition, Gestaltung zwischenmenschlicher Beziehungen, Affektivität und Impulskontrolle*. Die charakteristischen Persönlichkeitszüge einer spezifischen Persönlichkeitsstörung sind *überdauernd vorhanden, unflexibel und wenig angepasst* und führen zu *Leiden oder Beeinträchtigung in sozia-*

7.1 Diagnostik von Persönlichkeitsstörungen

len Funktionsbereichen (Dilling et al. 1991). Sind diese allgemeinen Kriterien für eine Persönlichkeitsstörung erfüllt, kann grundsätzlich die Diagnose für eine der spezifischen, kategorial unterteilten Persönlichkeitsstörungen (F60.0 bis F60.7) gestellt werden. Da in der klinischen Praxis Persönlichkeitsstörungen häufig nicht eindeutig einem der kategorialen Subtypen zugeordnet werden können, werden häufig die Diagnosen Persönlichkeitsstörung »nicht näher bezeichnet« (n.n.b.) (F60.9) und kombinierte Persönlichkeitsstörung (F61.0) vergeben.

Das DSM folgt bei den Persönlichkeitsstörungen grundsätzlich ebenfalls seiner deskriptiven, symptomatologischen Klassifikation. Seit der Version IV werden die spezifischen Persönlichkeitsstörungen zusätzlich nach Clustern eingeteilt (▶ Tab. 4.1). Wie in der ICD-10 konnten Persönlichkeitsstörungen häufig nicht eindeutig kategorial spezifiziert werden, so dass häufig die Diagnose »unspezifische Persönlichkeitsstörung« (»personality disorder not otherwise specified«, PNOS) gestellt wird oder mehrere spezifische PS als Komorbiditäten angegeben werden (Torgersen et al. 2001; Zimmermann et al. 2005). Diese Praxis war sowohl für Forscher als auch für Kliniker höchst unbefriedigend (Trull et al. 2011). Um den Bruch zum DSM-IV nicht zu groß werden zu lassen, wurde der neue dimensionale Ansatz nach breiter Diskussion schließlich aber nur im Anhang (Sektion III) untergebracht, verbunden mit dem Auftrag, das Modell empirisch besser abzustützen. Das mit der dortigen Klassifikation in zehn spezifische Persönlichkeitsstörungen korrespondierende Diagnoseinstrument ist das Strukturierte Klinische Interview SKID-II (Spitzer 1990), das in der Wissenschaft eine breite Anwendung fand.

Der Hauptteil des DSM-5 (Sektion II) entspricht die Systematik hinsichtlich der Persönlichkeitsstörungen quasi unverändert der kategorialen Einteilung des DSM-IV. Wesentliche Änderung ist, dass die Persönlichkeitsstörungen nicht mehr auf einer separaten Achse aufgeführt werden, sondern gemeinsam mit den anderen psychischen Störungen.

Zur Diagnostik von Persönlichkeitsstörungen sollte auch nach dem DSM-5 ein Strukturiertes Klinisches Interview durchgeführt werden. Das SCID-5-PD ist der Nachfolger des SKID-II. Das Verfahren wurde in SCID-5-PD umbenannt, weil im DSM-5 Persönlichkeitsstörungen aufgrund der Abschaffung des multiaxialen Systems nicht mehr unter der Achse II geführt werden. Neben dem Interviewleitfaden beinhaltet das SCID-5-PD auch einen Persönlichkeits-Screeningfragebogen (SCID-5-SPQ) mit 106 Fragen. Dieser Selbstbeurteilungsbogen wird vor der Durchführung des Interviews optional als Screeninginstrument eingesetzt, um die Durchführungszeit des anschließenden Interviews zu verkürzen. Die Durchführung des Fragebogens SCID-5-SPQ dauert etwa 20 Minuten. Die durchschnittliche Durchführungszeit des SCID-5-PD liegt wie beim SKID-II bei etwa 30 Minuten. Die diagnostische Power des SKID-II variiert zwischen 0,45 für die narzisstische Persönlichkeitsstörung und 0,95 für die antisoziale Persönlichkeitsstörung (Beesdo-Baum et al. 2018).

Im alternativen Modell (Mehrkomponenten-[»Hybrid«-]Modell) des DSM-5 in Sektion III (▶ Tab. 4.2) werden vor allem zwei Komponenten unterschieden. *Kriterium A* bezieht sich auf das Funktionsniveau der Persönlichkeit und wird anhand der Level of Personality Functioning Scale (LPFS, Bender et al. 2011) operationalisiert. Es werden vier Fähigkeitsbereiche unterschieden: Identität und Zielorientierung mit Bezug auf das eigene Selbst sowie Empathie und Nähe/Intimität mit Bezug auf andere Menschen. Das Ausmaß der Beeinträchtigung in diesen vier Bereichen wird auf einer 5-stufigen Skala (0–4) erfasst und daraus ein Gesamtwert (Funktionsniveau des Patienten insgesamt) angegeben. Für die Diagnose einer Persönlichkeitsstörung ist mindestens eine mittelgradige Beeinträchtigung (Level 2) nötig. Das Kriterium A hat große Ähnlichkeiten mit der Operationalisierten Psychodynamischen Diagnostik (OPD), welche überwiegend unter deutschsprachigen psychodynamisch orientierten Klinikern und Forschern verwendet wird. Level 2 der LPFS entspricht dort einem Strukturniveau von 2,5 (mäßig-gering) (Zimmermann et al. 2013; ▶ Kap. 6.1). *Kriterium B* bezieht sich auf maladaptive Persönlichkeitseigenschaften mit 25 Facetten, die 5 übergeordneten Domänen (negative Affektivität, Verschlossenheit, Antagonismus, Enthemmtheit und Psychotizismus) zugeteilt sind. Die Persönlichkeitsfacetten werden anhand eines Persönlichkeitsinventars (PID-5) mit 220 Items erfasst. Die ersten vier Domänen entsprechen in etwa den negativen Polen der »big five«-Persönlichkeitsdimensionen: emotionale Stabilität, Extraversion, Verträglichkeit und Gewissenhaftigkeit (Costa und Mac Crae 1990). Anhand der Einschätzungen der Kriterien A und B lassen sich die festgestellten Beeinträchtigungen sechs prototypischen Persönlichkeitsmustern zuordnen: antisoziale, vermeidend-selbstunsichere, Borderline-, narzisstische, zwanghafte und schizotypische Persönlichkeit. Wenn das Muster der Beeinträchtigung keinem der Typen entspricht, kann eine sog. traitspezifische Persönlichkeitsstörung diagnostiziert werden. Die Zuordnung zu den sechs Typen dient vor allem der Kontinuität im DSM. Durch die Erhebung des Schweregrads anhand von Kriterium A und der Klassifikation spezifischer maladaptiver Muster durch Kriterium B lassen sich für die Behandlung der betroffenen Patienten spezifische und personalisierte Foki ableiten. Es wird sich andererseits zeigen müssen, ob die Klassifikation in ihrer Komplexität im Praxisalltag anwendbar ist (Herpertz 2011; Zimmermann et al. 2013).

7.2 Diagnostik von Suchterkrankungen

Substanzstörungen sind durch den anhaltenden und zwanghaften Konsum psychotroper Substanzen charakterisiert. Diese Störungen durch psychotrope Substanzen reichen in der Klassifikation psychischer Störungen der WHO, der ICD-10, von einer unkomplizierten *akuten Intoxikation* über einen *schädlichen Gebrauch* und ein *Abhängigkeitssyndrom* bis hin zu psychotischen Störungen und Demenzen (Dilling et al. 1991). Häufig kommen andere, sog. komorbide psychische Störungen hinzu, insbesondere Persönlichkeitsstörungen und affektive Störungen, die dann als Dualdiagnose oder Doppeldiagnose bezeichnet werden (Walter und Gouzoulis-Mayfrank 2019). In der ICD-11 wird es wenig Veränderungen hinsichtlich dieser Einteilung gegenüber der ICD-10 geben.

Die *akute Intoxikation* wird als ein vorübergehendes Zustandsbild nach Aufnahme von psychotropen Substanzen beschrieben, das abhängig von der jeweiligen Substanz und der eingenommenen Dosis mit Störungen des Bewusstseins, kognitiver Funktionen, der Wahrnehmung, des Affektes, des Verhaltens oder anderer psychophysiologischer Funktionen und Reaktionen einhergeht. Im ICD-10 wird darauf verwiesen, dass die Diagnose akute Intoxikation nur als Hauptdiagnose vergeben werden sollte, wenn zum gleichen Zeitpunkt keine längerdauernden Probleme mit psychotropen Substanzen wie ein schädlicher Gebrauch oder ein Abhängigkeitssyndrom bestehen.

Der *schädliche Gebrauch* einer Substanz geht nach dem ICD-10 mit nachweisbaren Schädigungen der körperlichen oder psychischen Gesundheit einher, ohne dass die Kriterien für Abhängigkeit bereits erfüllt sind. Der schädliche Gebrauch beschreibt insgesamt weniger ein spezifisches Verhalten als vielmehr dessen Folgen. Schädliche Konsequenzen eines exzessiven Substanzkonsums können substanzbedingte Folgeerkrankungen (z. B. eine alkoholinduzierte Leberzirrhose) oder psychische Störungen (z. B. eine Depression) sein.

Abhängigkeit von einer oder mehreren psychotropen Substanzen ist ein hinsichtlich der Ausprägung des klinischen Bildes variierendes Syndrom, das durch den Vorrang des Substanzkonsums gegenüber anderen Verhaltensweisen sowie die Fortsetzung des Konsums trotz schädlicher Folgen gekennzeichnet ist. Nach ICD-10 sollte die Diagnose einer Abhängigkeit nur gestellt werden, wenn während des letzten Jahres drei oder mehr der in der Übersicht (▶ Kasten 7.1) aufgeführten Kriterien gleichzeitig vorhanden sind.

7.2 Diagnostik von Suchterkrankungen

Kasten 7.1: Diagnostische Kriterien für schädlichen Gebrauch und Abhängigkeitssyndrom unter »Störungen durch psychotrope Substanzen« im ICD-10 (F10.-) (Dilling et al. 1991)

F10.1 Schädlicher Gebrauch

Schädigung der psychischen und physischen Gesundheit

F10.2 Abhängigkeit

1. Starker Wunsch oder eine Art Zwang, Substanzen zu konsumieren
2. Verminderte Kontrollfähigkeit bezüglich Beginn, Beendigung und Menge des Konsums
3. Substanzgebrauch mit dem Ziel, Entzugssymptome zu mildern
4. Körperliches Entzugssyndrom
5. Nachweis einer Toleranz
6. Eingeengtes Verhaltensmuster im Umgang mit der Substanz
7. Fortschreitende Vernachlässigung anderer Vergnügen und Interessen
8. Konsum trotz Nachweis schädlicher Folgen

In der aktuellen Klassifikation DSM-5 wird der Substanzmissbrauch bzw. der schädliche Gebrauch nicht mehr diagnostiziert. Es werden Substanzstörungen (»substance use disorder«) und nicht mehr Abhängigkeiten (»dependence«) beschrieben. Im DSM-5 werden die Kriterien für Substanzmissbrauch und Substanzabhängigkeiten aus dem DSM-IV zu Substanzstörungen zusammengefasst. Sie werden in Schweregrade eingeteilt und nach mild, mäßig und schwer unterschieden. Während bei milder Substanzstörung von einer psychotropen Substanz zwei bis drei Kriterien in den letzten 12 Monaten zutreffen sollten, sind bei der schweren Substanzstörung sechs oder mehr Kriterien erforderlich. Jede psychotrope Substanz (wie etwa Alkohol, Cannabis, Stimulanzien oder Opioide) kann entsprechend der Kriterien als Substanzstörung eingeordnet und diagnostiziert werden (▶ Kasten 7.2).

Kasten 7.2: Diagnostische Kriterien für Substanzstörungen im DSM-5 (Saß et al. 2003; Falkai et al. 2015)

Kriterien für Substanzmissbrauch im DSM-IV sind *kursiv* gesetzt.

1. Konsum länger oder in größeren Mengen als geplant
2. Anhaltender Wunsch oder erfolglose Versuche der Kontrolle
3. Hoher Zeitaufwand für Beschaffung und Konsum der Substanz
4. Starkes Verlangen oder Drang, die Substanz zu konsumieren (Craving)
5. *Wiederholter Konsum, der zu einem Versagen bei der Erfüllung wichtiger Verpflichtungen bei der Arbeit, in der Schule oder zu Hause führt*
6. *Wiederholter Konsum trotz ständiger oder wiederholter sozialer oder interpersoneller Probleme*
7. Aufgabe oder Reduzierung von Aktivitäten zugunsten des Substanzkonsums
8. *Wiederholter Konsum in Situationen, in denen es aufgrund des Konsums zu einer körperlichen Gefährdung kommen kann*
9. Fortgesetzter Gebrauch trotz Kenntnis von körperlichen oder psychischen Problemen
10. Toleranzentwicklung gekennzeichnet durch Dosissteigerung oder verminderte Wirkung
11. Entzugssymptome oder deren Vermeidung durch Substanzkonsum

Die Verhaltenssüchte setzen sich aus allen nicht stoffgebundenen Abhängigkeitserkrankungen zusammen. Am besten untersucht ist derzeit das pathologische Glücksspiel. Während dieses als Störungsbild anerkannt und im DSM-5 unter nicht stoffgebundene Suchterkrankung analog den Substanzstörungen klassifiziert ist, ist die Internetsucht aufgrund nicht ausreichender empirischer Basis (noch) keine offiziell anerkannte Suchtdiagnose.

Auch wenn die bisherige Studienlage darauf hindeutet, dass fast alle Internetabhängige die Kriterien für mindestens eine weitere psychische Störung erfüllen, und besonders häufig Angststörungen und depressive Störungen berichtet werden, wird derzeit nicht davon ausgegangen, dass die Internetsucht nur ein neues Symptom einer anderen bekannten psychischen Störung ist (te Wildt 2011). Neben der zeitlich ausufernden Internetnutzung stellen die Fortführung des Konsums trotz negativer Folgen, die zunehmende Intensivierung des Nutzungsverhaltens (Toleranz), das starke Bedürfnis nach Konsum (Craving), die mangelnde Fähigkeit, den Konsum zu reduzieren (Kontrollverlust), sowie das Auftreten aversiver Zustände bei Konsumverhinderung (Entzug) die zentralen Kriterien der Internetsucht dar (Müller et al. 2012).

7.3 Interviews und testpsychologische Diagnostik

Zur Diagnostik einer Persönlichkeitsstörung existieren mehrere halbstrukturierte Klinische Interviews und Selbstbeurteilungsfragebögen (▶ Tab. 7.1).

State of the Art bei der Diagnosestellung von Persönlichkeitsstörungen ist die Durchführung eines Strukturierten Interviews.

Der Vorteil von Selbstbeurteilungsfragebögen liegt in der dimensionalen Erfassung von Persönlichkeitsmerkmalen. Der Hauptnachteil ist die Gefahr von falsch positiven oder negativen Resultaten. Es scheint nach wie vor sinnvoll, sowohl in der Forschung wie in der Praxis Strukturierte Interviews und Fragebögen nebeneinander einzusetzen (DGPPN 2009; Renneberg 2010; Fiedler 2011). Das mit der Klassifikation der ICD-10 korrespondierende Diagnoseinstrument ist die International Personality Disorder Examination (IPDE, Loranger et al. 1994).

Tab. 7.1: Diagnostik von Persönlichkeitsstörungen

Instrument	Quelle	Fremdbeurteilung (F)/ Selbstbeurteilung (S)
International Personality Disorder Examination (IPDE)	Loranger et al. 1994	F
Strukturiertes Klinisches Interview zur Diagnostik von Persönlichkeitsstörungen (SKID-II)	First et al. 1995, Fydrich et al. 1997	F
Internationale Diagnosen Checkliste für Persönlichkeitsstörungen IDCL-P	Bronisch 1995	F
Assessment-of-DSM-IV-Personality-Disorders-(ADP-IV-) Fragebogen	Doering et al. 2007	S
Personality Disorders Questionnaire« (PDQ-4+)	Hyler 1994	S
Persönlichkeits-Stil- und Störungs-Inventar (PSSI)	Kuhl und Kazén 1997	S
NEO Personality Inventory – R (NEO-PI-R)	Costa und McCrae 1992	S
Dimensional Assessment of Personality Pathology – Basic Questionnaire (DAPP-BQ)	Livesly et al. 1998	S

7.3 Interviews und testpsychologische Diagnostik

Für die spezifischen Persönlichkeitsstörungen existieren darüber hinaus weitere Erhebungsinstrumente zur strukturierten Diagnostik, zum Teil mit unterschiedlichen Schwerpunktsetzungen, wie die Borderline Symptom Liste (BSL, Bohus et al. 2007) oder der BPD Severity Index (Arntz et al. 2003) für die Borderline-Persönlichkeitsstörung (Übersicht bei Zanarini et al. 2010) oder das Pathological Narcissism Inventory (PNI, Pincus et al. 2009).

Die Diagnostik der Suchterkrankungen sollte neben einer detaillierten Anamnese und Labordiagnostik wenn möglich zusätzlich verschiedene validierte Interviews und Fragebögen beinhalten und klinische Verlaufsbeobachtungen einschließen. Der »European Addiction Severity Index« (EuropASI,) kann erhoben werden, um die Schwere der Suchtproblematik von den verschiedenen psychotropen Substanzen abzubilden.

Das halbstrukturierte Interview EuropASI (Gsellhofer 1999) erfasst für verschiedene Lebensbereiche (körperlicher Zustand, Arbeits- und Unterhaltssituation mit der Unterteilung in »ökonomische Situation« und »Zufriedenheit mit der Arbeitssituation«, Alkoholgebrauch, Drogengebrauch, rechtliche Situation, Familien- und soziale Beziehungen, psychischer Status) die Anzahl, Dauer und Intensität aktueller wie auch längerfristig bestehender Probleme.

Bei Verdacht auf eine Alkoholproblematik hat sich zur einfachen und standardisierten Anwendung die deutschsprachige Version des »Alcohol Use Disorder Identification Test« (AUDIT, Saunders et al. 1993) als hilfreich herausgestellt. Der AUDIT enthält zehn Fragen zur Quantität und Häufigkeit des Alkoholkonsums, dem alkoholbezogenen Verhalten und dessen Konsequenzen.

Zur Diagnostik einer Internet- bzw. Computerspielsucht gibt es bisher noch wenige standardisierte Instrumente. Im angloamerikanischen Sprachraum existieren verschiedene diagnostische Instrumente wie etwa der häufig eingesetzte »Internet Addiction Test« (IAT, Young 1998).

8

Therapie

8.1 Psychotherapeutische Behandlung der Persönlichkeitsstörungen

8.1.1 Neurobehaviorale und psychodynamische Therapierationale

Die Therapien der Persönlichkeitsstörungen haben sich in den letzten 20 Jahren grundlegend verändert. Während ideengeschichtlich das Konzept der Persönlichkeitsentwicklung sowie deren Störung lange eng mit der Annahme einer früh in der Kindheit erfolgten Prägung und hohen Stabilität über die Lebenszeit verknüpft war, ist parallel zum kognitionswissenschaftlichen Verständnis eines le-

8.1 Psychotherapeutische Behandlung der Persönlichkeitsstörungen

benslangen Lernens und der neurobiologisch erklärten Plastizität unseres Gehirns auch in der Entwicklungspsychologie und im Verständnis der Persönlichkeitsstörungen ein Paradigmawechsel erfolgt (Livesley et al. 1998; Siever et al. 2002).

> Die Entwicklung und Reifung der Persönlichkeit und der Identität einer Person erfolgt stufenweise, ist allerdings nicht zu einem bestimmten Zeitpunkt oder bei einer bestimmten Entwicklungsstufe abgeschlossen, sondern setzt sich kontinuierlich fort.

So ist mit der Erforschung der biologischen, psychologischen und sozialen Grundlagen dieser Störungen auch eine grundlegende Veränderung der Einstellung gegenüber der Behandelbarkeit dieser Patienten erfolgt und schließlich sind auch nach vielen Misserfolgen und therapeutischen Fehlentwicklungen vermehrt Erfolge in der Behandlung zu verzeichnen (Gunderson 2009; Euler et al. 2018c).

Cluster-B-Persönlichkeitsstörungen: Borderline-Persönlichkeitsstörung

Die beschriebenen Entwicklungen in den Therapieverfahren gelten besonders für die Cluster-B-Störungen und hier vorallem für die Borderline-Persönlichkeitsstörung. So wird die Annahme einer hohen Persistenz der Persönlichkeitsstörungen durch moderne Verlaufsforschungen insofern differenziert, als sich beispielsweise für die Borderline-Persönlichkeitsstörung Remissionsraten von über 80 % über zehn Jahre zeigen (Gunderson et al. 2013), dennoch aber temperamentsnahe Persönlichkeitszüge wie affektive Instabilität sehr stabil bleiben (Glashan et al. 2005). Entsprechend haben sich durch Forschungsinteressen, die sich vermehrt auf basale Persönlichkeitsdimensionen und Temperamentsfaktoren konzentrieren, die traditionellen Konzepte von Persönlichkeitsstörungen als auf unveränderlichen charakterlichen Dispositionen beruhende Störungen deutlich verändert.

8 Therapie

> Generell gilt bis heute, dass bei Persönlichkeitsstörungen die Psychotherapie die Behandlung der Wahl ist. Bei der Diagnose einer Persönlichkeitsstörung sollten wenn möglich immer Elemente der evidenzbasierten störungsspezifischen Psychotherapien angewandt werden.

Alle diese Verfahren basieren auf Modellen, die unterschiedliche Gewichtungen in der bio-psycho-sozialen Konzeptualisierung der Störungen vornehmen (Oldham et al. 2001). Dies gilt insbesondere im Fall der Borderline-Persönlichkeitsstörung, auf die wir vertieft eingehen wollen.

Wie oben beschrieben werden spezifische phänomenale Charakteristika der Borderline-Persönlichkeitsstörung neurobiologischen und neurohormonellen Regulationsstörungen zugeordnet, so etwa einer Hyperreagibilität in den limbischen und paralimbischen Hirnstrukturen sowie in einer dysfunktionalen frontalen Top-down-Regulation emotionaler Prozesse (Ruocco et al. 2013) oder in erhöhten hormonellen Cortisol-Reaktionsmechanismen unter psychosozialen Stressbedingungen (Walter al. 2008a). Die Konzeptualisierung der Borderline-Persönlichkeitsstörung im Zeichen genetisch mitbedingter neurobiologischer und neurohormoneller Störungen etwa der Emotionsregulation, d.h. der Reizkontrolle und Affektmodulation, oder der Dissoziationsneigung wird unterschiedlich mit psychosozialen Variablen der frühkindlichen Entwicklung, frühen Beziehungs- und Bindungserfahrungen, der emotionalen Responsivität primärer Bezugspersonen, der emotionalen Vernachlässigung, mit physischen und psychischen Gewalterfahrungen und sexueller Traumatisierung in Verbindung gebracht (Euler et al. 2021). So definieren sich je nach theoretischem und ätiologischem Modell das Rationale spezifischer psychotherapeutischer Interventionen und die Erklärung der Veränderungsmechanismen bei den verschiedenen Verfahren unterschiedlich.

Mehrere störungsspezifische Therapien wurden in den letzten Jahrzehnten entwickelt und haben sich für die Behandlung der

8.1 Psychotherapeutische Behandlung der Persönlichkeitsstörungen

Borderline-Persönlichkeitsstörung als äußerst wirksam erwiesen. *Verhaltenstherapeutische Verfahren* haben sich – in Annäherung an die psychodynamische Tradition – zunehmend den entwicklungspsychologischen, neben emotionsbezogenen insbesondere den kognitiven und lerntheoretischen Aspekten der Störung zugewandt: Sie postulieren gemäß einem neurobehavioralen Entstehungskonzept der Borderline-Persönlichkeitsstörung ein Zusammenwirken von genetisch bedingten neurobiologischen mit psychosozialen Faktoren. Aus diesen entwickeln sich dysfunktionale kognitiv-emotionale Schemata, die sich ihrerseits letztlich in der Beziehungsregulation, der Affekt- und Handlungssteuerung, im Bindungsverhalten und der Identitätbildung niederschlagen. In der weiteren kindlichen und jugendlichen Entwicklung führt dieses Zusammenwirken zu Störungen der Adaptations- und Assimilationsfähigkeit; negative und traumatische Erfahrungen werden durch positive Erfahrungen und Lernprozesse kaum korrigiert und können schlecht relativiert werden, sondern werden im Gegenteil durch interne oder externe Auslöser (Retraumatisierungen, Affektmobilisation in Psychotherapien) reaktiviert (Bohus 2019).

Patienten mit den beschriebenen Schwierigkeiten, fehlenden alternativen Reaktionsmöglichkeiten und Fertigkeiten bzw. fehlendem Erfahrungskorrektiv wissen sich zumeist lediglich mittels äußerst dysfunktionalen und häufig chronifizierenden Verhaltensweisen wie z. B. Selbstverletzungen aus den Spannungs- und Leidenszuständen zu befreien – was in behavioraler Sichtweise einer Negativverstärkung gleichkommt. Die Dialektisch-behaviorale Therapie (DBT) betont vor diesem Hintergrund, Patienten in den Expertenstatus gegenüber ihrer eigenen Erkrankung zu heben (Linehan 1993a, b). Einerseits werden Patienten darin validiert, dass ihre Reaktionen auf emotionale Spannungszustände zwar durchaus nachvollziehbar, andererseits aber gemessen an ihren mittel- und langfristigen Konsequenzen und in ihrer Übergeneralisierung eben auch dysfunktional sind. Auf dem als dialektisch benannten Hintergrund dieses »sowohl funktional – als auch pathologisch« werden in der Therapie die Automatismen und Verhaltensabläufe aufgezeigt, alternative Fertigkeiten erarbeitet und mit den Patienten eingeübt (Lynch et al. 2006), u. a. in Skillsgruppen (Euler et al. 2018e).

Aus *psychodynamischer*, insbesondere *objektbeziehungstheoretischer* Sicht wird die Borderline-Persönlichkeitsstörung mit ihren häufigen Komorbiditäten mit anderen Persönlichkeitsstörungen als Ausdruck einer fehlenden Integration eines Konzepts des Selbst sowie der wichtigen Bezugspersonen betrachtet (▶ Kap. 6.1). Aufgrund von temperamentalen Prädispositionen, d. h. der genetisch mitbedingten Affektaktivierung und Emotionsverarbeitung sowie der Prädominanz negativer Affekte einerseits und des Fortbestehens früher und wiederholter negativer Beziehungserfahrungen andererseits, bleibt eine frühkindliche Aufspaltung der affektiv besetzten dyadischen Beziehungseinheiten von Selbst und wichtigen Bezugspersonen (Objekte) in »nur gute« und »nur böse« Introjekte erhalten. Es kommt nicht zu einer Integration der affektiv gegensätzlich besetzten Partialobjekte (z. B. der stillenden und tröstenden gegenüber der frustrierenden Mutter). Beziehungsambivalenzen, die Erfahrung also, dass die Beziehung zum Gegenüber sowohl gute wie schlechte Aspekte umfassen kann, können nicht ertragen werden, sondern müssen zur Verhinderung noch größerer Konfusion in den Objektbeziehungen durch den Mechanismus der Spaltung zum Selbstschutzes abgewehrt werden. Die Spaltungsabwehr dient im späteren Leben dazu, das Ich vor diffusen Ängsten und die positiven Objektrepräsentanzen vor dem Eindringen aggressiver Affekte zu schützen. Fehlt also aufgrund mangelnder Integration und Synthetisierung affektiv gegensätzlich besetzter Partialobjekte ein stabiles Selbstkonzept, führt dies zu einer »Identitätsdiffusion«. So kann sich eine Patientin im einen Moment in einem Zustand der Verzweiflung, Hoffnungslosigkeit, der Abhängigkeit vom Gegenüber und der Unterwerfung erleben, kurz darauf aber aufgrund einer nicht sofortigen oder vollumfänglichen Entsprechung der emotionalen Reaktion des Gegenübers auf die eigene Bedürftigkeit in eine aktiv-aggressive Rolle kippen. Wird der Zustand der Abhängigkeit nicht toleriert und bspw. als eigene Schwäche abgelehnt, kann

8.1 Psychotherapeutische Behandlung der Persönlichkeitsstörungen

es zu selbstverurteilenden und -bestrafenden Gedanken und Handlungen kommen, woraus sich wiederum ein Gefühl der Kontrolle und Strenge sich selbst gegenüber entwickeln kann. Oder aber der aggressive Impuls richtet sich nach außen auf das Gegenüber, dessen Aufmerksamkeit und Reaktion gesucht wurde, welches jetzt aber als uninteressiert oder abweisend erlebt wird. Die fehlende Integration dieser divergierenden Zustände im Selbsterleben und Erleben des anderen, welche im Begriff der Identitätsdiffusion gefasst wird, bedingen in der Folge Borderline-spezifische Symptome und Verhaltensweisen. Sie werden in dieser Sichtweise als Epiphänomene tiefer liegender, destruktiver intrapsychischer Prozesse und Strukturbildung verstanden, deren therapeutische Auflösung durch Klärung, Konfrontation und Deutung der inszenierten Reaktivierung von Teilobjektrepräsentationen in und durch die Übertragung erfolgt (Clarkin et al. 2006).

Neben dem Modell einer Emotionsregulations- bzw. einer Identitätsstörung konzeptualisiert die Gruppe um Fonagy und Bateman vor dem theoretischen Hintergrund der sog. »Theory of Mind« und der Bindungstheorie (Fonagy 2003) sowie in enger Anlehnung an empirische Resultate aus der Säuglingsforschung die Borderline-Störung als Mentalisierungsstörung (► Kap. 5.4). Entwicklungspsychologisch wird argumentiert, dass das Kind in seinem Denken durch die nahen Bezugspersonen in der Weise mitgeformt wird, dass sie die für das Kind kaum aushaltbaren frühen Affekte benennen und »containen«, d.h. aufbewahren und in einer erträglichen Art zurückgeben (Bion 1997). Das Denken – auch als Affektmodulans – ist somit immer schon das Denken des Anderen, der als Objekt mein Denken und mich prägt. Bedeutsam in der kindlichen Entwicklung ist die Herausbildung der Mentalisierung oder der »Reflective Function«, d.h. jener Fähigkeit, mit welcher sich das Kind in das Denken, besser: die intentionalen Zustände (Gedanken, Gefühle, Einstellungen etc.) des Gegenübers versetzen kann. Erfolgen Störungen in der elterlichen Responsivität, d.h., sind die primären Bezugspersonen zur Spiegelung und Markierung der Affekte des Kleinkindes nicht in der Lage (da sie z.B. zu sehr mit sich beschäftigt, depressiv, geängstigt oder dem Kind gegenüber traumatisierend sind), ist diese Entwicklung der Mentalisierungsfähigkeit beim Kind beeinträchtigt. Ein instabiles und inkohärentes Selbstgefühl ist die Folge. Patienten mit Borderline-Persönlichkeitsstörung weisen gemäß diesem Modell ein Defizit in der Symbolisierung (insbesondere von Affekten) und reflexiven Funktionen des Denkens auf. Somit besteht das Therapierationale dieser Störung darin, die Fähigkeit zur Perspektivenübernahme zu entwickeln, damit der Andere nicht als »alien other«, als fremdartige, nicht symbolisierte Lücke in der Innenwelt des Patienten selbst präsent bleibt, sondern in seinem Denken als Drittperspektive transparent und erfahrbar wird. Die von Linehan und anderen führenden Theoretikern als Kerndefizit der Borderline-Persönlichkeitsstörung erkannte emotionale Labilität ist gemäß der Mentalisierungstheorie von Bateman und Fonagy ein sekundäres Phänomen gegenüber der primären Fehlentwicklung einer psychischen Funktion – der Mentalisierung –, die durch eine Störung in der Umwelt, insbesondere in der frühen Beziehung zwischen Kind und primären Bezugspersonen zustande kommt (Fonagy und Bateman 2006).

Die »Reflective Function« wird sowohl von psychoanalytischer wie auch von Seiten der kognitiven Psychologie her konzeptuell gefasst. Borderline-Patienten zeigen insbesondere dann Schwierigkeiten in der Integration verschiedener Selbst- und Objektanteile, wenn negative Emotionen überhandnehmen. Ohne dass genau geklärt wäre, ob eine primäre emotionale Instabilität eine sekundäre Desintegration von Selbst- und Objektrepräsentanzen bedingt oder umgekehrt die fehlende Kohärenz eines integralen Selbst und Bild des Anderen zur Instabilität letztlich der Affekte führt, zeigt sich hier doch ein vitiöser Zirkel, wonach frühe aversive Affekte dazu führen, dass (im Dienst, gute Objekte zu schützen) negative und positive Erfahrungen des Selbst und des Anderen getrennt gehalten werden. Dies erschwert seinerseits die Fähigkeit zur Wahrnehmung, Reflexion und Beschreibung emotionaler Zustände und begünstigt eine weitere affektive Instabilität (Levy et al. 2006). Die Einschränkung dieser in gewisser Weise metasozialen, emotionalkognitiven Fähigkeit wird von Kernberg als Identitätsdiffusion, von Bateman und Fonagy als Mentalisierungsdefizit und von Linehan als Defizit in der »mindfulness« adressiert. So vergleichbar diese Konzepte sein mögen (Choi-Kain und Gunderson 2008), die therapeutischen Techniken zur Bearbeitung der damit begriffenen Schwierigkeiten greifen an unterschiedlichen Stellen ein. Die Verbesserung der »Reflective Function« – ein Konzept, welches in der Forschergruppe um Fonagy (Fonagy et al. 1991) als Mediator zwischen elterlicher und kindlicher Bindungssicherheit in Ainsworth's »Strange Situation«-Simulation (Ainsworth et al. 1978) oder auch als entscheidender Faktor für die Wahrscheinlichkeit, mit einer Missbrauchsanamnese eine Borderline-Persönlichkeitsstörung zu entwickeln, herausgestellt wurde (Fonagy et al. 1996) – wird insbesondere in der MBT und der TFP (Levy et al. 2006) intendiert.

Cluster-C-Persönlichkeitsstörungen: Vermeidend-Selbstunsichere Persönlichkeitsstörung

Die Cluster-C-Persönlichkeitsstörungen, die anankastische, Vermeidend-Selbstunsichere und abhängige Persönlichkeitsstörung, zählen zu den häufigsten Persönlichkeitsstörungen in der Allgemeinbevölkerung. Aufgrund ihrer ängstlichen Symptomatik, ihres Vermeidungsverhaltens und der Defizite in der sozialen Kompetenz finden diese Patienten auch häufig trotz des hohen Leidensdrucks nur schwer Zugang zu psychiatrisch-psychotherapeutischen Versorgungsangeboten, am ehesten noch in ambulante Behandlungssettings. Anlass für das Aufsuchen von fachlicher Hilfe sind häufig ausgeprägte Angststörungen, eine Depression oder nicht selten Suchtprobleme (Missbrauch von Alkohol und/oder sedierender und anxiolytischer Medikamente). Die häufigsten Symptome und überdauernden Wahrnehmungs-, Gefühls- und Denkmuster betreffen ein negatives Selbstbild mit der Überzeugung, sozial unbeholfen und inadäquat zu sein. Die für die ängstliche Persönlichkeitsstörung ebenso typischen Vermeidungsmuster, also etwa das Vermeiden von zwischenmenschlich-beruflichen Begegnungen und potentiell peinlichen Situationen, scheinen dagegen eher sekundären Charakter zu haben und entsprechend weniger häufig vorzuliegen (McGlashan et al. 2005). Während erstere Symptommerkmale möglicherweise mit temperamentalen und genetischen Risikofaktoren in Verbindung stehen, betreffen letztere eher behaviorale, reaktive und erlernte Vermeidungsaspekte, die auch eher zu remittieren scheinen (Grilo et al. 2004).

Eine Verbindung der typischen diagnostischen Merkmale der Vermeidenden-Selbstunsicheren Persönlichkeitsstörung mit einem vermeidend-unsicheren Bindungsverhalten ergibt sich konzeptuell dadurch, dass aufgrund eines inneren Arbeitsmodells (nach Bowlby) sich bei der vermeidenden Persönlichkeitsstörung eine Kombination von negativem Selbstbild (inadäquat, sozial unbeholfen, minderwertig, unattraktiv und folglich nicht liebenswert) und negativem Bild bedeutsamer Anderer (kritisch, zurückweisend, missbilligend und in der Folge gleichgültig und nicht verfügbar) sich eine ängstliche Bindung ergibt, die sich subjektiv durch eine ausgeprägte Bindungsangst und objektiv auf Verhaltensebene als Vermeidung von Nähe in interpersonellen Beziehungen manifestiert.

Ängstliches Bindungsverhalten steht dabei in enger Assoziation mit frühen sozialen Zurückweisungserfahrungen durch emotional kühle und lieblose primäre Bezugspersonen (Bartholomew et al. 2001) und ein daraus hervorgehendes starkes Verlangen nach bedingungsloser Zuneigung und Akzeptanz in nahen Beziehungen. Psychodynamisch betrachtet ergibt sich für diese Patienten ein Konflikt zwischen diesem Wunsch nach bedingungsloser Liebe und der Angst vor Kritik, Spott und Zurückweisung, was zu den charakteristischen Abwehrformen und Selbstschutzmechanismen der interpersonellen Vermeidung und der sozialen sowie affektiven Gehemmtheit führt.

8.1.2 Allgemeine Behandlungsprinzipien

> Für einige Persönlichkeitsstörungen wurden in den letzten Jahrzehnten störungsspezfische, operationalisierte und manualgesteuerte, in den meisten Fällen auch multimodal aufgebaute Behandlungskonzepte unterschiedlicher Provenienz entwickelt, deren Überlegenheit in der Wirksamkeit gegenüber unspezifischen Verfahren empirisch nachgewiesen werden konnte.

Daraus lassen sich einige wesentliche und allgemeine Behandlungsprinzipien extrahieren. Gemeinsamkeiten der Psychotherapien von Persönlichkeitsstörungen (insbes. der Borderline-Persönlichkeitsstörung, vgl. Dammann 2001) sind:

1. Arbeit mit Beziehung und emotionalem Erleben sowie verhaltensorientierte Konfrontation mit dysfunktionalen Verhaltensweisen
2. starke Strukturierung der Therapie mit Stabilität des Behandlungsrahmens
3. klare Rahmenbedingungen und Vereinbarungen
4. Festlegung eines Therapiefokus
5. hohe Therapeutenaktivität und Beziehungsorientierung
6. Motivation und Aufforderung der Patienten zur intensiven Mitarbeit
7. gesunder Ich-Anteil des Patienten als Adressat der Interventionen im Hier-und-Jetzt
8. Fokussierung auf fremd- und selbstdestruktive Verhaltensweisen
9. Hierarchie der Dringlichkeit der zu behandelnden Themen
10. hohe Beziehungsintensität mit Beachtung und Analyse von emotionalen (Gegen-)Übertragungsreaktionen
11. Gewicht auf Wiederherstellung des Arbeitsbündnisses
12. Therapiesupervision

8 Therapie

Die Planung der Behandlung erfordert die Beachtung störungstypischer Erlebensmuster und Verhaltensweisen in ihren individuellen Ausprägungen, zudem die Berücksichtigung komorbider Störungen – auf welche insbesondere im Fall der Suchterkrankungen unten näher eingegangen wird (▶ Kap. 8.3 und ▶ Kap. 8.4) – sowie schließlich auch der sozialen Variablen. Die Orientierung der Behandlung sollte sich an den spezifischen Behandlungszielen ausrichten, an deren oberster Stelle Probleme zu bearbeiten sind, die die Aufrechterhaltung der Therapie gefährden, in erster Linie sind dies natürlich die Selbst- oder die Fremdgefährdung durch die Patienten (▶ Abb. 8.1).

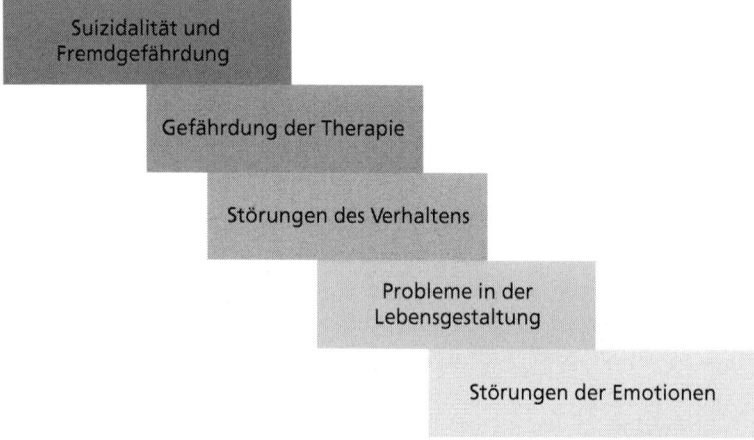

Abb. 8.1: Hierarchisierung von Behandlungszielen (auf Grundlage von Bohus 2019)

Ebenso stellen die Kontrolle und Steuerung des Verhaltens zentrale Ziele, vor allem in den ersten Therapiephasen dar: aggressive Impulsdurchbrüche, selbstverletzendes oder kriminelles Verhalten, Drogen- und Substanzmissbrauch, schwere, insbesondere anorektische Essstörungen, dissoziative oder auch psychotische Symptome.

8.1 Psychotherapeutische Behandlung der Persönlichkeitsstörungen

Allerdings sind beispielsweise bei Borderline und narzisstischen Störungen sowie im Fall von höherfrequenten Therapien Probleme der Lebensführung frühzeitig und hierarchisch auch an oberer Stelle zu thematisieren, damit nicht ein sekundärer Krankheitsgewinn Raum greift, Realitäten ausgeblendet werden und die Therapie selbst zum Lebensersatz wird. Den Aktivitäten des alltäglichen Lebens außerhalb der Therapie kommt insofern eine hohe Bedeutung zu (Diamond et al. 2013).

Nach einer Festlegung der Behandlungsziele gilt es, Problemanalysen vorzunehmen bzw. in Erstgesprächen Lebensumstände und biografische Anamnese zu erheben, Akzentuierungen in Wahrnehmungen, Erlebens- und Denkweisen, Verhaltensrepertoires und Handlungstendenzen zu analysieren sowie spezifische Interaktionsmuster sowohl in der Therapie wie auch mit dem sozialen Umfeld des Patienten zu erkennen. Diese bilden in der Folge die Ansatzpunkte der spezifischen psychotherapeutischen Arbeit.

Die Kommunikation von Diagnosen sowie der Einsatz psychoedukativer Elemente in der Therapie wird unterschiedlich gehandhabt: während Therapieformen verhaltenstherapeutischer Richtung das Mitteilen der Diagnose und die Psychoedukation zu Beginn der Behandlung als unverzichtbaren Bestandteil der therapeutischen Arbeit erachten, reflektieren psychodynamisch orientierte Therapieformen verstärkt die interaktionellen Anteile einer solchen Edukation und die damit möglicherweise verbundenen Widerstände und Übertragungsmuster, beispielsweise von Dominanz und Unterwerfung, um zu entscheiden, in welcher Form und zu welchem Zeitpunkt eine psychoedukative Aufklärung über die Störung erfolgen soll. Aus unserer eigenen klinischen Erfahrung stellen wir nicht selten fest, dass gerade bei Borderline-Patienten die Diagnosestellung und -mitteilung zu einer Art Identitätsersatzbildung (Etikett »Borderline«) führen und damit den Widerstand zur Veränderung der Störungsproblematik erhöhen kann. Daher empfiehlt es sich bei der Diagnosemitteilung und insbesondere Störungsaufklärung, einen großen Aufwand in Übersetzungsleistungen und in die Individualisierung der Problematik zu legen, damit sinnstiftende und plausible

Erklärungsmodelle nicht in den Dienst einer Rationalisierungs-, Verleugnungs- oder anders gearteten Abwehr geraten. Zentral bei allen Psychotherapieverfahren sind die Therapievereinbarungen, in welchen die Klärung der Rahmenbedingungen und Besonderheiten der Therapie vorgenommen wird: Frequenz, Dauer, Finanzierung der Therapie, Ausfallhonorare bei unentschuldigtem Nichterscheinen, Vorgehen bei Krisen v. a. bei chronisch suizidalen Patienten, Umgang mit telefonischer oder sonstiger Erreichbarkeit des Therapeuten, oder audio- und videografische Aufzeichnung der Therapiesitzungen Die Funktionen solcher Vereinbarungen sind vielfältig (Dammann 2001), insbesondere aber erlauben sie

- einen Schutz der Therapie vor extremen Verhaltensweisen
- eine Antizipation von Problemsituationen, welche die Therapie in Gefahr bringen
- eine Prüfung der Motivation des Patienten für eine aktive Mitarbeit und seiner Verpflichtung zu einer längeren Therapie
- eine Kanalisierung der psychischen Dynamik des Patienten in das Übertragungsgeschehen der Therapie (Möglichkeiten zum Ausagieren schwieriger Gefühlszustände im Außen werden eingegrenzt)
- eine Minimierung sekundärer Krankheitsgewinne.

Ebenso wichtig erweist sich bei allen Verfahren der Aufbau einer tragfähigen therapeutischen Beziehung, die bei diesen Patienten in ihren dysfunktionalen Beziehungsgestaltungen einer Modifikation des therapeutischen Beziehungsverhaltens, insbesondere aber der Reflexion der – psychoanalytisch gesprochen – Übertragungs- und Gegenübertragungsreaktionen bedarf. Von besonderer Bedeutung ist die therapeutische Beziehung bei persönlichkeitsgestörten Patienten gerade deshalb, da die psychotherapeutische Arbeit in und an dieser Beziehung selbst ansetzt (Sollberger 2009). Entsprechend ist auch die Supervision der Therapien bei allen Verfahren von großer Bedeutung.

8.1 Psychotherapeutische Behandlung der Persönlichkeitsstörungen

Bei Patienten mit einer Vermeidend-Selbstunsicheren Persönlichkeitsstörung steht therapeutisch zunächst der Aufbau einer vertauensvollen therapeutischen Beziehung im Vordergrund, da diese Patienten ganz besonders vulnerabel sind gegenüber einer kritischen oder konfrontativen Haltung: Ein transparentes Vorgehen und eine nicht-beurteilende, freundlich-offene Haltung sind von zentraler Bedeutung. Die psychotherapeutische Arbeit betrifft in der Folge insbesondere die kognitive Vulnerabilität und chronische Selbstunsicherheit dieser Patienten sowie die daraus resultierenden vermeidenden Verhaltensmuster. Dazu ist es hilfreich, zusammen mit den Patienten in psychoedukativer Weise ein Verständnis für die Zusammenhänge eigener Wünsche (bedingungsloses Akzeptiertwerden) und Ängste (vor Spott und Zurückweisung und damit verbundener Scham), der Selbstsicht (als sozial unbeholfen und minderwertig) und der Repräsentationen der bedeutsamen Interaktionspartner (als kritisch und zurückweisend) sowie der daraus resultierenden vermeidenden Verhaltensmuster zu erarbeiten. Wesentlich dabei ist die Bearbeitung des Teufelskreises aus Angst, sozialem Rückzug und Bestätigung negativer Erwartungen, um vermehrt den Fokus auch auf positive und korrigierende soziale Erfahrungen zu legen.

Der schematherapeutische Ansatz von Young (Young et al. 2005) fokussiert aufgrund der ursächlichen Zusammenhänge von ungünstigen Kindheitserfahrungen und der Entwicklung spezifischer negativer Wahrnehmungs-, Denk- und vermeidender Handlungsmuster sogenannte maladaptive Schemata, um in empathischer Konfrontation jeweils realitätsbezogene Abgleichungen der verzerrten Wahrnehmungen und Kognitionen vorzunehmen.

Zusammenfassung
Während kognitiv-verhaltenstherapeutische Ansätze klassische Interventionen wie Entspannungsverfahren zur Reduktion des Grundanspannungsniveaus, Desensibilisierungsübungen und Expositionen in vivo sowie Rollenspiele zum Aufbau von sozialen

> Fertigkeiten und zur Verbesserung des Selbstwerts einsetzen, arbeiten psychodynamische Verfahren eher in der Übertragungssituation der Therapie. Gruppentherapeutische Ansätze bieten hier optimale Bedingungen, um die Schwierigkeiten der Patienten im Hier und Jetzt zu bearbeiten, indem sie gewissermaßen bereits eine Exposition in vivo bedeuten, in welcher die relevanten und kognitiv thematisierbaren Probleme auch implizit und emotional erleb- und bearbeitbar sind und ein Lernen am Modell möglich wird.

8.1.3 Spezifische Therapieverfahren

Cluster-B-Persönlichkeitsstörungen

An dieser Stelle sollen die Behandlungskonzepte der Borderline-Persönlichkeitsstörung aufgrund ihrer elaborierten und empirisch am besten untersuchten Manualisierung, aufgrund der Häufigkeit dieser Störung – gerade auch in ihrer Komorbidität mit Suchterkrankungen – ausführlicher dargestellt und exemplarisch miteinander verglichen werden. Die dargestellten Verfahren sind ebenso auf andere schwere Persönlichkeitsstörungen des Clusters B, die narzisstische Persönlichkeitsstörung oder die antisoziale Persönlichkeitsstörung, anwendbar, da insbesondere bei den psychodynamischen Verfahren die zugrundeliegenden Konzeptualisierungen der Störungen zentrale persönlichkeitsstrukturelle Aspekte betreffen, die – wie das Konzept der Borderline-Persönlichkeitsorganisation (BPO) oder jenes des Mentalisierungsdefizites – nicht spezifisch für eine Persönlichkeitsstörung charakteristisch sind, sondern auf alle dieser schweren Persönlichkeitsstörungen zutreffen (▶ Kasten 8.1).

Viele weitere psychosoziale Therapieformen wurden entwickelt und ihre Effektivität wurde nachgewiesen, so bspw. supportive Therapien, die häufig als Kontrollbehandlungen in randomisiert-

8.1 Psychotherapeutische Behandlung der Persönlichkeitsstörungen

kontrollierten Studien durchgeführt wurden, oder auch andere theoriegeleitete Verfahren wie das »General Psychiatric Management« (GPM) (McMain et al. 2009) oder das »Systems Training for Emotional Predictability and Problem Solving«/STEPPS (Blum et al. 2008). Bei vielen fehlen allerdings häufig Behandlungsmanuale und Schulungsmöglichkeiten oder die klinische Anwendung und Expertise außerhalb von Studien.

Die genannten etablierten, evidenzbasierten, störungsspezifischen Therapieverfahren teilen die Auffassung, dass weder rein verhaltenstherapeutisch-handlungsorientierte noch rein psychodynamisch-einsichtsorientierte Verfahren in Reinform günstig sind. Auch von Seiten der kognitiven und Verhaltenstherapie ist also die Arbeit mit Beziehungen und emotionalem Erleben essentiell, während psychodynamische Verfahren vermehrt auch verhaltensorientierte Konfrontationen der Patienten vornehmen, etwa wenn es darum geht, antizipatorisch die Folgen dysfunktionalen Verhaltens (bei impulsiven, aggressiven, potentiell fremd- oder selbstschädigenden Verhaltensweisen) vorwegzunehmen. Die spezifischen Modifikationen psychodynamischer Therapieansätze liegen u. a. denn auch darin, dass eine stärkere Gewichtung der Stabilität des Behandlungsrahmens vorgenommen wird und die Therapeuten transparenter in der Grundhaltung sowie deutlich aktiver in der Klärungsarbeit sind (d. h., die therapeutische Neutralität bei schwerwiegend therapiegefährdendem Verhalten zeitweise durchaus verlassen wird, um sie aber anschließend in der Reflexion manipulativer Aspekte in der therapeutischen Beziehungsgestaltung des Patienten wieder zu reetablieren), negative und destruktive Übertragungsaspekte frühzeitig und konsequent in der Therapie bearbeitet werden oder Deutungen der Übertragungsbeziehungen mehrheitlich im Hier-und-Jetzt erfolgen und weniger in psychogenetischer Art mit Bezug auf die Kindheit ausfallen (Dammann 2001).

8 Therapie

Kasten 8.1: Übersicht über die Therapieverfahren

Neben der *Dialektisch-behavioralen Therapie (DBT)* nach M. M. Linehan (1993a, 1993b) mit den meisten positiven Wirksamkeitsstudien und dem derzeit höchsten Evidenzgrad liegen mittlerweile verschiedene andere manualisierte, evidenzbasierte störungsspezifische Behandlungskonzepte vor (Sollberger und Walter 2010; Stoffers et al. 2013; Euler et al. 2018d).

Auf psychodynamischer Seite sind dies:

- die *übertragungsfokussierte Psychotherapie (TFP,* Transference-Focused Psychotherapy) nach O. F. Kernberg (Clarkin et al. 2006)
- die *mentalisierungsbasierte Therapie (MBT)* nach A. W. Bateman und P. Fonagy (2004)

Auf verhaltenstherapeutischer Seite sind dies:

- die angegebene *Dialektisch-behaviorale Therapie (DBT)* nach M. M. Linehan und
- die *Schematherapie* nach J. E. Young (Young et al. 2006).

Alle diese Therapieansätze basieren darauf, dass

- ihnen spezifische Störungsbilder zugrundeliegen, die in ihrer Symptomatik phänomenologisch beschreibbar sind,
- ätiopathogenetische Modelle als Grundlage der Interventionen dienen,
- ihnen manualisierte, zeitlich nicht lineare, sondern dynamisch hierarchisierte Vorgehensweisen eigen sind, und
- die empirische Überprüfbarkeit als ein Qualitätskriterium gilt.

Von zentraler Bedeutung in allen psychotherapeutischen Verfahren der Borderline-Persönlichkeitsstörung sind die mit Patienten

8.1 Psychotherapeutische Behandlung der Persönlichkeitsstörungen

ausgehandelten Rahmenvereinbarungen oder Therapieverträge, die neben einer Festigung des Commitments und der Klärung der Verantwortung für die Therapie von Seiten des Patienten wie des Therapeuten eine Hierarchisierung der Behandlungsfoci vornehmen, so dass suizidale oder selbstschädigende, letztlich therapiegefährdende Verhaltensweisen vorrangig behandelt werden (Linehan 1993a, b; Clarkin et al. 2006). Verhaltenstherapeutisch wird dadurch einer negativen Verstärkung dysfunktionaler Verhaltensweisen entgegengewirkt, psychodynamisch soll der sekundäre Krankheitsgewinn aufgespürt und minimiert werden im Dienst einer wirksameren Deutungsarbeit an den unreifen Abwehrmechanismen. Die DBT hat bezüglich der Hierarchisierung der Behandlungsziele eine klar strukturierte Abfolge von vier ambulanten Behandlungsphasen formuliert (▶ Abb. 8.2).

Vermeidend-Selbstunsichere Persönlichkeitsstörung

Die Behandlung der Vermeidend-Selbstunsicheren Persönlichkeitsstörung mittels kognitiv-verhaltenstherapeutischem Verfahren konnte in ihrer Wirksamkeit in einer randomisiert-kontrollierten Studie nachgewiesen werden – mit signifikant besseren Therapieresultaten im Kontrast zur Behandlung mit einer nicht manualisierten, aber an die psychodynamischen Konfliktmodelle von Malan und von Luborsky angelehnten dynamischen Kurzzeittherapie (Emmelkamp et al. 2006).

Was die Therapie dieser Persönlichkeitsstörung mit einer Sucht-Komorbidität angeht, gelten die Prinzipien der suchtspezifischen Behandlung unter besonderer Berücksichtigung der oft ausgeprägt schambesetzten Problematik eines unkontrollierten Substanzkonsums und der ängstlichen Beziehungsgestaltung mit Vermeidungsmustern. Es muss deshalb eine notwendige Balance zwischen Fokussierung der Problematik und gleichzeitiger Versicherung der haltgebenden therapeutischen Beziehung gesucht werden. In der psychotherapeutischen Behandlung der Vermeidend-Selbstunsicheren Persönlichkeitsstörung hat sich auch ein psychodynami-

8 Therapie

Vorbereitungsphase
Diagnostik, Motivationsabklärung, Behandlungsaufklärung und Zustimmung zu den Behandlungszielen und -modalitäten

↓

Erste Therapiephase
Bearbeitung von Problembereichen auf Verhaltensebene mit
- Verbesserung der Überlebensstrategien
  (Umgang mit suizidalen und parasuizidalen Verhaltensweisen)
- Verbesserung der Therapiecompliance
  (Umgang mit therapiegefährdendem Verhalten)
- Verbesserung der Lebensqualität
- Verbesserung der Verhaltensfertigkeiten

↓

Zweite Therapiephase
Bearbeitung der Folgen traumatischer Erfahrungen mit Verringerung der Symptome eines posttraumatischen Stresssyndroms u.a. durch
- Schutz vor unkontrollierter Reizexposition
- Verbesserung der Emotionsregulation
- Umgang mit dissoziativen Zuständen und Flashbacks

↓

Dritte Therapiephase
Bearbeitung von Problemen im Alltag mit Umsetzung des Gelernten und Neuorientierung

Abb. 8.2: Ambulante Behandlungsphasen der DBT (auf Grundlage von Bohus 2019)

sches Verfahren bewährt, dem hier eine besondere Aufmerksamkeit zukommen soll, da es gewissermaßen eine Brücke zwischen psychoanalytischer Konzeption und lerntheoretischer Übersetzung, die ihrerseits verhaltenstherapeutische Interventionstechniken begründet, darstellt. Die dynamische Kurzzeit-Psychotherapie (STDP/ Short-Term Dynamic Psychotherapy, McCullogh und McGill 2009) fokussiert als psychodynamisches Verfahren die konflikthaften Anteile und die damit verbundenen Affekte, während die psychothera-

8.1 Psychotherapeutische Behandlung der Persönlichkeitsstörungen

peutischen Veränderungen eher lerntheoretisch untermauert sind im Sinn einer »Desensibilisierung« (desensitization) phobischer Ängste. Die STDP geht dabei von der Annahme aus, dass der psychodynamische Konflikt der Patienten mit Vermeidend-Selbstunsicheren Persönlichkeitsstörung darin besteht, dass einerseits Gefühle wie Trauer, Angst, Erregung oder Mitgefühl eine aktivierende Reaktionswirkung haben, während Gefühle der Angst oder der Schuld reaktive Hemmungen induzieren oder Reaktionen erschweren. Wenn diese beiden, das aktivierende und hemmende Motivationssystem, in Konflikt geraten, entsteht psychodynamisch gesprochen ein Kompromiss oder, lerntheoretisch ausgedrückt, eine phobischvermeidende Antwort. Das Konzept der Affekt-Phobie ist also gewissermaßen eine Übersetzung des psychodynamischen Konflikt-Verständnisses in eine lerntheoretische und verhaltenstherapeutische Sprache. Die Desensibilisierung erfolgt aufgrund einer Exposition mit Hervorbringung des konditionierten, aktivierenden Affekts und der Löschung der assoziierten hemmenden Affekte. So kann Wut aufgrund von Ängsten blockiert sein, Trauer aufgrund von Schmerz, Erregung aufgrund von Scham – affektive Verbindungen, die unterbrochen werden sollen. Das generelle Ziel der Behandlung liegt in der Verbesserung einer »affektiven Fähigkeit« (affecitve capacity), d.h. einer Affekttoleranz, Affektintegration und -regulation sowie Affektkommunikation. Aktivierende Affekte sollen wieder zugelassen werden können, so dass ein Verlust also bspw. betrauert werden kann, eigene Ansichten und Wünsche geäußern werden können, ohne dass Scham, Schuldgefühle oder Ängste dies vollständig lähmen. Dieser Prozess erfolgt therapeutisch in drei Schritten (Svartberg und McCullogh 2010), mittels einer

1. Umstrukturierung der Abwehrmechanismen, d.h., durch Identifikation von maladaptiven, phobischen Verhaltensmustern und durch die Arbeit an der Motivation, diese zu ändern;
2. Umstrukturierung von Affekten durch Exposition und Desensibilisierung, die nicht allein kognitiv, sondern emotional und physiologisch als Leiberfahrung erlebt werden muss;

3. Umstrukturierung des Selbstgefühls und des Gefühls für andere, die gewissermaßen in vivo in der therapeutischen Beziehung erfolgt.

Die Wirksamkeit des Verfahrens wurde in einer randomisierten kontrollierten Studie nachgewiesen, in welcher die STDP gegen eine kognitive Therapie nach Beck und Freeman an Patienten mit Cluster-C-Persönlichkeitsstörungen (62 % davon mit einer Vermeidend-Selbstunsicheren Persönlichkeitsstörung) untersucht wurde (Svartberg et al. 2004). Beide Gruppen zeigten signifikante Symptomverbesserungen (Anspannungsreduktion, interpersonelle Probleme, Cluster-C-Charakteristika) sowohl unter Therapie wie auch während einer zweijährigen Folgeperiode. Zwischen den Gruppen ergaben sich keine signifikanten Unterschiede während der Therapie, allerdings zeigten die Patienten in der STDP-Gruppe gegenüber der anderen Gruppe signifikante Symptomverbesserungen wie auch Verbesserungen im allgemeinen Funktionsniveau der Persönlichkeit in der Zwei-Jahres-Katamnese.

8.1.4 Evidenz der psychotherapeutischen Ansätze in der Behandlung der Borderline-Persönlichkeitsstörung

Die positiven Effekte der verschiedenen störungsspezifischen psychotherapeutischen Behandlungen für die Borderline-Persönlichkeitsstörung wurde mittels randomisiert-kontrollierter Studien empirisch nachgewiesen, wobei die DBT derzeit das bestuntersuchte Therapieverfahren darstellt, gefolgt von der MBT, TFP, Schematherapie und STEPPS).

Alle Verfahren zeigen ähnliche Verbesserungen bezüglich Suizidalität, selbstverletzenden Verhaltens, Depressivität, Beanspruchung von Notfallstationen oder Medikamentengebrauch. Verbesserungen im allgemeinen Funktionsniveau, insbesondere in beruflichen

8.1 Psychotherapeutische Behandlung der Persönlichkeitsstörungen

Beschäftigungen, und in der Lebensqualität dagegen bleiben moderat (Stoffers et al. 2012; Gunderson et al. 2013).

Für die Dialektisch-behaviorale Therapie (DBT) liegen von inzwischen fünf verschiedenen Arbeitsgruppen insgesamt neun randomisierte kontrollierte Therapiestudien im ambulanten Setting vor (Stoffers et al. 2012; Lieb et al. 2004). Eine kontrollierte, nicht randomisierte Studie von Bohus et al. (2004) weist die Wirksamkeit eines DBT-Behandlungskonzepts im stationären Setting nach, mit einer Verbesserung selbstverletzenden Verhaltens sowie aller gemessener psychopathologischer Variablen. Die Haupteffekte lagen in den Wirksamkeitsnachweisen in der Senkung der Suizidversuchsraten und der selbstverletzenden Verhaltensweisen, in der Senkung der Therapieabbrüche sowie der Häufigkeit stationärer Krisenintervenstionen (Linehan et al. 1991, 1993). Ebenso konnten signifikante Reduktionseffekte bezüglich Wutgefühlen, Hoffnungslosigkeit, Depressivität, im sozialen Funktionsniveau sowie im Gebrauch illegaler Drogen gezeigt werden (Van den Bosch et al. 2002; Verheult et al. 2003; Linehan et al. 1999; Linehan et al. 2006; Koons 2001).

Für die übertragungsfokussierte Psychotherapie (TFP) konnten zwei randomisierte und kontrollierte Wirksamkeitsstudien einen Effektiviätsnachweis der TFP im Vergleich zur DBT (Clarkin et al. 2007) und einer nicht-störungsspezifischen psychotherapeutischen Behandlung (Doering et al. 2010) zeigen. Abgesehen von methodischen Limitationen in der statistischen Power (Teststärke) macht die erste Studie deutlich, dass eine Symptomreduktion, die hinsichtlich der Suizidalität sich ähnlich positiv ausnimmt wie bei der DBT, bei der TFP aber insbesondere herausragende Verbesserungen der Impulskontrolle und die Reduktion von Aggressivität im Gegensatz zur DBT erreicht wurden. Die Therapieresultate erfolgen dabei nicht auf dem direkten Weg eines Fertigkeitentrainings, sondern in der übertragungsfokussierten Deutungsarbeit in und an der therapeutischen Beziehung über eine Integration aktivierter Selbst- und Objektrepräsentanzen.

Die Fokussierung insbesondere auf interpersonelle Wutaffekte und Aggression ist explizit der objektbeziehungstheoretisch fundierten TFP eigen. Dies zeigte sich auch in einer eigenen Studie zur stationären Borderline-Behandlung (Sollberger et al. 2014). Diese erzielte, konsistent mit den Befunden der Studie von Clarkin et al. (2007), eine gegenüber einer allgemeinpsychiatrischen Behandlung signifikante Verbesserung der Aggression im Gegensatz zu Befunden der DBT, die ihren Fokus u. a. stärker auf die Regulation selbstdestruktiver Verhaltensweisen legt und viele psychopathologische Verbesserungen erreicht, außer bei der Wut (Bohus et al. 2004). Bei TFP-Behandlungen zeigten sich in ähnlich therapiespezifischer Weise auch signifikante Verbesserungen in den Strukturparametern wie den Bindungsstilen und dem »Reflective Functioning« (Levy et al. 2006).

Eine zweite randomisiert-kontrollierte Studie im ambulanten Setting konnte signifikante Vorteile der TFP-Gruppe gegenüber einer von erfahrenen, nicht-störungsspezifisch arbeitenden Psychotherapeuten behandelte Kontrollgruppe in den Dimensionen der Borderline-Symptomatik, der psychosozialen Funktionsfähigkeit, der Persönlichkeitsorganisation sowie der stationären Behandlungen nach TFP zeigen (Doering et al. 2010).

In einer weiteren randomisiert-kontrollierten Studie wurde die Schematherapie mit der TFP verglichen. Giesen-Bloo et al. (2006) konnten über einen Behandlungszeitraum von drei Jahren eine bessere Wirksamkeit der SFT gegenüber der TFP nachweisen in der Borderline-spezifischen Symptomreduktion, der Lebensqualität sowie bei Persönlichkeitsvariablen wie etwa der Identitätsdiffusion. Im streng wissenschaftlichen Sinn liegt allerdings kein Nachweis einer Überlegenheit gegenüber einer unspezifischen Kontrollgruppe vor. Von Seiten der TFP wurde die Studie in methodischer Hinsicht dahingehend kritisiert, dass die psychodynamisch behandelte Gruppe symptomatischer gewesen sei, nur eine »intention-to-treat-«, nicht aber eine »completer-analysis« durchgeführt worden sei und letztlich auch die TFP-Therapeuten weniger Therapiekonzept-Adhärenz aufgewiesen hätten als die SFT-Therapeuten (Yeomans 2006). Andererseits scheint die Schematherapie gegenüber der TFP Vorteile hinsichtlich der Gesundheitskosten aufzuweisen (van Asselt et al. 2008).

Die Mentalisierungsbasierte Therapie (MBT) wurde zu Forschungszwecken konzeptualisiert und im teilstationären und ambulanten Setting evaluiert. Der Wirksamkeitsnachweis für MBT wurde in bislang zwei kontrollierten randomisierten Studie gegenüber TAU (»treatment as usual«) erbracht (Bateman und Fonagy 1999, 2009). Bei äußerst geringen Abbruchquoten finden sich signifikante Verbesserungen der Psychopathologie erst nach 1,5 Jahren Behandlung. Deutliche Effekte hingegen zeigen sich nach drei Jahren Behandlung, wobei die Therapie während dieses Zeitrahmens als kontinuierliche Gruppentherapie fortgesetzt wurde (Bateman und Fonagy 2001). In einem 8-Jahre-Follow-up sind Verbesserungen in der MBT-Gruppe in klinischen Variablen wie Suizidalität, Berufstätigkeit, Funktionsfähigkeit, Häufigkeit der medizinischen Inanspruchnahme und Verschreibung von Medikation weiterhin nachweisbar (Bateman und Fonagy 2008).

8.1.5 Übertragungsfokussierte Psychotherapie (TFP/ Transference-Focused Psychotherapy)

Die TFP geht von der Annahme aus, dass die mentale Innenwelt des Patienten von Objektbeziehungsdyaden bevölkert ist, bei denen die positiven und negativen Interaktionen zwischen Selbst und Objekt gespalten, d. h., die guten und bösen Objektrepräsentationen partialisiert und nicht zur Ganzheit einer Person integriert sind: gute Objektanteile werden zum Schutz des Ichs sowie des idealisierten Anderen von aggressiven Anteilen getrennt gehalten. Entsprechend sind innere psychische Konflikte den Patienten in ihrem Erleben kaum zugänglich und werden interpersonell aufgespalten. So kann beispielsweise der Patient zwar die Distanziertheit des Therapeuten vehement beklagen und nimmt bei sich selbst nur einen manifesten Nähe-Wunsch wahr, latent sieht er aber die Nähe-Distanz-Regulation und damit das interpersonelle

Gleichgewicht sehr wohl durch das Verhalten des Interaktionspartners gewährleistet. Entsprechend kann die Dyade rasch wechseln vom Nähe-Wunsch des Patienten in die Klage darüber, dass der Therapeut zu aufdringlich und intrusiv sei, wenn sich dieser bspw. durch erstere Klage zu einem Annäherungshandeln hat drängen lassen. Dieses Oszillieren der Objektbeziehungsdyaden wird von der Objektbeziehungstheorie und der darauf basierenden TFP aufgrund einer Identitätsdiffusion des Patienten erklärt.

Das Therapieziel der TFP liegt in einer Integration der affektiv hoch besetzten Repräsentationen in die Komplexität eines differenzierten Selbst und Objekts mit sowohl guten wie bösen Anteilen. Von solchermaßen angestrebten langfristigen Zielen der Therapie, den Strategien (▶ Tab. 8.1), unterscheidet die TFP Taktiken und Techniken (▶ Abb. 8.3).

Tab. 8.1: Strategische Prinzipien der TFP (modifiziert nach Clarkin et al. 2007)

Strategisches Prinzip	Therapeutische Intervention
Strategisches Prinzip 1	Definition der dominanten Objektbeziehung
	1. Erleben und Tolerieren der Verwirrung 2. Erkennen der dominanten Objektbeziehung 3. Benennen der Akteure 4. Beachten der Reaktion des Patienten
Strategisches Prinzip 2	Beobachten und Deuten der Rollenwechsel des Patienten
Strategisches Prinzip 3	Beobachten und Deuten der Zusammenhänge zwischen sich gegenseitig abwehrenden Objektbeziehungsdyaden
Strategisches Prinzip 4	Integrieren der abgespaltenen Teil-Objekte

Zu den Taktiken gehören die Vereinbarungen zwischen Therapeut und Patient, die Klärung der Verantwortlichkeiten beider und damit die Gewährleistung eines organisierenden Therapierahmens.

8.1 Psychotherapeutische Behandlung der Persönlichkeitsstörungen

Er bildet den sicheren Ort für die Dynamik der inneren Welt des Patienten und einen Schutz für die Reflexionsfähigkeit des Therapeuten; ihn gilt es gegen alle Formen der Gefährdung prioritär zu schützen, also bspw. gegen suizidale und selbstdestruktive Verhaltensweisen, Lügen, Drogenkonsum, Bedrohungen des Therapeuten etc. Daraus leitet sich denn auch die Auswahl des zu bearbeitenden Materials der Therapiestunden her, indem die affektiv am stärksten besetzten Themen fokussiert werden, nach dem abgewehrten Impuls geforscht wird und die mit dieser Impuls-Abwehr-Dynamik verbundenen Objektbeziehungsdyaden untersucht werden. Die Prioritäten in der Themenselektion gliedern sich dabei hierarchisch nach den Hindernissen, die solche Untersuchungen be- oder verhindern.

In der TFP gilt es also beispielsweise zu erkennen und zu bearbeiten, dass in der viktimisierenden Selbstpräsentation einer Patientin und ihrer subjektiven Wahrnehmung des Therapeuten als eines (potenziell) sie verachtenden Verfolgers eine kontrollierende oder gar arrogante und grandiose Selbstrepräsentanz der Patientin abgewehrt wird. Dies führt dazu, dass die internalisierte Objektbeziehungsdyade »entwertetes Opfer« – »arroganter Täter« in der sozialen Realitätswahrnehmung der Patientin rasch oszilliert und sie selbst unvermittelt in die Rolle der »Angreiferin« wechselt, die ihr Gegenüber verachtend in Schach hält. Sie wird sich dabei dieser ihrer aggressiven Anteile kaum bewusst bzw. vermag sie nicht in ihr Selbstbild zu integrieren. In diesem bewusstseinsnäheren oszillierenden, interaktionellen »Täter«-»Opfer«-Rollenwechsel schattet sich eine von der Patientin abgewehrte, bewusstseinsfernere Objektbeziehungsdyade ab, jene der (idealisierten) Wünsche der Patientin nach Abhängigkeit von einem liebenden Gegenüber. Diese Dyade bleibt abgespalten, letztlich in der Angst, das entwertete Selbst könnte die Möglichkeit einer positiven Beziehung zerstören. Im Gegensatz etwa zur DBT, wo aggressive Impulse und Verhaltensweisen allenfalls so verstanden werden, dass es für den Patienten momentan die einzige und beste Variante ist, um mit einer bestimmten Situation zurecht zu kommen, so dass Therapeuten ihren

Patienten hier zu einem adaptiveren Coping verhelfen, fokussiert insbesondere die TFP die abgespaltenen und damit den Patienten nicht bewusste aggressive Anteile in der Persönlichkeitsstruktur in der Annahme, dass gerade sie es sind, die die Patienten sich in ihrem Selbstbild als schwach und bedroht wahrnehmen lassen.

Die für diese Arbeit an oszillierenden und abgespaltenen Objektbeziehungsdyaden verwendeten Techniken umfassen die Klärung, Konfrontation, Deutung und Analyse der Übertragung, die Handhabung der technischen Neutralität und die bewusste Arbeit mit der Gegenübertragung – wobei mit Konfrontation nicht eine feindselige Infragestellung gemeint ist als vielmehr die Aufforderung an den Patienten, sich ernsthaft Gedanken über Widersprüchlichkeiten zu machen, die dem Therapeuten beim Patienten auffallen. Gedeutet werden zunächst Agieren und unreife Abwehrmechanismen, zum zweiten die aktuell erlebten Objektbeziehungsdyaden und drittens die damit abgewehrte, zugrundeliegende Dyade mit dem Versuch einer Ergründung für deren Abwehr (▶ Abb. 8.3).

Während in der TFP die Schwerpunktsetzung aufgrund einer mangelhaften Subjekt-Objekt-Differenzierung in der dyadischen Bearbeitung der Übertragungs- und Gegenübertragungsprozesse liegt, wird in der MBT in eher multimodaler Konzeption und in primär gruppentherapeutischem Rahmen (ursprünglich entwickelt für ein teilstationäres Setting) an der Verbesserung des Verständnisses der eigenen emotionalen Zustände und Prozesse sowie jener der anderen, d. h. an der Fähigkeit zum Perspektivenwechsel und zur Mentalisierung gearbeitet, was mitunter den Erwerb psychosozialer Basiskompetenzen mit umfasst.

8.1.6 Mentalisierungsbasierte Therapie (MBT)

Auch in der MBT werden die Affekte und die damit verbundenen Kognitionen des Patienten fokussiert, die Gegenübertragung des Therapeuten systematisch beachtet sowie interpersonelle Repräsentanzen bearbeitet (Euler und Walter 2020). Im Gegensatz zu

8.1 Psychotherapeutische Behandlung der Persönlichkeitsstörungen

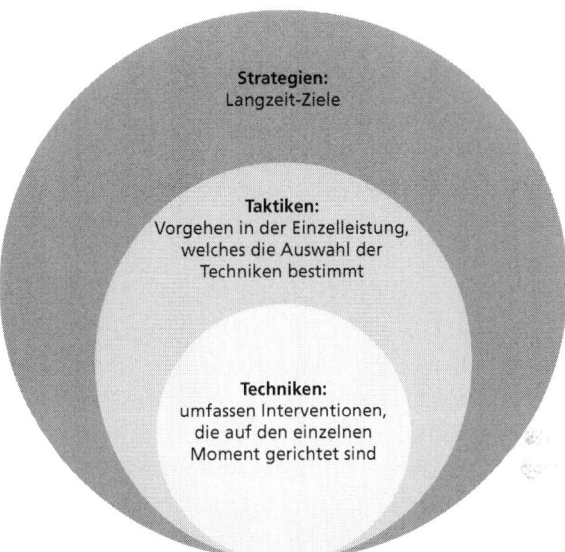

Abb. 8.3: Verhältnis von Strategien, Taktiken und Techniken in der TFP (modifiziert nach Clarkin et al. 2006)

psychoanalytischen Therapien werden eher bewusstseinsnahe oder bewusste Inhalte thematisiert, um die Entwicklung einer repräsentationalen Kohärenz und Integration zu ermöglichen (Bateman und Fonagy 2004). Im Hinblick auf die Diskussion um die Frage, inwieweit ein psychoanalytischer Therapeut ein reales Beziehungsgegenüber sein darf bzw. sein soll, ob psychoanalytische Therapie ihre Wirksamkeit also eher einer Beziehung verdankt, die dem Patienten Alternativverfahren ermöglicht, oder ihre Wirksamkeit nicht eher in einem Nachdenken *über* Beziehung liegt, stellt der MBT-Therapeut – wie ähnlich auch in der interaktionellen Methode nach Heigl-Evers (Heigl-Evers und Heigl 1983; Dammann 2004) und Streeck (2007) – dem Patienten sein Denken und Fühlen als Alternative zu dessen eigenem Erleben zur Verfügung. In der TFP wird demgegenüber weniger ein reales Beziehungsangebot gemacht, als vielmehr die aktualisierte Übertragungsbeziehung als Ausdruck internalisierter Objektbeziehungen verstanden und dem Patienten entsprechend gedeutet (Gabbard und Horowitz 2009). In der konsequenten Übertragungsdeutung bei der TFP, insbesondere im Fokussieren auf gering repräsentierte aggressive Anteile in der Persönlichkeit des Patienten, besteht ein höheres Risiko einer Destabilisierung der therapeutischen Beziehung mit möglichen Therapieabbrüchen in der Anfangsphase der Behandlung als dies bei einem MBT- oder auch SFT-Vorgehen der Fall ist (Gunderson et al. 2007; Giesen-Bloo et al. 2006).

Während beide, MBT wie TFP, die dominanten Affekte und die damit zusammenhängenden Kognitionen fokussieren – und damit in Abkehr von klassischen psychoanalytischen Verfahrensweisen die unbewussten Konflikte zunächst in den Hintergrund rücken –, differieren die Verfahren in ihrem Vorgehen. Im Gegensatz zur TFP, die ihren Ansatzpunkt in der Arbeit *in* und *an* der Übertragungsbeziehung wählt und dort, orientiert an den affektbeladenen Beziehungsmustern, libidinöse und aggressive Impulse in der Verbalisierung der wechselnden Dyaden zwischen Patient und Therapeut im Hier und Jetzt klärt, den Patienten konfrontiert und die Impulse und deren Abwehr deutet, geht die MBT von einer Beeinträchtigung in der Mentalisierungsfähigkeit bei Borderline-Patienten aus. Ihr Ansatz zielt denn auch darauf, *in* (und weniger an) der therapeutischen (Übertragungs-)Beziehung dem Patienten in der Mentalisierung, das heißt in der Wahrnehmung, Spiegelung und verbalisierenden Markierung eigener und fremder mentaler Zustände, ein zunehmendes Erleben von Selbstkohärenz zu ermöglichen. Der Therapeut steht dabei weniger in der Rolle eines »Übertragungsobjekts« als vielmehr in jener eines Beziehungspartners. Er bietet sich eher als »reale« Person an, deutet nicht das Übertragungsgeschehen, sondern verhilft dem Patienten dazu, mentale Repräsentationen zu entwickeln, während in der TFP davon ausgegangen wird, dass mentale Repräsentationen in Form internalisierter Objektbeziehungen vorhanden sind, die in der Übertragungsbeziehung aktualisiert und entsprechend von der inneren Welt des Patienten her verstanden und gedeutet werden. Was von Seiten

8.1 Psychotherapeutische Behandlung der Persönlichkeitsstörungen

der TFP in der Übertragung als Aktualisierung und Externalisierung innerer, mit intensiven Affekten besetzten Objektbeziehungsrepräsentationen verstanden wird, konzeptualisiert die MBT nicht als externalisierte Beziehungsanteile, sondern als Anteile eines nicht mentalisierten, fremden Selbst. In Abhebung von der DBT behauptet die MBT nicht so sehr die ausgebliebene Validierung der Gefühle des Kindes als Verursachungsphänomen, sondern identifiziert vielmehr das selektive Fehlen der Markierung von Gefühlszuständen des Kindes durch die Bezugsperson (in welchem das Kind seine Emotion als die eigene realisieren kann) als jenes zentrale Defizit, welches Spiegelungsprozesse stört und die über die sichere Bindung entstehende Selbstregulation beeinträchtigt. Entsprechend geht es in der MBT nicht allein um die Regulation von Emotionen, sondern vielmehr um das interpersonelle Erleben der Regulation von Emotionen. Es handelt sich um eine markierte Spiegelung von Affekten, die darin besteht, eigene Emotionen, Wünsche und Überzeugungen *als* eigene zu erfahren, um letztlich die eigenen Verhaltensweisen und jene der anderen im Kontext von solchermaßen mentalisierten Zusammenhängen zu verstehen. Die Mentalisierung sollte so nicht einer Fertigkeit gemäß DBT gleichgesetzt werden, sondern letztere, insbesondere die Fähigkeit zur Achtsamkeit sollte eher als Form der Affektmodulation und -regulation begriffen werden, die ihrerseits eine Voraussetzung zur Mentalisierung darstellt. Umgekehrt nimmt die Mentalisierung selbst Einfluss auf die Affektregulation in Form der Erfahrung der subjektiven Bedeutung eigener Affektzustände – nicht bloß als Erkennen innerer Gefühlszustände, sondern als Erleben in einem interpersonellen Kontext, in welchem ein Verständnis der eigenen Emotionen immer durch das Verstehen mitgeprägt ist, wie diese Emotionen in der Innenwelt des anderen repräsentiert sind. Die MBT eignet sich neben der Behandlung der Borderline-Persönlichkeitsstörung auch zur Behandlung anderer DSM-5-Persönlichkeitsstörungen wie der antisozialen (Euler und Walter 2020) und der narzisstischen Persönlichkeitsstörung (Stalujanis und Euler 2019; Simonsen und Euler 2019).

8 Therapie

8.1.7 Dialektisch-behaviorale Therapie (DBT)

Vor dem Hintergrund der Annahme einer Emotionsregulationsstörung bei der Borderline-Persönlichkeitsstörung steht in der DBT in Abhebung von den psychodynamischen Ansätzen und in Erweiterung der den kognitiven Therapien eigenen Revision und Umstrukturierung kognitiver Grundannahmen das Erlernen von funktionalen Konzepten und Fähigkeiten zur Steuerung der Gefühle im Vordergrund (Linehan 1993a).

Die therapeutische Grundhaltung besteht im Wesentlichen in einer dialektischen Balance zwischen Veränderungsorientierung gegenüber dem Patienten und dessen Pathologie einerseits und Akzeptanz und Validierung dessen, dass die Pathologie ihrerseits als eine Form möglicher – wenn auch dysfunktionaler – »Problemlösung« erkannt werden kann andererseits. Die dialektische Strategie besteht in der Aufdeckung und Betrachtung scheinbarer Widersprüchlichkeiten in der Innenwelt des Patienten mit dem Ziel, diese aufzulösen und schrittweise zu integrieren. Neben den verhaltenstherapeutischen Therapiebausteinen bilden insbesondere in den Fertigkeitentrainings auch Elemente aus dem Zen-Buddhismus die Grundlage der psychotherapeutischen Behandlung. Das Lehren von Bewältigungsmechanismen (»Fertigkeiten«) ist in vier Behandlungsmodule unterteilt und wird in Form einer Gruppentherapie vermittelt: innere Achtsamkeit, Fertigkeiten zur Stresstoleranz, Emotions-modulation (»Umgang mit Gefühlen«) und zwischenmenschliche Fertigkeiten (Linehan 1993b).

In der ambulanten Einzeltherapie, die sich in der Regel über ein bis zwei Jahre mit zwei Sitzungen pro Woche erstreckt und in verschiedene Behandlungsphasen unterteilt ist, wird mit einer hohen Beziehungsintensität und Grundaffektivität mit dem Patienten eine therapeutische »Arena« eröffnet, in welcher fürsorgliche Anteile (wie Besorgnis und Mitgefühl) mit Appellen an die Erwachsenenanteile der Patienten (wie beispielsweise die Selbststeuerungsfähigkeit) ausbalanciert werden. Zeitgleich erfolgt in der Gruppentherapie manualgeleitet das Fertigkeitentraining einmal pro Woche, in

8.1 Psychotherapeutische Behandlung der Persönlichkeitsstörungen

welchem anders als in den nicht verhaltenstherapeutischen Therapien dem Lehren (Ratschläge, Rollenspiele, Rückmeldungen) eine große Bedeutung zukommt und beispielsweise im Modul des Umgangs mit Gefühlen eine Modifikation von Bewertungsprozessen (Beschreiben und Verstehen von Gefühlen) und emotionalen Reaktionen (z. B. Verringerung eigener Verwundbarkeit) erprobt und eingeübt wird.

Gerade die aktive, dialogische therapeutische Haltung in der DBT mit der klaren Validierung von Patientenwahrnehmungen und -bewertungen wie auch die deutlicheren affektiven Interventionen, als dies in psychodynamischen Therapieformen der Fall ist, oder auch die psychoedukative Aufklärung der Patienten über die Wirkungsweise der Störung und das im Therapiekonzept integrierte Erlernen von Fertigkeiten können als Stärken der DBT genannt werden. Demgegenüber steht eine gewisse Resistenz in der Veränderung der destruktiven Objektbeziehungsmuster. Während den destruktiven Selbstaspekten in der DBT durchaus große Aufmerksamkeit zuteilwird, verhindert die wohlwollend-akzeptierende Sicht des Therapeuten auf den Patienten möglicherweise eine initiale Konfliktspannung, in welcher z. B. frustrierte Wünsche nach Wiedergutmachung und Anspruch auf Heilung sowie Neidgefühle auch dem Therapeuten gegenüber bewusst werden und als unbewusster Motivationsgrund für Widerstände gegenüber einer Veränderung in der Therapie zur Sprache kommen könnten. Im Kontrast etwa zur TFP besteht dann die Gefahr, dass destruktive Anteile in den Objektbeziehungen nicht bewusst und bearbeitbar werden, sondern unmodifiziert erhalten bleiben.

8.1.8 Schematherapie

In der Schematherapie werden in Anlehnung an den von J. Piaget geprägten Begriff frühkindlich geprägte, maladaptive Schemata konzeptualisiert. Darunter werden auf Erinnerungen, Emotionen, Kognitionen und Körperempfindungen basierende Muster verstanden (»traits«), die zu bestimmten Zeitpunkten (»states«) in dysfunktionaler Weise als Modi des Selbst in Erscheinung treten und, gepaart mit bestimmten Copingstilen wie Vermeidung, Unterwerfung oder Überkompensation, gewissermaßen die innere Bühne der zwischenmenschlichen Interaktion ausstaffieren. So werden fünf zentrale Modi bei einer Borderline-Persönlichkeitsstörung beschrieben, die sich zumeist im raschen Wechsel ablösen und den Kernansatzpunkt der psychotherapeutischen Arbeit mit Borderline-Patienten darstellen (Young et al. 2005):

1. das verlassene und missbrauchte Kind, ein Modus, wonach sich der Patient fragil und kindlich zeigt,
2. das ärgerliche und impulsive Kind, ein aufgrund erlebter Frustration aktivierter Modus,
3. der distanzierte Beschützer, der im Sinn einer »Überlebensstrategie« Emotionen vermeidet und sich ihnen gegenüber verschließt,
4. der strafende Elternteil, ein Modus, in welchem ein entwertender und zurückweisender Elternteil sich internalisiert findet, und schließlich
5. die gesunden erwachsenen Modi, die bei Borderline-Patienten zumeist fehlen und gewissermaßen exekutive Funktionen für die anderen Modi übernehmen könnten, indem sie bspw. die im Modus des missbrauchten Kindes stehende Patientin nähren, beschützen, Zuspruch geben.

Das Behandlungsrationale der Schematherapie bei Borderline-Störungen liegt nun darin, dass aufgrund vier verschiedener Mechanismen Heilungsprozesse und Verhaltensänderungen angestrebt werden. Die wichtigste Intervention des Therapeuten liegt in einem begrenzten »Reparenting«, d. h. einem die therapeutische Beziehung gestaltenden Versuch, das Defizit an mangelnder emotionaler Zuwendung der Patienten in ihrer Kindheit zu kompensieren (Zuwendung) unter Einhaltung der therapeutischen Grenzen (Grenzen setzen). Allerdings unterscheidet sich die SFT im Punkt einer »be-

8.1 Psychotherapeutische Behandlung der Persönlichkeitsstörungen

grenzten elterlichen Fürsorge«(»limited reparenting«) auch deutlich von der MBT, welche im Korrektiv einer »realen« fürsorglichen Beziehung das Risiko eines antitherapeutischen Gegenübertragungsagierens und damit der Grenzüberschreitung erkennt (Bateman und Fonagy 2008, S. 204).

Andere Interventionen beinhalten emotionsorientierte Techniken wie Imagination oder Dialoggestaltungen zwischen dysfunktionalem Schema und gesundem Anteil. Kognitive Bearbeitungen beinhalten zentral edukative und re-strukturierende Anteile etwa in Form von Lektionen darüber, was normale Bedürfnisse und Gefühle eines Kindes sind. Kognitiv restrukturierende Techniken umfassen etwa Pro- und Kontra-Listen, das Herausarbeiten von schemakongruenten Denkfehlern, die Achtsamkeit und Validierung des Rechts auf bestimmte Emotionen wie Wut oder Trauer bei gleichzeitiger Erarbeitung eines moderaten, komplexen und nuancierten, realitätsbezogenen Verstehens der Reaktionen anderer. Die Therapie teilt sich entsprechend in drei Phasen, in eine erste Phase der Etablierung einer therapeutischen Beziehung und der Affektregulation, eine zweite Phase der Veränderung und Reorganisation der innerpsychischen Schema-Modi und schließlich eine dritte Phase der Autonomieentwicklung.

Im Gegensatz etwa zur TFP wird in der Schematherapie nicht von konflikthaften Objektbeziehungen, sondern maladaptiven (kognitiven) Schemata und den entsprechenden dysfunktionalen Modi gesprochen. Allerdings geht es ebenso wie in der TFP um das Bewusstmachen und die Integration dieser gegensätzlichen und getrennten Selbstanteile und Objektrepräsentanzen, die allerdings im Gegensatz zur TFP nicht in Form unbewusster Konflikte in der Klärung, Konfrontation und Deutung der Übertragungsbeziehung zu Bewusstsein gebracht werden, sondern eher als Analyse bewusster Inkompatibilitäten in Beziehungen.

Die differentielle Indikationsstellung für die verschiedenen, in vielen Teilen aber doch ähnlichen Therapieverfahren ist bisher erst ungenügend erforscht. So empfiehlt sich annäherungsweise (ohne dass damit eine evidenzbasierte Gewissheit verbunden wäre), dass

855 Therapie

in der Borderline-Therapie vor der Phase einer Bearbeitung der Beziehungsstörung zunächst eine Stabilisierung mit Kontrolle der Symptomatik erfolgen sollte. Das heißt, dass neben der Etablierung eines psychiatrischen Case-Managements bei schweren und chronifizierten Krankheitsbildern in der Kombination von Soziotherapie, supportiver Psychotherapie oder auch Pharmakotherapie psychotherapeutische Verfahren wie die DBT zum Zuge kommen, die auf eine Verbesserung bspw. selbstverletzenden, süchtigen oder suizidalen Verhaltens abzielen. Dazu gehört die Emphase auf eine Validierung mit Erarbeitung von Fertigkeiten im Umgang mit Gefühlen, Fragen der Krisenbewältigung, der Erreichbarkeit des Therapeuten bzw. der Rolle des Therapeuten als Coach. Wie sich gezeigt hat, führen allerdings auch psychodynamische Ansätze wie die TFP zu einer Symptomkontrolle, stärker allerdings und im Gegensatz zu den kognitiv-verhaltenstherapeutischen Ansätzen tragen sie zu einer Verbesserung eines »Reflective Functioning« bei.

In Tabelle 8.2 sind die wichtigsten störungsspezifischen Therapien synoptisch aufgeführt (▶ Tab. 8.2).

8.2 Suchtspezifische Interventionen und Behandlung bei Suchterkrankungen

Ist die Suchterkrankung schwerer ausgeprägt als bei einem schädlichen Gebrauch von psychotropen Substanzen, wie bei der Kokainabhängigkeit oder der Polytoxikomanie (multipler Substanzmissbrauch), sollte zusätzlich zu einer Psychotherapie i. e. S. – kognitiv-verhaltenstherapeutische Interventionen oder psychodynamische Therapien – ein suchtspezifisches Psychotherapieverfahren angewandt werden, da die Sucht eine bedeutende Rolle im Leben der Patientinnen und Patienten eingenommen hat. Bei den schwersten Formen der Abhängigkeitserkrankungen, der Polytoxikomanie (und meist im Zusammenhang mit einer Opioidabhängigkeit), gilt die Substitution mit Opioid-Agonisten als Therapie der Wahl, während für die Alkoholabhängigkeit die Abstinenz das primäre Behandlungsziel bleibt.

> Eine erfolgreiche und nachhaltige Veränderung im Konsumverhalten setzt die Motivation der betroffenen Person voraus. Patienten mit Suchterkrankungen werden oft als unmotiviert und dementsprechend als schwierig zu behandeln betrachtet. Motivation ist allerdings nicht entweder vorhanden oder nicht vorhanden. Vielmehr gilt es herauszufinden, wozu jemand motiviert ist, um die Behandlung auf dieser Grundlage aufzubauen.

Die Ambivalenz, das unentschiedene Schwanken zwischen zwei Polen – im Falle der Abhängigkeitserkrankung also der Wunsch, von der Droge loszukommen auf der einen Seite und das Nicht-Aufhören-Können/-Wollen auf der anderen –, gehört zum normalen Bestandteil des Veränderungsprozesses und macht diesen erst einmal möglich. Die von Miller und Rollnick (2009) entwickelte klinische Methode Motivierende Gesprächsführung (Motivational Interviewing, MI) konzentriert sich mit speziellen Kommunikationstechniken auf die Auflösung der Ambivalenz und fördert somit bei den Betroffenen eine Veränderung. Mit einer akzeptierenden und partnerschaftlichen Haltung, die auf der klientenzentrierten Gesprächspsychotherapie nach Carl Rogers basiert, wird unter Berücksichtigung der persönlichen Werte und Ziele der Patientinnen und Patienten ihre intrinsische Motivation erhöht (Evokation), wobei ihre Entscheidungsfreiheit und Selbstverantwortung respektiert werden (Autonomie). Die Argumente für eine Veränderung werden also nicht seitens des Therapeuten vorgetragen, sondern es sind die Patienten selbst, die diese ausdrücken (»change-talk«).

Tab. 8.2: Behandlungsvergleich der wichtigsten störungsspezifischen Therapieansätze der Borderline-Störung (modifiziert und ergänzt nach Bateman und Fonagy 2008)

	TFP	MBT	DBT	Schematherapie
Rahmen				
Häufigkeit	2 Std. pro Woche	2–5 Std. pro Woche	2 Std. pro Woche	2 Std. pro Woche
Länge	1–2 Jahre	18 Monate	1 Jahr	1 Jahr
Setting	vorwiegend ambulant	teilstationär	stationär/ ambulant	stationär/ ambulant
Schlüsselkonstrukte	Objektbeziehungen; Identitätskonstruktion; Unreife Abwehrmechanismen; Aggression	Selbststruktur; Psych. Äquivalenz; Als-ob-Modus; Teleolog. Haltung; Mentalisierung	Affektdysregulation; Nicht-bestätigende Umwelt; Dialektisches Scheitern	Maladaptive Schemata; Kindliche und dysfunktionale Schema-Modi; Copingstile
Modalitäten	Einzel	Einzel; gruppenanalytisch; expressiv	Einzel; Social-Skills-Gruppe; Hausarbeit	Einzel; Gruppe
Zentrale Techniken	Klärung; Konfrontation; Deutung; Übertragung/ Gegenübertragung	Klärung; Übertragungsbeachtung; Mentalisierung; Affekt und Bedeutung	Kernstrategien: Validierung; Problemlösen Veränderungsstrategien: Fertigkeits-Training (Stresstoleranz, Achtsamkeit, Emotionsmodulation); Exposition; Kognitive Umstrukturierung	Begrenztes Reparenting; Emotionsorientierte Techniken; Kognitive Umstrukturierung und Edukation

8.2 Suchtspezifische Interventionen

> Damit die Hilfesuchenden jedoch an dem Prozess der Ambivalenzauflösung aktiv teilnehmen und die daraus resultierende Verhaltensänderung umsetzen können, müssen sie erst einmal über ihre Erkrankung und die Konsequenzen informiert werden. Die *Psychoedukation* (Wissensvermittlung) ist dementsprechend eine wichtige Komponente in der Behandlung von Abhängigkeitserkrankungen. Sie hat zum Ziel, die Verantwortungsübernahme der Patienten zu fördern und somit eine Grundlage für Zielvereinbarungen und die Ableitung therapeutischer Interventionen zu bilden.

Motivationsarbeit und Informationsvermittlung sind jedoch nicht nur diskrete Methoden, die lediglich zu Beginn der Behandlung eingesetzt werden können. Sie können auch einen Baustein in der Behandlung darstellen, der die ganze Therapiedauer begleitet und in andere Behandlungsansätze integriert werden kann (Miller und Rollnick 2009). Mit den aktuellen Herausforderungen können motivationale Themen bearbeitet, das Wissen in der jeweiligen Behandlungsphase erweitert und die Therapieziele gegebenenfalls angepasst werden. Unter dem Begriff »FRAMES« fassen Miller und Rollnick fünf Referenzpunkte zusammen, die es bei der motivationalen Interviewführung zu beachten gilt:

- *F für feedback*, in welchem die Substanzmengen und die medizinischen wie sozialen Folgen des Suchtmittelkonsums dem Patienten gespiegelt werden;
- *R für responsibility* (Verantwortlichkeit), welche den Aspekt der Eigenverantwortung des Patienten für Veränderungen seiner Situation fokussiert;
- *A für advice* (Anweisung), womit therapeutische Empfehlungen gemeint sind;
- *M für menu* (Menü), mit welchem dem noch ambivalenten Patienten verschiedene Handlungsoptionen aufgezeigt werden sollen;

8 Therapie

- *E für empathy* (Empathie), die in allen Therapiephasen von zentraler Bedeutung in der Haltung des Therapeuten gegenüber dem Patienten ist; und schließlich
- *S für self-efficacy* (Selbstwirksamkeit), womit der Patient in seinem Gefühl und der Überzeugung, selbst aktiv eine Veränderung seiner Situation bewirken zu können, bestärkt wird.

Weiterhin wird mit Erfolg das *Rückfallinterventionsmodell (Relapse Prevention)* von Marlatt und Gordon (1985) angewandt, insbesondere in Krankheitsphasen mit wechselnder Abstinenz und Rückfälligkeit. Das Ziel dieser psychotherapeutischen Techniken ist es, Risikosituationen für ein Konsumereignis bzw. einen Rückfall zu identifizieren und ihnen mit Hilfe effektiver Bewältigungsfertigkeiten vorzubeugen. Die Veränderungen der individuellen Erwartungen an die positiven Effekte der Substanzwirkung sowie die Bedeutung des Konsums sollen den Patientinnen und Patienten dabei helfen, in einer bedrohlichen Situation anders als gewohnt handeln zu können, d. h., einen bestimmten Gefühlszustand nicht mehr mit Substanzkonsum regulieren zu müssen. Die Analyse der Situation, in der konsumiert wird, ermöglicht es, die spezifische Bedeutung des Konsums im Zusammenhang mit der individuellen Gefühlswelt zu verstehen, um die entsprechenden Konflikte zu bearbeiten.

Der *Community Reinforcement Approach (CRA)* ist ein weiteres Angebot für Patienten mit Suchterkrankungen, dessen Prinzip den Einsatz positiver Verstärker aus dem sozialen Netz des Patienten beinhaltet. Ziel ist das Aneignen alternativer Verhaltensstrategien, die mit einem Ausbau substanzunabhängiger positiver Verstärker einhergehen, während die positiven Verstärker fortgesetzten Substanzkonsums verringert werden (Meyers et al. 2007). Basis einer CRA-Behandlung ist neben der positiven Verstärkung auch die Verhaltensanalyse von Risikosituationen und von positiven wie negativen Konsequenzen des Substanzkonsums. Um eine erreichte Abstinenz aufrechtzuerhalten, werden Fertigkeiten (»Skills«) wie Kommunikationstraining, Problemlösen und Ablehnungstraining erarbeitet (Meyers et al. 2007).

8.2 Suchtspezifische Interventionen

Das *Kontingenzmanagement* (Higgins und Petry 1999) beruht auf dem Prinzip des operanten Konditionierens. Erwünschtes Verhalten wird dabei kontingent (unmittelbar, regelhaft und erkennbar) verstärkt und dadurch die Wahrscheinlichkeit des Auftretens der erwünschten Reaktion erhöht. Eingesetzte Verstärker umfassen beispielsweise Gutscheine (»Voucher«) oder Lose für regelmäßiges Erscheinen, die Abgabe »sauberer« Urinproben oder das Erfüllen von Behandlungszielen in klar abgegrenzten Zeiträumen.

Für die psychoherapeutische Behandlung von Suchterkrankungen steht je nach Substanz und Schweregrad der Störung ein breites therapeutisches Angebot zur Verfügung. Als wirksam gelten insbesondere die motivierende Gesprächsführung, die Rückfallprävention, der Community Reinforcement Approach und das Kontingenzmanagement. Für diese Psychotherapieformen sind mehrheitlich moderate Effektstärken erzielt worden. Derzeit gibt es bei der Drogenabhängigkeit für das Kontingenzmanagement, bei der Alkoholabhängigkeit für die Motivierende Gesprächsführung und den Community Reinforcement Approach die umfangreichste empirische Evidenz (Walter et al. 2015).

Bei schweren substanzinduzierten Störungen, die häufig eine Abhängigkeit von verschiedenen Substanzen gleichzeitig abdecken (Mehrfachabhängigkeit oder Polytoxikomanie), ist eine suchtspezifische Behandlung vorrangig. Im Falle der Heroinabhängigkeit ist neben abstinenzorientierten Therapien die *substitutionsgestützte Behandlung (SGB)* v. a. mit Methadon eine Therapie der Wahl. Für resistente Patienten stellt die Substitution mit Diacetylmorphin (DAM, pharmazeutisch hergestelltes Heroin) eine wirksame Alternative dar. In Tabelle 8.3 sind die verschiedenen psychotherapeutischen Verfahren zur Behandlung der Suchterkrankungen aufgeführt (▶ Tab. 8.3).

8 Therapie

Tab. 8.3: Psychotherapeutische Interventionen bei Suchterkrankungen

Psychotherapieverfahren	Vorgehen/Techniken
Motivierende Gesprächsführung	Prinzipien: • Empathie ausdrücken (Akzeptanz, Zuhören) • Diskrepanz zwischen aktuellem Verhalten und wichtigen Zielen/Werten entwickeln • Umgang mit Widerstand (umlenken, nicht direkt begegnen, nicht vorschreiben) • Selbstwirksamkeit fördern Strategien: • offene Fragen, aktives Zuhören, Bestätigen, Zusammenfassen, change-talk hervorrufen
Psychoedukation	• Aufklärung über die Erkrankung, Entstehungs- und Aufrecherhaltungsbedingungen • Patient als Experte
Kognitive Verhaltenstherapie	• Problemeinschätzung • Verhaltensanalyse (Auslöser und die Reaktionen auf diese erkennen) • dysfunktionale Grundannahmen und Schemata aufdecken und neu bewerten • Zusammenhang zwischen emotionaler Belastung und Substanzkonsum erkennen • soziales Kompetenztraining (Erarbeiten von sozialen Fertigkeiten, Bewältigungs- und Problemlösungsstrategien) • Kontingenzmanagement/Verhaltensverträge
Psychodynamische Therapie	• Bearbeiten von Defiziten in der Ich-Struktur • Differenzierung und Regulation der Affekte • Selbst-Objekt-Differenzierung • Nachreifen der Persönlichkeit • Übertragung und Gegenübertragung • Empathie
Paar- und Familientherapie	• Einbeziehen der Familienmitglieder und des sozialen Umfeldes

Tab. 8.3: Psychotherapeutische Interventionen bei Suchterkrankungen – Fortsetzung

Psychotherapieverfahren	Vorgehen/Techniken
Rückfallprävention	◆ Vermeidung und Umgang mit Rückfällen (primäre und sekundäre Rückfallprophylaxe) ◆ Psychoedukation ◆ Emotionsregulation ◆ Selbstwahrnehmung, -einschätzung und Selbstwirksamkeitserwartung verbessern ◆ soziales Kompetenztraining ◆ Berücksichtigung persönlicher Ressourcen
Community Reinforcement Approach (CRA)	◆ Verstärker aus dem sozialen Umfeld in den Behandlungsprozess integrieren ◆ Verhaltensanalysen für Risikosituationen und Konsequenzen des Konsums ◆ Abstinenz-Konto erstellen ◆ Skill-Training (Kommunikationstraining, Problemlösen, Ablehnungstraining)
Kontingenzmanagement	◆ Kontingente Verstärkung des erwünschten Verhaltens ◆ Einsetzen eines Bonussystems (Voucher)

8.3 Duale Behandlung von Persönlichkeitsstörungen und Sucht

Ein mögliches Vorgehen für eine geeignete Therapie der Doppeldiagnose aus Persönlichkeitsstörung und komorbider Suchterkrankung kann zunächst eine Orientierung am Schweregrad der Suchterkrankung sein (Walter und Dammann 2012). Für die Behandlung der (komorbiden) Suchterkrankungen stehen mittlerweile verschiedene evidenzbasierte suchtspezifische Therapiemethoden zur Verfügung, die in diesem Kapitel detaillierter dargestellt werden. Denn, wie bereits beschrieben, verändert eine Entgiftungsbehandlung der Suchterkrankung die Persönlichkeitsproblematik nicht (Gunderson et al. 2011).

In Tabelle 8.4 ist ein mögliches therapeutisches Vorgehen bei Patienten mit Persönlichkeitsstörung und komorbider Suchterkrankung nach Schweregrad schematisch aufgeführt (▶ Tab. 8.4). Leichtere und mittelgradige Suchtprobleme können mit suchtspezifischen Therapieformen behandelt werden, bei schweren Suchtproblemen mit einer Mehrfachabhängigkeit unter Einbezug der Opioidabhängigkeit sollten suchtspezifische Therapien und Substitutionsbehandlungen eingesetzt werden.

> Die Therapie der Cluster-B-Persönlichkeitsstörungen und komorbider Sucht stellt Behandlungsteams und Therapeuten vor besondere Herausforderungen. Bei Patienten mit einer Suchtproblematik tauchen häufig Schwierigkeiten in der Therapie auf mit Unzuverlässigkeit, unpünktlichem oder gar nicht Erscheinen zu Sitzungen, Rückfällen ins Konsumverhalten, mangelnder Offenheit, sekundären somatischen Komplikationen oder insbesondere Therapieabbrüchen.

Tab. 8.4: Psychotherapeutisches Vorgehen bei Persönlichkeitsstörung und komorbider Suchterkrankung

Komorbide Alkohol- und Drogenproblematik	Schweregrad	Psychotherapie
Schädlicher Gebrauch: Erhöhter Konsum von Alkohol oder »weichen Drogen«	I	Psychotherapie
Einfache Substanzabhängigkeit: • Alkoholabhängigkeit • Kokainabhängigkeit • Amphetaminabhängigkeit	II	Suchtspezifische Psychotherapie

8.3 Duale Behandlung von Persönlichkeitsstörungen und Sucht

Tab. 8.4: Psychotherapeutisches Vorgehen bei Persönlichkeitsstörung und komorbider Suchterkrankung – Fortsetzung

Komorbide Alkohol- und Drogenproblematik	Schweregrad	Psychotherapie
Polytoxikomanie (Mehrfachabhängigkeit): ♦ Heroinabhängigkeit, ♦ Kokainabhängigkeit, ♦ Sedativaabhängigkeit, ♦ Alkoholabhängigkeit, ♦ Cannabisabhängigkeit, ♦ ...	III	Suchtspezifische Psychotherapie und Substitution

Zusätzlich zu diesen Schwierigkeiten erschweren die den Cluster-B-Persönlichkeitsstörungen eigenen interaktionellen Probleme die Etablierung einer tragfähigen therapeutischen Beziehung wie umgekehrt auch die spezifischen strukturellen Defizite der Patienten zusätzlich akzentuiert werden durch den Substanzmissbrauch, so beispielsweise die Herabsetzung der Aggressionsschwelle durch Alkohol und Drogen oder der rauschbedingte Verlust der Impulskontrolle mit dem Risiko von fremdaggressiven Handlungen oder Suizidversuchen. Angesichts der Häufigkeit dieser Komorbiditäten erstaunt, dass nicht mehr Konzeptualisierungen entsprechender Therapieansätze und deren Evaluierung und Wirksamkeitsnachweise vorliegen (Walter und Gouzoulis-Mayfrank 2019).

8.3.1 Evidenzbasierte Verfahren in der Behandlung von Persönlichkeitsstörungen und Sucht

In einer der wenigen bisher erschienenen Übersichtsarbeiten über qualitativ hochstehende Untersuchungen zu den Behandlungen von dualdiagnostizierten Patienten mit einer Substanz- und Borderline-Persönlichkeitsstörung konnten Pennay et al. (2011) aus knapp 1.500 Publikationen zu randomisiert-kontrollierten Studien letztlich nur sechs Studien in ihre Übersicht einschließen, die eine psychosoziale Therapie untersucht hatten und den von den Reviewern gesetzten Qualitätsstandards genügten.

Drei dieser Therapiestudien untersuchten Behandlungen von komorbiden Suchterkrankungen und Borderline-Persönlichkeitsstörung, zwei davon eine Behandlung auf der Basis der Dialektisch-behavioralen Therapie (DBT), eine Studie war mit der spezifisch für diese Komorbidität entwickelten und manualisierten »Dynamic Deconstructive Therapy« (DDP) von Gregory und Remen (2008) durchgeführt worden. Bei einer weiteren Studie handelte es sich um eine Ex-post-Analyse einer nicht spezifisch auf die Komorbiditätsbehandlung von Borderline-Patienten angelegten DBT-Studie. Zwei weitere Studien untersuchten einen generell für Persönlichkeitsstörungen angelegten und für Komorbidität mit Sucht erweiterten schematherapeutischen Ansatz mit opiatabhängigen Patienten.

In der ersten DBT-Studie (Linehan et al. 1999) zeigte die Interventionsgruppe einen signifikanten Rückgang des Substanzkonsums, effektivere Therapieadhärenz (weniger Behandlungsabbrüche) sowie signifikante Verbesserungen im globalen und sozialen Funktionsniveau. Allerdings ist es bei dieser Studie aus methodischen Gründen unklar, welchen Anteil die DBT-Interventionen am Erfolg tatsächlich hatten, da die Patienten der Interventionsgruppe gegenüber der Kontrollgruppe mit üblicher psychiatrischer Behandlung zusätzlich medikamentös substituiert wurden (Methadon für Opiatabhängige und Methylphenidat für Patienten mit Stimulanzien-Missbrauch). In einer zweiten randomisiert-kontrollierten, die methodischen Mängel der ersten Untersuchung berücksichtigenden DBT-Studie mit opiat- und zu großen Teilen auch kokain- und von weiteren Substanzen abhängigen Patientinnen (Linehan et al. 2002) erhielten beide, die DBT-Interventionsgruppe wie auch die Kontrollgruppe (mit »Comprehensive Validation Therapy«, einem manualisierten, akzeptanz-basierten Verfahren, kombiniert mit einem Abstinenzprogramm), die gleiche Substitutionsmedikation, so dass bezüglich der Effektivität der DBT für diese komorbi-

8.3 Duale Behandlung von Persönlichkeitsstörungen und Sucht

de Patientengruppe validere Ergebnisse gezeigt werden konnten. Diese waren allerdings deutlich weniger bemerkenswert: Es konnte in der DBT-Gruppe zwar eine anhaltende Reduktion des Opiatkonsums nach 12 Monaten, nicht aber nach 16 Monaten festgestellt werden sowie kein Gruppenunterschied bezüglich dem Missbrauch anderer Substanzen. So ist die vorübergehende Reduktion des Opiatkonsums möglicherweise eher der Substitutionsbehandlung und Differenzen im Geschlecht der Therapeuten zwischen den Gruppen zuzuschreiben als der DBT-Intervention.

Eine weitere Studie von van den Bosch et al. (2002) untersuchte in einer Sekundäranalyse nachträglich die Suchtbehandlungsergebnisse einer randomisiert-kontrollierten DBT-Studie (Verheul et al. 2003) hinsichtlich der Verbesserungen bezüglich der Suchterkrankungen. Diese Analyse zeigte zwar, dass 53 % der Borderline-Patienten eine Substanzstörungskomorbidität hatten. Allerdings konnte nach 12 Monaten weder in der DBT- noch der Kontrollgruppe (»treatment as usual«) eine signifikante Konsumreduktion bei den Patientinnen festgestellt werden. So vermag diese Studie keinen wesentlichen Beitrag zur Frage der Wirksamkeit der DBT für diese spezifische Patientengruppe beizutragen.

Manche Studien konnten die Effektivität der DBT für andere komplexe Störungen, also Komorbiditäten von Borderline-Persönlichkeitsstörung mit Essstörungen, mit Posttraumatischen Belastungsstörungen oder bei Adoleszenten mit Borderline-ähnlichen Symptomen und persistierendem selbstverletzendem Verhalten nachweisen. Aufgrund dieser Ergebnisse könnte man annehmen, dass die DBT ebenso ein geeignetes Verfahren für die Komorbidität von Borderline-Persönlichkeitsstörung und Sucht ist. Der empirische Nachweis dafür ist allerdings noch ausstehend.

In zwei weiteren Studien, die die Erweiterung eines schematherapeutischen Ansatzes spezifisch für die Komorbidität der Persönlichkeitsstörung mit Sucht (»Dual Focused Schema Therapy (DFST)«, Ball 1998) untersuchten, wies die erste Studie (Ball et al. 2005) große methodische Schwierigkeiten auf, da es, beeinflusst durch die Obdachlosigkeit der Studienteilnehmer, viele Therapieabbrüche gab, so dass dieser Faktor die Resultate verfälschte und Veränderungen weder in der Persönlichkeitsstörung noch im Substanzmissbrauch gefunden werden konnten. Die zweite Studie (Ball et al. 2007) mit opiatabhängigen Patienten korrigierte diese methodischen Schwächen und es fand sich in der DFST gegenüber einer Kontrollgruppe eine größere Konsumreduktion. Allerdings ergaben sich keine Unterschiede bezüglich einem Verbleiben in Therapie oder hinsichtlich der Verbesserung psychosozialer Einschränkungen oder psychiatrischer Symptome.

8.3.2 Die Dynamisch-dekonstruktive Therapie

Beste Therapieresultate zeigen die Untersuchungen eines im deutschsprachigen Raum kaum bekannten psychodynamischen Verfahrens, der Dynamisch-dekonstruktiven Therapie (DDP; Gregory et al. 2008, 2010). Das Rationale dieses Verfahrens basiert auf der Annahme, dass der Borderline-Persönlichkeitsstörung Schwierigkeiten in der neurokognitiven Verarbeitung emotionaler Erfahrungen zugrundeliegen. Um psychische Anspannungszustände zu mindern, fokussiert die DDP wie generell psychodynamische Verfahren auf die Exploration und Einsicht in unbewusste psychische Zusammenhänge und Einflüsse früherer Erfahrungen auf das gegenwärtige Erleben. Theoretisch verorten die Autoren ihr Verfahren im dekonstruktivistischen Denken Jacques Derridas mit explizitem Verweis auf die »Offenheit für den Anderen«, womit ein zu frühes Verschließen von Bedeutungen im therapeutischen Prozess mit vorgefassten Annahmen auf Seiten des Patienten und Therapeuten zugunsten einer Öffnung zur Mehrdeutigkeit und der Emergenz von unerwarteten neuen Möglichkeiten in der Therapie verhindert werden soll. Spezifisch werden in der DDP drei Defizite in der neurokognitiven Verarbeitung avisiert: 1. die Unfähigkeit, verschiedene Aspekte emotionalen Erlebens zu verbinden, 2. die Unfähigkeit, integrierte Bedeutungszuschreibungen zu diesen Erlebensweisen vorzunehmen, und schließlich 3. die Unfähigkeit, diese

8.3 Duale Behandlung von Persönlichkeitsstörungen und Sucht

Bedeutungszuschreibungen in ihrer Angemessenheit zu überprüfen. Während es bei der Arbeit an der Assoziationsfähigkeit (»association«) darum geht, den Patienten in der Verbalisierung affektiven Erlebens und der Bildung eines entsprechenden Narrativs zu unterstützen, werden mit der Arbeit an einer integrierten Bedeutungszuschreibung (»attribution«) ähnlich wie in der TFP polare und widersprüchliche Wahrnehmungen, Gefühle und Kognitionen zueinander ins Verhältnis gesetzt. Dies, um Verzerrungen und Fehlinterpretationen nicht nur zu korrigieren (wie in der MBT), sondern zugunsten eines Verstehens der eigenen mentalen Zustände und der Vorstellung über die der anderen in sich neu etablierenden Bedeutungskontexten zu integrieren. Mit dem Konzept der Alterität verfolgen die Autoren ähnlich dem Mentalisieren in der MBT eine Arbeit an der »theory of mind« des Patienten, d. h. seiner Fähigkeit, die eigenen mentalen Zustände und jene der anderen adäquat wahrzunehmen, zu differenzieren und zu verstehen, so dass Verhaltensweisen und Handlungen angemessene Bedeutungen erhalten (Gregory und Remen 2008). Ähnlich den oben näher ausgeführten Borderline-spezifischen psychotherapeutischen Verfahren legt auch die DDP großen Wert auf den Therapierahmen, um insbesondere problematisches Verhalten, zu welchem der Substanzkonsum gehört, eingrenzen und bearbeiten zu können. Die Affektwahrnehmung und -differenzierung, die Entwicklung einer Verbalisierungs- und Symbolisierungsfähigkeit sollen Patienten in den Stand eines verantwortungsvollen Umgangs mit der eigenen Therapie und den eigenen Verhaltensweisen bringen. Im Hinblick auf den Substanzmissbrauch soll in der Therapie im Weiteren ein zunehmend komplexeres Narrativ entstehen, welches dem Patienten die eigenen, teilweise sich wiedersprechenden Motive wie auch jene der anderen zu einem Ganzen zu integrieren hilft. In der Annahme, dass die missbräuchlich konsumierte Substanz auf symbolischer wie neurobiologischer Ebene Substitutionscharakter für ein tröstendes Gegenüber und eine sichere Bindung haben, legt die DDP großes Gewicht auf die Bildung eines klaren, durch gemeinsame Kooperation geprägten Therapierahmens, indem eine neutrale, nicht-urteilende und nicht-direktive therapeutische Haltung eingenommen wird. Spezifisch wird die Technik der Dekonstruktion negativer Selbstbilder und negativer Repräsentationen anderer angewandt, um mögliche Interferenzen mit dem Patient-Therapeuten-Verhältnis frühzeitig zu bearbeiten. Ähnlich wie in der TFP wird auch in der DDP die neutrale therapeutische Position verlassen, wenn bedrohliche Selbst- und Fremdgefährdungen befürchtet werden müssen, so dass Patienten an die gemeinsame Verpflichtung auf den Therapierahmen erinnert werden.

Die unter den randomisiert-kontrollierten Studien methodisch solideste Untersuchung des DDP-Verfahrens an 30 alkoholabhängigen Patienten mit einer Borderline-Persönlichkeitsstörung konnte signifikant positive Therapieergebnisse gegenüber einer optimierten Gemeindeversorgung (»Optimized Community Care«) in folgenden Dimensionen nachweisen: eine Reduktion von Kernsymptomen der Borderline-Persönlichkeitsstörung, des Alkoholkonsums, parasuizidalen Verhaltens, der Depression und Dissoziation nach 12 Monaten. In einer Follow-up-Studie (Gregory et al. 2010) zeigte sich, dass die Verbesserungen bei nahezu allen gemessenen Symptomen, Verhaltensweisen und im Funktionsniveau auch nach 30 Monaten anhalten – dies gegenüber der Kontrollgruppe, die mehr gruppentherapeutische Angebote zur Verfügung hatte und in etwa gleich viel Einzeltherapie erhielt.

Zusammenfassung
Erste Studien zeigen positive Ergebnisse der adaptierten psychotherapeutischen Behandlungsverfahren für Persönlichkeitsstörungen und Suchterkrankungen. Ob in Zukunft psychotherapeutische Behandlungen, die speziell auf die Doppeldiagnose zugeschnitten sind, in den klinischen Alltag einfließen, hängt auch von den weiteren Forschungsergebnissen in diesem Bereich ab.

8.4 Besonderheiten in der Behandlung der komorbiden Persönlichkeitsstörung und Sucht

8.4.1 Therapie-Setting und Behandlungsindikation

Die Komorbidität von Persönlichkeitsstörungen und Suchterkrankungen ist insbesondere bei der Borderline, narzisstischen und antisozialen Persönlichkeitsstörung häufig (Walter und Gouzoulis-Mayfrank 2019). So fanden Rounsaville et al. (1998) bei Patienten mit Suchterkrankungen in der Mehrheit der Fälle mindestens eine Persönlichkeitsstörung, bei über 45 % eine Cluster-B-Störung und hier insbesondere antisoziale (27.0 %) und Borderline-Persönlichkeitsstörungen (18.4 %), aber auch narzisstische Persönlichkeitsstörungen (6–7 % bei Alkoholmissbrauch, 13–38 % bei anderen Substanzen) (Ronningstam und Weinberg 2013; Di Pierro et al. 2014; Ritter et al. 2010). Bei der narzisstischen Persönlichkeitsstörung gelten Suchterkrankungen als häufigste Komorbidität (24–64 %, Stinson et al. 2008). Die Zusammenhänge zwischen der Störungskomorbidität sind im Fall der narzisstischen Persönlichkeitsstörung wenig untersucht. Alle Hypothesen, dass die beiden Störungen auf denselben Risikofaktoren beruhen, die Substanzstörung zur Persönlichkeitsstörung führt wie umgekehrt: die Persönlichkeitsstörung zum Substanzmissbrauch prädisponiert, haben einige Evidenz für sich.

Bei den schweren Persönlichkeitsstörungen sind eine erhöhte Impulskontrollproblematik, erhöhte Aggressionslevels sowie soziale Adaptationsprobleme mit Respektieren von sozialen Regeln grundlegende pathologische Risikofaktoren. Diese psychopathologischen Auffälligkeiten werden durch eine komorbide Substanzstörung zusätzlich verschärft, während umgekehrt die strukturelle Persönlichkeitsproblematik ihrerseits dazu führt, dass es bei diesen dualdiagnostizierten Patienten zu schweren Psychopathologien kommt, sie schlechtere Therapieergebnisse und häufiger Rückfälle

8 Therapie

in den Substanzkonsum zeigen, Mehrfachabhängigkeiten entwickeln, Therapien abbrechen und sich sozial isolieren (Di Pierro et al. 2014; Pennay et al. 2011). Was für die oben dargestellten Behandlungsverfahren der Cluster-B-Persönlichkeitsstörungen gilt, gilt in verschärften Maß auch für zusätzlich mit einer Substanzabhängigkeit komorbiden persönlichkeitsgestörten Patienten. Die klare Strukturierung der Therapie mit einer ausreichenden Stabilität des Therapierahmens, die Festlegung eines Therapiefokus mit einer je nach Ausprägung der Substanzstörung adaptierten vorgängigen Suchtbehandlung, die entsprechende Motivationsarbeit für eine intensive Mitarbeit und ein Therapie-Commitment der Patienten zu Beginn der Therapie, die Arbeit in und an einer stabilen therapeutischen Beziehung mit besonderer Beachtung der Übertragungs- und Gegenübertragungsdynamiken, die Hierarchisierung der Behandlungsziele sowie (angesichts der Spaltungsabwehr persönlichkeitsstrukturell gestörter Patienten) ein ausreichender Austausch in den Behandlungsteams und eine team- und fallbezogene Supervision gehören zu den unverzichtbaren Grundbausteinen der Behandlungen.

In Rücksicht auf die den schweren Persönlichkeitsstörungen eigenen Schwierigkeiten im Bereich der Identitätsbildung und Mentalisierungsfähigkeit, der Aggressions- und Impulsregulation sowie der Defizite in der Entwicklung moralischer Einstellungen und internalisierter Wertehaltungen sind die Patienten in aller Regel mit psychosozialen Problemen belastet und häufig sozial isoliert. Das entscheidende Behandlungsziel der für Rückfälle in den Substanzkonsum gefährdeten und in ihrer Beziehungsgestaltung und ihrem Bindungsverhalten stark beeinträchtigten Patienten liegt folglich darin, sie in der Behandlung halten zu können. Dazu bedarf es zunächst einer klaren Indikationsstellung für ein spezifisches Behandlungssetting.

Die meisten Therapieprogramme umfassen psychosoziale Programme im stationären Setting mit tagesstationären und ambulanten Angeboten entweder für die vorgängige therapeutische Arbeit an der Behandlungsmotivation oder für die intensive Nach-

8.4 Besonderheiten in der Behandlung der komorbiden Persönlichkeitsstörung

betreuung im Anschluss an eine intensive Behandlung. Während ein anhaltender schwerer Substanzkonsum, eine große Symptombelastung, akute Selbst- und Fremdgefährdungen sowie die Notwendigkeit einer Trennung des Patienten von pathogenen Umwelteinflüssen (Drogenverfügbarkeit, »Milieu«-Kontakte, kollusive Paardynamiken, den Substanzmissbrauch unterhaltende Familiendynamiken) für eine intensive, strukturierende und damit Hilfs-Ich-Funktionen übernehmende stationäre Behandlung sprechen, bedarf es für eine teilstationäre tagesklinische Psychotherapie einer ausreichenden Therapiemotivation und Motivation zur aktiven Mitarbeit, einer genügend großen Distanz zum Substanzkonsum mit entsprechender Fähigkeit im Umgang mit Craving-Situationen, eines selbstverantwortlichen Umgangs mit Krisensituationen insbesondere bei akuter Suizidalität oder fremdaggressiven Impulsen sowie einer ausreichenden Frustrationstoleranz und Repräsentation des therapeutischen Teams bzw. einzelner Therapeuten als »gute«, Sicherheit und Halt vermittelnde Objekte, die auch wirksam sind, wenn Patienten abends, nachts oder an Wochenenden von ihnen real getrennt sind. Vorteile der tagesklinischen Behandlung im Vergleich zur stationären sind eine Begrenzung persistierender, »maligner« Regression, die Begrenzung eines sekundären Krankheitsgewinns durch die limitierte Versorgung sowie die Möglichkeit, Trennungserfahrungen, die gerade bei Cluster-B-Persönlichkeitsstörungen besonderes belastet sind, intensiv im Hier und Jetzt bearbeiten zu können. Nicht zuletzt sind Trennungserfahrungen auch für Suchtpatienten von zentraler Bedeutung, insofern als bei vielen die Lebensgeschichte durch Verlusterfahrungen geprägt ist, die gerade in milieu- und gruppentherapeutischen Behandlungen reaktualisiert werden, so dass schwer tolerierbare Affekte der Trauer, Enttäuschung, der Wut, aber auch der Angst mobilisiert werden. Auch die Abstinenzorientierung an sich ist mit einem Abschied verknüpft, nämlich von Verhaltensweisen und dem Konsum von Substanzen, die als »unbelebte Objekte« Verwendung fanden in der Illusion einer unbegrenzten, nicht durch Frustrationen eines lebendigen Gegenübers limitierten Befriedigung (Fischer 2009).

8 Therapie

Das tagesklinische Setting mit seinem einerseits tagesstrukturierenden, gleichzeitig aber die Selbstverantwortung der Patienten fördernden Aufbau bietet überdies eine gute Kombination von Psychotherapie und sozialer Rehabilitation. Die Indikationen für eine Behandlung im ambulanten Rahmen teilen sich polar auf, so dass diese einerseits in der Motivationsarbeit mit noch therapieunschlüssigen und vom Substanzkonsum wenig distanzierten Patienten einen Stellenwert erhält, auf der anderen Seite aber für stabile, selbstverantwortliche, motivierte und in ihrem Alltag strukturierte Patienten indiziert ist.

Tabelle 8.5 gibt einen Überblick über mögliche Indikationskriterien für die verschiedenen Behandlungssettings (▶ Tab. 8.5).

In allen Settingformen haben sowohl Einzel- wie insbesondere auch Gruppentherapien in der Behandlung schwerer Persönlichkeitsstörungen und der Suchterkrankungen – und damit auch bei dualdiagnostizierten Patienten – einen hohen Stellenwert.

8.4.2 Gruppentherapie

Insbesondere die stationären und teilstationären psychotherapeutischen Behandlungsformen sind stets als gruppentherapeutische Behandlung zu konzipieren (Becker und Senf 1985; Fabian et al. 2009). Die Gruppentherapie hat dabei nicht bloß einen adjuvanten (unterstützenden) Status zu anderen Verfahren, sondern ist von gleichwertiger Bedeutung wie einzeltherapeutische Angebote. In der MBT, die sich ursprünglich aus dem gruppentherapeutischen Setting etabliert hat, ist die Gruppentherapie konzeptuell integriert, was der TFP in ihrer Manualisierung der stationären Therapie noch bevorsteht. Auch im Konzept der DBT spielen verschiedene spezifische Gruppenangebote eine große Rolle in der Behandlung der Persönlichkeitsstörungen und ihrer Sucht-Komorbidität, so das Achtsamkeits- und Fertigkeitentraining (Linehan 1996b).

8.4 Besonderheiten in der Behandlung der komorbiden Persönlichkeitsstörung

Tab. 8.5: Indikationskriterien für stationäre, tagesklinische und ambulante Behandlung

Setting	Indikationskriterien
Stationäre (psychotherapeutische) Behandlungen	• anhaltender schwerer Substanzkonsum • ausgeprägte Symptombelastung • geringes psychosoziales Funktionsniveau und psychosoziale Probleme (Verlust der Tagesstruktur, finanzielle Probleme, Gerichtsverfahren etc.) • akute Suizidalität • schwer kontrollierbare Impulsivität und Fremdaggressivität • Notwendigkeit einer Trennung von pathogenen Umwelteinflüssen (von der Verfügbarkeit von Drogen und Alkohol, vom Drogenmilieu, von den Substanzmissbrauch unterhaltenden Familien- oder kollusiven Paardynamiken etc.)
Tagesklinische psychotherapeutische Behandlungen	• erfolgte Entgiftung und Substanzentwöhnung • große Behandlungsmotivation • Begrenzung des Risikos persistierender (»maligner«) Regression • Begrenzung eines sekundären Krankheitsgewinns • Mitwirkung als aktives Prinzip • Möglichkeiten der intensiven Bearbeitung von Trennungserfahrungen • Möglichkeit der »Übungssituation« im alltäglichen Kontext • für Patienten mit Schwierigkeiten der »Nähe-Distanz-Regulation« (Entlastung vom psychosozialen Stress einer intensiven stationären Psychotherapie, Einübung von Trennungssituationen) • Verbindung von Psychotherapie und Sozialrehabilitation
Ambulante Psychotherapie	• notwendige Motivationsarbeit im Vorfeld einer intensiven psychotherapeutischen Behandlung • ausreichendes Therapie-Commitment und Selbstverantwortung des Patienten (Autonomie) • aktive Mitarbeit des Patienten (Selbstvertrauen) • Fähigkeit zur Selbststrukturierung bzw. etablierte Tagesstruktur (berufliche, Beschäftigungs- und Freizeitaktivitäten)

8 Therapie

Die Gruppenpsychotherapie ist denn auch in der klinischen Behandlung von Suchterkrankungen die verbreitetste Methode (Weber und Tschuschke 2001). Dabei gilt es zum einen, die verschiedenen gruppentherapeutischen Verfahren voneinander zu differenzieren, und zum anderen – je nach therapeutischer Zielsetzung, Wirkmechanismen des gewählten Verfahrens und Strukturniveau der Patienten – die Indikationen für einzelne spezifische Therapiebausteine in einer integralen Behandlung zu stellen. So gehören als gruppentherapeutische Angebote die motivierende Gesprächsführung ebenso wie psychoedukative Bausteine und eine kognitiv-verhaltenstherapeutisch konzipierte Rückfallprävention zur Grundausstattung auch einer dualen Behandlung. Auch nonverbale Gruppentherapieangebote bilden gerade für strukturelle Störungen geeignete Ansatzpunkte für eine aktive Mitarbeit der Patienten, für die Entwicklung einer Neugierde gegenüber eigenen Affekten und jenen der anderen, ihrer Differenzierung und Regulierung, insbesondere in der Beziehung zu anderen. Damit wird eine Nachreifung der Persönlichkeit angestoßen, werden soziale Fähigkeiten des Gestaltens von Beziehungen (Nähe-Distanz-Regulation) mit Aushalten von Zurückweisungen und Frustration und gleichzeitiger Selbstbehauptung sowie letztlich auch eine Entwicklung reifer Gruppenidentifikationsprozesse gefördert. Die Ausbildung sozialer Fertigkeiten wird in Gruppentrainings geübt, in welchen bei dualdiagnostizierten Patienten Skills für eine Impulsregulation gelernt und angewandt oder auch ein Abbau negativer Kognitionen betrieben und die Antizipation der Folgen dysfunktionalen Verhaltens erarbeitet werden.

Die psychodynamisch ausgerichtete Gruppentherapie bildet bei den mehrheitlich strukturell gestörten, dualdiagnostizierten Patienten mit komorbiden Persönlichkeitsstörungen und Suchterkrankungen zunächst eine Hilfs-Ich-Funktion, in welcher sich der Therapeut in seiner aktiveren Gruppenleitung zur Klärung von Gefühls- und Beziehungsverwirrungen anbietet, die Gruppe

8.4 Besonderheiten in der Behandlung der komorbiden Persönlichkeitsstörung

> selbst das Bindungssystem der Patienten in besonderer Weise aktiviert und schließlich durch die szenisch sich abspielenden Perspektivenwechsel und subjektiven Sichtweisen der verschiedenen Gruppenteilnehmer das Mentalisieren fördert.

Der Therapeut übernimmt je nach Verfahren in unterschiedlicher Weise auch eine soziale Modellfunktion, indem er sich als authentisch erfahrbarer Interaktionspartner anbietet, der einen reifen Umgang mit Gefühlsverwirrungen, Affektdifferenzierung und -regulation oder Frustrationserfahrungen demonstriert (Bilitza 2009). Während die psychoanalytisch-interaktionelle Methode mit dem »Prinzip Antwort« ähnlich wie die MBT in der Person des Therapeuten ein reales und authentisches Beziehungsgegenüber anbietet (Berghaus 2005), zielt die TFP auch in der Gruppentherapie stärker auf die Deutung der Übertragungsbeziehung im Sinn einer Bearbeitung der inneren Welt der Objektbeziehungen der Patienten in der Gruppe, indem etwa gruppeninterne Spaltungsprozesse identifiziert und bearbeitet werden.

In der Gruppentherapie mit komorbiden Patienten mit strukturellen und Suchterkrankungen zeigen sich einige Besonderheiten, die zu beachten sind. Zum einen zeigt sich in Gruppen mit mehrheitlich dualdiagnostizierten Patienten eine Tendenz zur De-Differenzierung der Gruppenstruktur, so dass über das gegenseitige Mitteilen von parallelen individuellen Erfahrungen eine Anfangskohäsion gebildet wird, in welcher ein »diffuses Gemeinsamkeitsgefühl« (Rost 2001, S. 205) eintritt und Themen und Rollen in der Gruppe verschwinden. Gleichzeitig ergeben sich aufgrund der strukturellen Störungen der Patienten Spaltungsprozesse, so dass ausgeprägte Teilobjektbeziehungen entstehen und einzelne in der Gruppe (bspw. Patienten, die hinsichtlich ihrer Therapie- oder Abstinenzmotivation noch unentschieden sind) oder auch Therapeuten als »nur schlecht« entwertet oder aber unkritisch als »nur gut« idealisiert werden. Nicht selten münden diese Gruppendynamiken in Externalisierungtendenzen im Sinn der Kampf-Flucht-

8 Therapie

These von Bion (1971), wonach die Gruppenkohäsion über die Ausstoßung eines Sündenbocks aus der Gruppe oder in der Abgrenzung von einem äußeren Aggressor gesucht wird. Im Hintergrund stehen meistens Ängste vor Schuld- und Schamgefühlen und einer Destabilisierung des Selbst, so dass es sich bei den Externalisierungen letztlich um einen Gruppenwiderstand gegen die Bewusstwerdung und Konfrontation mit gruppeninternen Konflikten handelt (Fischer 2009).

Die Kombination von einzeltherapeutischen Angeboten (psychodynamische oder verhaltenstherapeutischen Ansätze) mit einer psychodynamischen Gruppentherapie und den genannten spezifischen DBT-, aber auch anderen Trainingsgruppen wie z. B. das soziale Kompetenztraining nach Hinsch und Pfingsten (2007) oder spezifische psychoedukative Gruppenangebote für Suchterkrankungen (Niederhofer et al. 2013) haben sich in unserer Erfahrung in Verbindung mit Bausteinen nonverbaler Therapien wie Körper-, Gestaltungs- und Musiktherapie für die Behandlung schwerer Persönlichkeitsstörungen und dualdiagnostizierter Patienten als sehr wirksam erwiesen (Sollberger et al. 2014).

8.4.3 Narzisstische Dynamiken und Sucht

In der Dualdiagnose-Behandlung zeigen sich spezifische psychodynamische Aspekte, die bei Patienten mit einer Borderline-Persönlichkeitsorganisation und Persönlichkeitsstörungen von Bedeutung sind, da sie insbesondere bei einer Komorbidität mit Suchterkrankungen für deren Entstehung und Aufrecherhaltung und damit in der psychotherapeutischen Behandlung eine zentrale Rolle spielen.

Im Fall der narzisstischen Störung sind es in der Regel Versuche, Gefühle der Abhängigkeit, der Nichtigkeit und des Neides abzuwehren, welche dem Substanzkonsum eine bedeutsame Funktion zukommen lassen. Aus psychodynamischer Sicht besteht die Vulnerabilität der Patienten mit narzisstischer Persönlichkeitsstörung

8.4 Besonderheiten in der Behandlung der komorbiden Persönlichkeitsstörung

darin, dass solche Gefühle der Schwäche und Wünsche nach Halt und Anerkennung mit einer Vorstellung über die eigene Grandiosität und Unabhängigkeit verleugnet oder projektiv abgewehrt werden.

Das Phantasma, alles Gute in sich selbst zu tragen und dazu niemanden und nichts zu benötigen, prägt auch in spezifischer Weise die Objektbeziehungen: Die phantasierte Unabhängigkeit und die daraus entstehende Unfähigkeit zu einer regulierten und gesunden Abhängigkeit von anderen kontrastiert mit einem immensen Bedürfnis nach Bewunderung, Anerkennung und Liebe der anderen (Ronningstam 2005). Aus der Grandiosität resultiert denn einerseits eine hypertrophierte Anspruchshaltung, ein Gefühl, andere für sich verwenden, zu manipulieren oder gar auszubeuten zu können, eine fehlende Empathie für andere sowie Schwierigkeiten, sich in privaten Beziehungen oder beruflichen Projekten mit anderen verbindlich zu verpflichten. Andererseits bleibt das Angewiesensein auf die Bewunderung durch andere bestehen, welches bei diesen Patienten letztlich immer wieder die Verletzlichkeit in Beziehungen gegenüber sozialer Zurückweisung und die Bedrohung durch das Gefühl einer eigenen Nichtigkeit aufscheinen und Neidgefühle erkennen lässt. Besondere Gefährdungen des narzisstischen Selbst gehen denn auch von Situationen aus, in welchen solche Gefühle der Nichtigkeit und Leere entstehen, also etwa bei sozialen Zurückweisungen, Misserfolgen, Trennungen, aber auch bei Krankheit oder gar Erfolgserlebnissen, die innerlich nicht getragen werden können.

Die gemäß unserer klinischen Erfahrung häufig vorkommende, spezifisch narzisstische Psychodynamik in Kombination mit Suchtverhalten bestimmt das Beziehungsverhalten der Patienten wesentlich und hat entsprechend auch einen bedeutsamen Einfluss auf die Therapie. Die Besonderheiten, die sich darauf für die Therapie ergeben, sollen in den nächsten Unterkapiteln etwas ausführlicher erörtert werden.

Das narzisstische Selbst bedrohende Kränkungen, Leere-, Nichtigkeits- und Neidgefühle werden dabei vielfältig abgewehrt, einerseits durch eine narzisstische Wut, durch Ärger oder gar Hass. Die aus der Grandiosität resultierende chronische Grundstimmung der Wut wird in entsprechenden Kränkungssituationen rasch aktiviert und eskaliert in Affektdurchbrüchen. Andererseits wird der zumeist unbewusste Neid interaktionell abgewehrt, beispielsweise durch eine Verleugnung der guten Eigenschaften des Gegenübers, durch Bemühungen einer »Selbst-Analyse« und Ablehnung der Kooperation in der Therapie, durch Neidprojektion, so dass andere als neidisch wahrgenommen werden, durch Idealisierung des beneideten Objekts, womit ein Vergleich mit der eigenen Person vermieden wird, oder vor allem auch durch die Entwertung des beneideten Gegenübers, welches damit wertlos und uninteressant erscheint (Lohmer 2005, S. 47 f.).

8.4.4 Narzisstisch-psychodynamische Funktionen des Substanzkonsums

Die Rolle des Substanzkonsums kann grundsätzlich in zweierlei Hinsicht gesehen werden: Er kann bei einem chronischen Gefühl der Leere und Langeweile (welches bei der narzisstischen Persönlichkeitsstörung typischerweise ebenso vorkommt wie das beschriebene chronische Gefühl der Wut) als artifizielles Stimulans der Affekte zur Befriedigung eines unersättlichen Stimulus-Hungers dienen, ähnlich bspw. einem promiskuitiven Sexualverhalten.

Eine etwas andere Rolle wird dem Substanzkonsum aus ich- bzw. selbstpsychologischer sowie objektbeziehungstheoretischer Perspektive zugeschrieben. Droht nämlich der Zusammenbruch der Grandiositätsabwehr, kann dies zu schwersten Selbstwertkrisen und zu einer nicht minder grandiosen Negativphantasie führen, so dass diese Patienten gefährdet sind für eine Abwehr mittels Alkohol und Drogenkonsum oder aber – nicht selten in Kombination – mittels eines Suizids, in welchem das Leben zugunsten einer Rettung des Selbstgefühls und des bedrohten Selbst »geopfert« wird (Grunberger 1979). Die Besonderheiten der Sui-

8.4 Besonderheiten in der Behandlung der komorbiden Persönlichkeitsstörung

zidgefährdung bei narzisstischen Persönlichkeitsstörungen umfassen u. a. nicht vorhandene depressive Symptome, fehlende Kommunikation, eine Selbstwert-Dysregulation sowie Lebensereignisse, die das Selbstwertgefühl tangieren, also z. b. Arbeitslosigkeit, physische Krankheit, finanzielle Probleme, Schwierigkeiten mit dem Gesetz oder disziplinarische Probleme, Schul- und Jobschwierigkeiten, Alterungsprozesse (Ronningstam und Weinberg 2013). Drogen und Alkohol werden wie der Suizid zu einem Feind und Verbündeten zugleich (Dammann und Gerisch 2005), wobei der Substanzmissbrauch und die akute Intoxikation zusätzlich die Hemmschwelle für letzteren senken und entsprechend das Suizidrisiko steigern.

In der Tradition von A. Reich, E. Jacobson und vor allem H. Kohut wird die spezifische Vulnerabilität der narzisstischen Störung in den schweren Selbstwertkrisen bei Zusammenbrechen der Grandiositätsabwehr gesehen (»Selbstachtungs-Narzissmus«), während in der Tradition von H. Rosenfeld und O. F. Kernberg aufgrund eines »Objekt-Abwehr-Narzissmus« (Dammann und Gerisch 2005) schwere Selbstbezichtigungen, narzisstische Rückzüge bis hin zur Selbstdestruktivität Folge dieser Dynamik sind. In beiden Verstehenslinien findet der Missbrauch von Alkohol und Drogen seine spezifische Bedeutung.

Im Fall des Selbstachtungs-Narzissmus steht die Substanz in der Funktion der Selbstwertstabilisierung: Sie dient einer realitätsverleugnenden Sedation und Selbstberuhigung. Genau genommen schützt die Substanz vor Schuld- und Schamgefühlen, letztlich vor rigiden und strafenden inneren Anteilen einer Gewissensinstanz (Über-Ich) oder aber eines fordernden Ich-Ideals, indem sie die psychischen Selbstanteile, von denen harte Selbstbezichtigungen, vernichtende Selbstabwertungen und Selbstbestrafungen ausgehen, sediert.

In Perspektive des Objekt-Abwehr-Narzissmus vermittelt die Substanz aber auch einen (wenn auch illusionären) Halt und Trost. Sie steht in diesem Fall in der Funktion eines idealisierten Substituts für ein Gegenüber, welches verfügbar ist und welchem sich

8 Therapie

der Patient passiv überlassen kann, ohne eine Zurückweisung oder sonstige Kränkung befürchten zu müssen (Voigtel 1996).

Die häufig unbewussten Motive für den Substanzmissbrauch bei narzisstischen Persönlichkeitsstörungen, insbesondere in narzisstischen Krisen, sind in der Tendenz ähnlich vielfältig wie jene für eine aus der beschriebenen Dynamik resultierende Suizidalität (Dammann und Gerisch 2005): Einerseits sind es regressive Motive mit Wünschen nach einer Flucht oder Pause, Trost und Halt bis zu Hingabe, Verschmelzung und »ozeanischer« Selbstauflösung, die eine Rolle spielen; vielleicht weniger bewusst, aber ebenso aktiv spielen auch Motive der Selbstbestrafung bei Schuldgefühlen, der Autoaggression oder der Tötung eines internalisierten Objektes eine Rolle. Andererseits sind es realitätsverleugnende, progressive Omnipotenzphantasien, die die Illusion nähren, die Kontrolle über die eigene Situation zu haben, selbständig zurechtzukommen und nicht auf andere angewiesen zu sein.

Das Bedürfnis nach Selbstwerterhöhung und die gleichzeitig chronische Selbstdesillusionierung machen insbesondere Patienten mit einer narzisstischen Dynamik empfänglich für den Substanzkonsum. Sedierende Substanzen wie Alkohol, Cannabis, Benzodiazepine und Opiate helfen in ihrer Wirkung, die Selbstdesillusionierungen tendenziell abzumindern, während Psychostimulantien wie Kokain, MDMA, Amphetamine etc. das Gefühl der Grandiosität und eine Selbstwertsteigerung induzieren. Patienten mit Cluster-B-Persönlichkeitsstörungen berichten, dass sie häufiger aus Gründen einer Stimmungshebung und Suche nach Erregung exzessiv Alkohol trinken, wie ebenso sehr der Kokainmissbrauch zur sexuellen, aber vor allem auch beruflichen Leistungs- und Luststeigerung dient (Ronningstam und Weinberg 2013).

In dieser beziehungsabweisenden Dynamik ist es je nach Schweregrad der narzisstischen Störung auch gegeben, dass Patienten im Sinn einer negativ therapeutischen Reaktion Rückfälle in den Substanzkonsum oder Missbrauchsexzesse begehen, um die potentiell hilfreiche Therapie zu zerstören und damit den phantasierten Erfolg des Therapeuten zunichte zu machen. Im Fall des von Kern-

8.4 Besonderheiten in der Behandlung der komorbiden Persönlichkeitsstörung

berg beschriebenen malignen Narzissmus sind solche negativen therapeutischen Reaktionen Folge des unbewussten Neids auf den Therapeuten, der etwas besitzt, was der Patient nicht hat, diesem aber helfen könnte. So machen der Rückfall und die (vorübergehende) Zerstörung der Therapie nicht nur den Therapeuten unwirksam, sondern stellen einen Akt des Triumphes über oder gar der sadistischen Rache gegen ihn dar. Typologisch steht dies im Gegensatz zur Dynamik bei Borderline-Patienten, die weniger kühl berechnend und beziehungsabweisend, sondern eher impulsiv, auf den Moment bezogen und beziehungsorientiert Rückfälle in den Substanzkonsum erleiden und »inszenieren«.

8.4.5 Übertragungs- und Gegenübertragungsmanifestationen bei narzisstischen Patienten

Therapeutisch ergeben sich entsprechend bei Vorliegen einer Komorbidität von narzisstischer Persönlichkeitsstörung und Sucht eine ganze Reihe von Übertragungs- und Gegenübertragungsmanifestationen, die aus der Funktion der Substanz in der beschriebenen Dynamik des narzisstisch gestörten Patienten entsteht.

> Die vielleicht häufigste Gegenübertragungsmanifestation sind der Idealisierungsübertragung des Patienten entsprechende narzisstische Rettungsphantasien und Wünsche der Therapeuten nach Gebrauchtwerden, Idealisierung und therapeutischem Erfolg.

Die Enttäuschung des Therapeuten bei Rückfall des Patienten in den Substanzkonsum kann dann als persönliche Kränkung empfunden werden und führt entweder aufgrund der Enttäuschung zur kühlen Strenge und emotionslosen Sachlichkeit, rationalisiert als professionelle Distanz und abgewehrt in einer Art Abscheu und moralischer Entrüstung über die Anspruchlichkeit, Gier und Lustbestimmtheit des Patienten. Oder aber sie mündet in eine Hilflosigkeit angesichts einer sich unveränderlich wiederholenden selbstdestruktiven Verhaltensweise des Patienten und in die Beschämung über das eigene Vertrauen in den Patienten und das eigene naive Glaubenwollen. Diese Reaktionen finde ihre Entsprechung in den Selbstanteilen des Patienten, nämlich einerseits der verurteilenden Gewissensinstanz, vor welcher Patienten sich schuldig fühlen, andererseits der beschämenden Instanz eines Ich-Ideals, vor welcher das eigene Scheitern verhöhnt wird.

Auf der anderen Seite findet sich die bagatellisierende Haltung von Suchtpatienten gegenüber ihrem eigenen Suchtverhalten ebenso auch bei den Therapeuten. So stellt sich in einer Therapie schleichend eine bedingungslose, aber korrumpierte Toleranz gegenüber den selbstdestruktiven Verhaltensweisen des Patienten ein, ein Laissez-faire, welches häufig als das Etablieren einer guten therapeutischen Beziehung und »In-Therapie-Halten« des Patienten rationalisiert wird. Auch passiert es, dass die Langeweile des Patienten in projektiv identifikatorischer Weise auf den Therapeuten übertragen und von diesem übernommen wird: Aufgrund des Gefühls, dass der Patient nur »zu«, aber nicht »mit« ihm spricht und sich der Therapeut gewissermaßen als verlängerter Arm des Patienten fühlt, wird er in seiner Aufmerksamkeit und Denkfähigkeit beeinträchtigt.

8.4.6 Behandlungstechnische Überlegungen bei narzisstischen Psychodynamiken

Das Erkennen und Reflektieren der beschriebenen psychodynamischen Funktionen des Substanzkonsums sowie der Übertragungs- und Gegenübertragungsmanifestationen ist notwendig, um in der Behandlungsplanung und in den therapeutischen Interventionen nicht einem unreflektierten Agieren eigener nicht bewusster Anteile zu verfallen. Therapeutisch leitend sind die Spaltungen des Patienten, jene zwischen dem bedrohten, vulnerablen, teilweise

8.4 Besonderheiten in der Behandlung der komorbiden Persönlichkeitsstörung

auch hypochondrisch besetzten Selbstanteil auf der einen Seite und den sorglosen und grandiosen Anteilen im Selbst des Patienten, die realitätsverleugnend und letztlich destruktiv die eigene Verletzlichkeit missachten, auf der anderen Seite. Es sind Spaltungen zwischen regressiven, selbstwertstabilisierenden Wünschen nach Ruhe und Entlastung im Konsum und den strengen, verurteilenden und beschämenden inneren – und im sozialen Umfeld zumeist auch real auftauchenden äußeren – Stimmen.

So gilt es, die Balance zu finden zwischen einerseits einer realitätsfokussierten, ernsthaft die Veränderungsbemühungen des Patienten unterstützenden Haltung, die nicht zu rigide und streng, aber ebenso wenig in ein bedingungsloses Gewähren und damit Vernachlässigen der Problematik münden sollte. Andererseits müssen sich ein therapeutisches Team sowie Einzeltherapeuten insbesondere zu Beginn der Therapie mit dualdiagnostizierten narzisstisch gestörten Sucht-Patienten als Halt gebende, idealisierte Objekte zur Verfügung stellen.

Je nach theoretischem Hintergrund differieren hier die psychodynamischen Vorgehensweisen in ihrer Gewichtung. In der Linie der Selbstpsychologie Kohuts (Kohut 1976) sowie der Mentalisierungsbasierten Therapie (MBT) lassen Therapeuten die narzisstische Idealisierung von Patienten zu und deuten nicht zu früh. Sie stellen sich vielmehr in ihrer Person als Selbstobjekt des Patienten zur Verfügung, um damit eine tragfähige therapeutische Beziehung zu etablieren. In der Annahme, dass dem narzisstisch gestörten Patienten in der Kindheit aufgrund der fehlenden Spiegelung und Responsivität der primären Bezugsperson der Entwicklungsschritt zu einem idealisierten Selbstbild verschlossen blieb, besteht die Aufgabe des Therapeuten jetzt darin, diese elterliche Haltung einzunehmen und dem Patienten zu einer inneren Selbstkohäsion zu verhelfen, indem verschiedene Übertragungsstadien zugelassen werden: primäre Identifikation mit dem Therapeuten (Therapeut als verlängertes grandioses Selbst), Zwillingsübertragung (Egalisierung des Therapeuten mit dem grandiosen Selbst), Spiegelübertragung (Akzeptanz der Andersheit des Therapeuten, der aber auf narzisstische Wünsche des Patienten respondiert).

Im Gegensatz dazu betont Kernberg vor objektbeziehungstheoretischem Hintergrund die Wichtigkeit einer frühen Deutungsarbeit am Neid bzw. der Verachtung, die im Patienten hinter der Idealisierung des Therapeuten wirksam ist (Gabbard 2006). Für Kernberg bedeutete das unbearbeitete Zulassen der Idealisierung oder gar einer Übertragungsliebe gerade ein Vermeiden und Abwehren der negativen Affekte. Therapeuten werden aus seiner Sicht hier bereits früh von den therapiewiderständigen Anteilen im Patienten unwirksam zu machen versucht, indem, wie oben beschrieben, der unbewusste Neid gegen sie verdeckt bleibt und letztlich einen Therapieerfolg beeinträchtigt, oder aber indem der Therapeut im Wunsch des Patienten, mit ihm eine persönlich-private (Liebes-)Beziehung zu haben, seiner therapeutischen Funktion enthoben wird.

Die beiden unterschiedlichen Haltungen scheinen uns nicht unvereinbar, sondern im Gegenteil als Kombination bei der Behandlung dualdiagnostizierter Patienten mit Cluster-B-Persönlichkeitsstörungen und Sucht geradezu indiziert zu sein. In Abhängigkeit vom Schweregrad insbesondere der Substanzstörung und abhängig von der Therapiephase rücken unterschiedliche therapeutische Haltungen und Interventionen in den Vordergrund. Sie sollten sich letztlich immer am entscheidenden Behandlungsziel orientieren, die rückfallgefährdeten und im Bindungsverhalten gestörten Patienten in der Behandlung halten zu können.

So machen wir die Erfahrung, dass frühe konfrontative Interventionen auch bei einer empathischen Grundhaltung eher zu einer Verstärkung des Veränderungswiderstandes bei Patienten führen. Gerade in Phasen der Entgiftung und frühen Entwöhnung, wenn Craving und ein entsprechendes Rückfallrisiko mit realen Konsumrückfällen noch hoch sind, befinden sich Patienten mit Suchterkrankungen in narzisstisch vulnerablen Zuständen. Scham- und Schuldgefühle werden rasch aktiviert, Kontrollverluste oder Befürchtungen, die Kontrolle zu verlieren, sowie die Abhängigkeit

8.4 Besonderheiten in der Behandlung der komorbiden Persönlichkeitsstörung

von anderen Personen (Therapeuten, Pflegenden, Sozialarbeitern, Angehörigen etc.) tragen zu dieser erhöhten Vulnerabilität bei. So dass subjektiv erlebte Kränkungen und Verletzungen in dieser Phase besonders häufig mit Substanzkonsum beantwortet werden. Daher gilt es bei diesen Patienten verschiedene Punkte zu beachten: In der therapeutischen Allianzbildung ist darauf zu achten, dass der Respekt gegenüber dem Patienten und eine konsistente, aufmerksame und problembezogene Haltung gewahrt werden. Insbesondere gilt es, die Vermeidungstendenz des Patienten und plötzliche Zurückweisungen des Therapeuten mit Risiko des Therapieabbruchs zu balancieren und den Patienten zu einer Reflexion seiner Erlebensweisen und seines Verhaltens zu ermuntern. Vermieden werden sollten dagegen die direkte Konfrontation und Kritik der Grandiosität sowie die fehlende Beachtung der vulnerablen und unsicheren Anteile in der Persönlichkeit des Patienten. Auch sollten Therapeuten vergleichenden und kompetitiven Auseinandersetzungen in Therapiesitzungen widerstehen, wie auch eine passive Haltung und die Vorstellung, dass der Patient selbst in der Lage ist, Lösungen für seine Probleme zu finden, zu vermeiden sind (Ronningstam und Weinberg 2013).

Der Therapeut sollte, in leichter Abweichung von der Haltung gegenüber Borderline-Patienten mit Suchterkrankungen bei narzisstischen Dynamiken, zunächst und länger um eine Etablierung der therapeutischen Beziehung bemüht sein, d. h. eher supportiv arbeiten und nicht zu rasch konfrontativ »die zerstörerischen Bemühungen des Patienten nach Beziehungsfreiheit« (Dammann und Gerisch 2005) adressieren. So werden dem Patienten gleich zu Beginn einer Behandlung erste korrigierende Beziehungserfahrungen möglich in der Idealisierung des Therapeuten und die abgespaltenen aggressiven Anteile gegenüber guten Objekten, von denen eine Abhängigkeit droht und unbewusste Neidgefühle getriggert werden, bleiben zunächst ungedeutet.

Diamond et al. (2013) haben denn auch in genau diesem Punkt in Rückgriff auf J. Steiner (1993) vor allem für die frühen Therapie-Stadien eine Modifikation in der TFP-Behandlung narzisstischer Patienten vorgenommen: »Therapeuten-zentrierte Interpretationen« verschieben den Fokus weg vom Patienten vermehrt auf den Therapeuten, um das Erleben von Kritik an subjektiv wahrgenommenen »Fehlern« im Selbst bei Patienten möglichst zu vermeiden. Behandlungstechnisch werden negative Gefühle des Patienten wie Beschämung oder Empfindungen von Schwäche ebenso wie idealisierende Größenphantasien in der Projektion auf den Therapeuten beim Therapeuten selbst thematisiert als dessen Schwäche, Beschämung oder eben bloß durch den Patienten supponierte Fähigkeit, ihn magisch durchschauen und erkennen zu können. So gibt der Therapeut modellhaft vor und lässt den Patienten erfahren, dass solche Schwächen und Grenzen des Selbst tolerierbar sind, was den Patienten in der Folge zur Selbstexploration dieser Empfindungen ermutigen kann.

Aus objektbeziehungstheoretischer Perspektive bietet sich der Therapeut, die Gruppe oder auch die Institution als gutes (Teil-)Objekt an, mit welchem sich der Patient anstelle einer physischen Einverleibung der Droge, des Alkohols oder sonstiger Substanzen psychisch identifizieren kann. Dieser initiale Substanz- und Drogenersatz führt zunächst zu einer Spaltung: hier in der Therapie das äußere ideale Objekt, draußen die »böse« Droge. Das Risiko für die therapeutischen Behandlungskonzepte liegt bei dieser Psychodynamik in den beiden, bereits beschriebenen entgegengesetzten Aspekten. Auf der einen Seite besteht die Gefahr, dass von Patienten eine Anpassung und Disziplinierung verlangt wird mit Forderungen nach Abstinenz, Positivverstärkung bei Einhaltung und entsprechenden Sanktionen bei Nicht-Einhalten der Vorgaben. Darin spiegelt sich nicht selten ein Agieren von Gegenübertragungsreaktionen: Enttäuschungen von Therapeuten und Behandlungsteams aufgrund von vorgängigen Kreditierungen und überhöhten Erwartungen gegenüber Veränderungen beim Patienten können unreflektiert den Therapieprozess negativ beeinflussen. Andererseits besteht das Risiko einer malignen Regression, wonach Patienten in einer narzisstischen Phantasie ganz in einer Patienten-Gruppe aufgehen, so dass archaische, absolut positive Affektzustände den Pa-

8.4 Besonderheiten in der Behandlung der komorbiden Persönlichkeitsstörung

tienten zwar schützen können vor einem Konsumrückfall, aus den diffusen Gemeinsamkeitgefühlen aber rasch paranoide Gegenreaktionen entstehen können mit Ängsten vor der Gruppe, manifesten Aggressionen sowie Projektionen von Schuldgefühlen und sozialen Rückzügen, die der Distanzierung und Re-Differenzierung des Selbst dienen – Momente, in denen eine erhöhte Rückfallgefahr für Substanzkonsum entsteht. So entspricht die bedingungslose Verfügbarkeit des Objekts (z. B. die jederzeitige telefonische Erreichbarkeit von Therapeuten) zwar dem Wunsch des Patienten nach einer grenzenlos liebenden, »großen Mutter« (Battegay 1989) und respondiert auf die Frustrationsintoleranz und fehlende innere Stabilität und Selbstkohärenz des Patienten, der auf ein das Selbst bestätigende Objekt angewiesen ist. Gleichzeitig läuft der Therapeut dabei aber nicht nur das Risiko, ein Zuviel an Verantwortung zu übernehmen (Regressionsförderung), sondern auch solche Oszillationen in eine distanzierende Gegenregulation mit Agieren abgewehrter aggressiver und destruktiver Impulse (Spaltungsdynamik) zu provozieren. Denn nicht selten verbirgt sich auch bei den Therapeuten in der unreflektierten Übernahme von Hilfs-Ich-Funktionen eine versteckte entwertende Haltung gegenüber dem Patienten, der seine Probleme nicht selbst lösen kann, so dass der Therapeut es für ihn tun muss.

Die in diesem Kapitel beschriebenen psychodynamischen Phänomene szenischer Übertragungs- und Gegenübertragungsmanifestationen, der Abwehr und des Widerstandes von Patienten sind nicht nur für psychoanalytisch tätige Psychotherapeuten, sondern für Therapeuten und Behandlungsteams jeglicher Provenienz bedeutsam und beachtenswert.

Denn gerade etwa bei Entlassungs- und Verlegungssituationen im klinischen Alltag gilt es, solche pathologischen Interaktionsmuster zu erkennen, die hinsichtlich des Kränkungserlebens von Patienten und in der Dynamik eines Rückfalls in den Substanzmissbrauch eine Rolle spielen (Götze 2007). So kann ein bagatellisierender oder harmonisierender Interaktionsmodus mit süchtigen Patienten zu der beschriebenen Teilidentifikation des Therapeuten mit dem Patienten führen: Eine Besserung im Therapieprozess wird dann dort gewährt, wo die eigentliche Enttäuschung über den wirklichen Verlauf verleugnet wird. Oder aber Enttäuschungen über Konsumrückfälle werden auf Patienten- wie Therapeutenseite manifest bei Patienten, bei denen anfänglich Idealisierungen stattgefunden und die ein großes Wohlwollen von Seiten der Behandlungsteams erfahren hatten. Enttäuschung kann in Resignation umschlagen und die Suchtdynamik im Moment der Trennung (Entlassung, Verlegung) verstärken. Ebenso können offen aggressive Interaktionsmuster, die dann auftreten, wenn therapeutische Teams sich ohnmächtig fühlen und sich von Patienten abgelehnt oder angeklagt sehen, zu Abbrüchen der therapeutischen Beziehung führen (vorzeitige Beurlaubung, Entlassung, Verlegung) und ein Risiko für Rezidive darstellen. In diesem Zusammenhang spielt der Einfluss der Persönlichkeitsstruktur von Therapeuten auf ihre Gegenübertragungsreaktionen bei süchtigen (und suizidalen) Patienten eine wichtige Rolle, die bisher wenig untersucht wurde (Götze 2007).

8.4.7 Antisoziale Aspekte der Behandlung komorbider Sucht und schweren Persönlichkeitsstörungen

Die antisoziale Persönlichkeitsstörung wird von Kernberg als schwerste Form des pathologischen Narzissmus gesehen, wobei er eine passiv-parasitäre von einer aktiv-aggressiven Form der Störung unterscheidet (Kernberg 2004).

Neben den beschriebenen narzisstischen Dynamiken der Aggression gegenüber einem potentiell guten Objekt, des schmerzlichen Neids und des Hasses, welche in der Aggression, Entwertung und Verachtung des anderen abgewehrt werden, fehlt diesen Patienten ein verinnerlichtes moralisches Wertesystem. Internalisierte realistische Ge- und Verbote vermögen nicht interpersonelle Beziehungen zu regulieren, die Patienten sind vielmehr unmittelbar auf Bewunderung angewiesen oder entwickeln ein dominantes

8.4 Besonderheiten in der Behandlung der komorbiden Persönlichkeitsstörung

Verhalten gegen ihre Umwelt, um sich sicher zu fühlen und sich in ihrem Selbstwert zu stabilisieren. Projektiv werden selbstsüchtige Motive, Misstrauen und Aggression anderen zugeschrieben, so dass die Patienten unfähig sind, Vertrauen in andere aufzubauen, Intimität, Abhängigkeit und Erfüllung durch die Liebe zu und von anderen zu empfinden.

Folge einer solchen inneren Welt grausamer und verfolgender Objekte ist die paranoide Überzeugung, dass von anderen nur Frustration und Enttäuschung zu erwarten und ein Überleben in der äußeren Welt nur möglich ist durch kühle berechnende »Empathie« (kognitive Hypermentalisierung), vorsichtige Unterwerfung, Manipulation der anderen als subjektiv wahrgenommene Aggressoren.

Aus Sicht von Kernberg ist die antisoziale Persönlichkeitsstörung mit psychodynamischen Verfahren nicht erfolgreich zu behandeln, da die therapeutische Beziehung durch die beschriebene paranoide Grundhaltung des Patienten und seine psychopathische Übertragung geprägt ist. Gelingt es allerdings, die schweren paranoiden Übertragungen in der Therapie selbst manifest werden zu lassen, sind psychodynamische Verfahren in Kombination mit verhaltenstherapeutischen Therapiemodulen angezeigt. Die kognitiv-behavioralen Ansätze können aus unserer Sicht insoweit wirksam werden, als die Übertragungsdynamik es erlaubt, dass Patienten Inhalte unverzerrt wahrnehmen können und nicht die durch paranoide Übertragungen und durch chronische Unehrlichkeit geprägte therapeutische Beziehung manipulieren, für eigene Zwecke missbrauchen und zugunsten eines sekundären Krankheitsgewinns ausnutzen. Ist dem allerdings nicht so, bieten sich die TFP wie auch die MBT als bevorzugte Therapieverfahren an (Lackinger et al. 2008; Bateman et al. 2013).

Wir wollen an dieser Stelle kurz und exemplarisch auf zwei der genannten Aspekte der Behandlung dieser schwersten Pathologien eingehen, die bei der antisozialen Persönlichkeitsstörung, der Borderline- und narzisstischen Persönlichkeitsstörung und insbesondere in der Behandlung der Komorbidität dieser Störungen mit

Sucht von großer Bedeutung sind: die Unehrlichkeit in der Therapie und der sekundäre Krankheitsgewinn der Patienten.

Unehrlichkeit

Die Unehrlichkeit in der Therapie kann offenkundig durch Lügen oder versteckt durch Verheimlichen erfolgen; in beiden Fällen stellt sie den Therapieprozess und die Wirksamkeit der Behandlung grundsätzlich in Frage, so dass sie im Moment, in welchem sie bemerkbar wird, fokussiert werden muss. Es gilt, zusammen mit dem Patienten die Motive für Unehrlichkeit zu erarbeiten, denn darin zeigt sich zugleich, in welcher Weise der Patient sich selbst, die anderen (insbesondere die Therapeuten und das Behandlungsteam) und die Therapie selbst sieht. Die Klärung der Motive für und der Folgen von Unehrlichkeit in der Therapie ist dabei vorrangig vor anderen Therapieinhalten vorzunehmen – abgesehen von unmittelbaren Bedrohungen der Therapie durch Selbst- und Fremdgefährdungen. Mögliche Motive für Lügen, die bei Patienten mit Suchtproblemen häufig im Leugnen oder Verheimlichen von Konsumrückfällen vorkommen, sind das Ausweichen vor Konfrontation mit einem Verhalten, für welches die Patienten Verantwortung übernehmen müssen, so etwa wenn bestimmte Therapievereinbarungen unterlaufen wurden. Weiter kann die Angst vor Zurückweisung und Ablehnung durch den Therapeuten eine Rolle spielen oder aber Bestrebungen, den Therapeuten zu kontrollieren, zu manipulieren oder schließlich die eigene Überlegenheit zu demonstrieren und einen Triumph über den Therapeuten zu erleben. Sind die Motive in der antisozial-paranoiden Überzeugung verankert, dass letztlich alle Beziehungen korrumpiert, ausbeuterisch und verfolgend sind, kontaminiert diese auch die therapeutische Beziehung: auch der Therapeut steht in Verdacht, letztlich durch feindselige und ausbeuterisch-selbstsüchtige Motive in der Behandlung geleitet zu sein. Die TFP hat hierfür spezifische konfrontierende und deutende Interventionen erarbeitet, die diese Übertragungsdynamik fokussieren und

8.4 Besonderheiten in der Behandlung der komorbiden Persönlichkeitsstörung

die Feinseligkeit des Patienten gegenüber dem Therapeuten, aber auch gegenüber sich selbst, letztlich aber die tiefe Verzweiflung des Patienten, in einer Welt des Misstrauens zu leben, ins Zentrum stellen (Clarkin et al. 2006, S. 152 ff.).

Sekundärer Krankheitsgewinn

Das Konzept des sekundären Krankheitsgewinns wurde dem psychoanalytischen Konzept eines primären Krankheitsgewinns zur Seite gestellt. Mit dem primären Krankheitsgewinn ist die Vorstellung verbunden, dass das Symptom einen unbewussten Kompromiss darstellt zwischen Impuls und seiner Abwehr, so dass beide in gewissem Maß befriedigt werden, damit aber insbesondere eine Angstreduktion erreicht wird. So kann der Rückfall in den Alkoholmissbrauch (Symptom) zugleich dem Impuls, sich einem »unbelebten« Objekt zu überlassen und die eigene Realität zu verleugnen, geschuldet sein wie auch der gleichzeitig darauffolgenden Bestrafung dieses Verhaltens durch Schuldgefühle. So werden beide, der Wunsch nach Verleugnung und dessen Abwehr, teilweise befriedigt.

Der sekundäre Krankheitsgewinn schließt äußere Vorteile der Symptomatik, Vorteile der problematischen Verhaltensweisen oder Erkrankung für den Patienten ein. Auch hier wird eine therapeutisch intendierte Veränderung eines mit Schwierigkeiten behafteten Verhaltens auf den Widerstand des Patienten, solche sekundären Gewinne aufzugeben, stoßen. Bei Borderline-Patienten sind es manipulative Verhaltensweisen, aus denen die Kontrolle eines gefürchteten oder verachteten Gegenübers resultiert, die einen solchen sekundären Krankheitsgewinn darstellen können; oder aber es sind sekundäre Krankheitsgewinne, die aus der Identifikation mit einer »Borderline-Identität« entspringen und Patienten in einer passiven Rolle verbleiben lassen, in welcher ihnen umfangreiche Hilfestellungen aus dem sozialen Helfersystem zuteilwerden (finanzielle Unterstützungen, therapeutische Spezialtherapien, sonstige Zuwendungen). Letzteres ist insbesondere auch bei Patienten mit antisozialen Charaktereigenschaften zentral zu beachten, da gerade die passiv-parasitäre Haltung gegenüber einer Gesellschaft und einem Sozialsystem vor dem Hintergrund einer fehlenden Über-Ich-Entwicklung ausbeuterische Verhaltensweisen und damit einen sekundären Krankheitsgewinn unterstützt.

> Mittels einer Therapievereinbarung lassen sich frühzeitig in der Behandlung solche sekundären Krankheitsgewinne thematisieren und limitieren, indem eine Therapie an realitätskonfrontierende Auflagen für die Patienten geknüpft ist, dass sie sich um einen Job, eine tagesstrukturierende Beschäftigung, eine Bemühung um Klärung der eigenen sozialen Situation etc. bemühen sollen und diese Bemühungen in der Therapie auch thematisiert, validiert und gefördert werden.

8.4.8 Die fallzentrierte Teamsupervision

Die Behandlung von doppeldiagnostizierten suchtkranken und persönlichkeitsgestörten Patienten erfordert in der Regel ein therapeutisches Netz, welches neben der spezifischen Psychotherapie eine Vielzahl auch klinischer Angebote umfasst, in welche viele Professionelle involviert sind. Die Behandlungen erfolgen zumeist im klinischen Umfeld. Die Bereitstellung professioneller Behandlungen dieser Patienten in einem klinisch-therapeutischen Klima, welches Vertrauen fördert und deshalb möglichst angstfrei und in Sicherheit für Patienten und Behandlungsteams erfolgt, erfordert eine hohe Kompetenz und Zusammenarbeit der Teams. Gefragt ist Kompetenz nicht nur in der konkreten therapeutischen Intervention, in den Praktiken und Techniken, sondern insbesondere auch in den Holding- und Containing-Funktionen sowie der Reflexionsfähigkeit des Gesamtteams (Sollberger 2009). Neben Aus-, Fort- und Weiterbildungen sind im klinischen Alltag gemeinsame Sitzungen zur Reflexion und Analyse des therapeutischen Handelns,

8.4 Besonderheiten in der Behandlung der komorbiden Persönlichkeitsstörung

welches in wesentlichen Teilen eine Beziehungsarbeit darstellt, von großer Bedeutung: Fallbesprechungen, gemeinsame Entscheidungsfindungen, Nachbesprechungen schwieriger Situationen, vor allem aber auch Teamsupervisionen.

Die fallzentrierte Teamsupervision bietet Teammitarbeitern die Möglichkeit, die Beziehungsarbeit mit dem Patienten, die subjektive Wahrnehmung des Patienten wie auch die Selbstwahrnehmung zu überprüfen. In der Anwesenheit des Supervisors als eines »Dritten« lassen sich unreflektierte Voreingenommenheit eines Teams oder einzelner Mitarbeiter, eingeengte Wahrnehmungen, zu rasche positive oder negative Beurteilungen und vorschnell abgeleitete Entscheide aufgreifen, reflektieren und besser verstehen. Beziehungsdynamiken können in Verbindung mit spezifischen pathologischen Verhaltensweisen von Patienten und deren Persönlichkeitsstruktur gebracht (oder aber durchaus auch als team- oder klinikinterne Konfliktanteile reflektiert) werden. Die darin zum Tragen kommende »synthetische Funktion« der Supervision (Küchenhoff 2009) besteht nicht allein im Zusammenbringen verschiedener Perspektiven und Aspekte von Beziehungserfahrungen mit Patienten, sondern trägt insbesondere dazu bei, dass im besseren Verständnis der Subjektivität des Patienten in seiner Interaktion mit anderen dessen interpersonale Anteile psychischer Abwehr etwa in Form von Projektionen und Abspaltung unerträglicher eigener Affekte erkennbar werden. Einzelne Teammitarbeiter, aber auch Gesamtteams können zu Trägern solcher nicht integrierter, projektiver (Affekt-)Anteile von Patienten werden. Aufgrund unbewusster Identifikationsprozesse beginnen sie in der Folge tatsächlich aus diesen Affektzuständen heraus den Patienten wahrzunehmen und aus ihnen heraus zu handeln, was in der Folge zu Konflikten innerhalb von Teams führen kann, aber im Kontext der Beziehungsdynamik und aus der spezifischen Pathologie und Abwehr des Patienten zu verstehen ist. Auf solchem Verstehen kann ein professionelles Handeln, welches nicht aus einer unreflektierten Not des Teams oder seiner einzelnen Mitglieder resultiert, aufbauen (Küchenhoff 2009).

Themen der Aggression und Suizidalität, der Substanzabhängigkeit und der in diesem Zusammenhang stehenden Frustrationserlebnisse, therapeutische Mißerfolge, fehlende Adhärenz von Patienten, Hilflosigkeit und Ohnmachtsgefühle in den Teams, emotionale Rückzüge einzelner Teammitglieder, Probleme der Wertschätzung und anderes sind Kernthemen der Teamsupervision auf Akut- und Psychotherapiestationen. Ihre Aufgabe ist die Verbesserung der therapeutischen Arbeit mit Patienten, d. h. die Reflexion eigener Wahrnehmungen und Beurteilungen, die Verbesserung von Handlungskompetenzen in der Lösung von Interaktionskonflikten, die Qualitätssicherung und damit der Schutz von Patienten vor unsachgemäßer Behandlung.

> **Zusammenfassung**
> Die Teamsupervision dient dem Erhalt eines therapeutischen, professionellen und für die Mitarbeiter nachhaltig erträglichen Behandlungsmilieus, welches letztere in ihrer professionellen Identität und Funktionsfähigkeit unterstützt.

8.5 Pharmakologische Behandlung

Die Pharmakotherapie bei Persönlichkeitsstörungen zeigt nur bescheidene Effekte in der Behandlung der Störung per se, so dass ihre Rolle allein in einer adjuvanten Therapieoption zur Psychotherapie besteht. Symptome wie die Angst, verlassen zu werden, Leeregefühle, Identitätsstörungen oder Dissoziation verändern sich nicht aufgrund einer Gabe von Medikamenten. Psychopharmakologische Behandlungen sind grundsätzlich dann indiziert, wenn weitere komorbide psychische Störungen wie etwa eine depressive Störung hinzukommen, eine ausgeprägte psychiatrische Symptomatik vorhanden ist, die Patienten in ihrer Fähigkeit zur Psycho-

8.5 Pharmakologische Behandlung

therapie einschränkt, oder im Sinne der Notfallmedikation bei Erregungszuständen und psychotischen Episoden.

Der weitaus größte Teil der pharmakotherapeutischen Studien bei Persönlichkeitsstörungen wurde mit Borderline-Patienten durchgeführt. Obwohl initial berichtet wurde, dass die Serotonin-Wiederaufnahmehemmer SSRI positive Effekte auf Depressivität und Impulsivität bei Borderline-Patienten hätten (Soloff 1998), zeigen aktuelle Metaanalysen, dass die Effekte dieser Medikamente ähnlich jenen des Placebo sind (Ingenhoven et al. 2010; Lieb et al. 2010). Daher sind die SSRI nur bei Borderline-Patienten indiziert, bei denen zugleich eine depressive Episode einer Major-Depression oder einer schweren Symptomatik vorliegt, die eine antidepressive Pharmakotherapie erfordert (Lieb et al. 2010).

Atypische Neuroleptika wie Olanzapin, Aripiprazol oder Quetiapin zeigen bei Borderline-Störungen dagegen eine leicht bessere Effektivität, insbesondere in der Verbesserung der Stimmungsstabilisierung, der Angstsymptome, des Ärgers, der Impulsivität und der Kognition (Herpertz et al. 2007; Lieb et al. 2010). Allerdings sind die teilweise erheblichen unerwünschten Arzneimittelwirkungen dieser Medikamentengruppe wie Gewichtszunahme und das diabetogene Risiko Gründe für eine Malcompliance der Patienten oder aber eine Kontraindikation in der Behandlung. Stimmungsstabilisatoren wie Topiramat, Valproat oder Lamotrigin werden vermehrt empfohlen, da sie gute Wirkung auf die affektive Dysregulation zeigen. Allerdings bestehen auch bei ihnen die Risiken der kognitiven Einschränkungen (Topiramat) oder der Hautveränderungen (Lamotrigin), die die Compliance beeinträchtigen oder Kontraindikationen darstellen können.

Die immer noch häufig verwendeten Benzodiazepine sind allerdings in der Behandlung der Borderline-Störung kontraindiziert, da mit ihnen das Risiko der Enthemmung und Steigerung der Impulsivität, Abhängigkeit und Überdosierung sowie eine Verschlechterung der Suizidalität besteht (Gunderson et al. 2013; Ripoll et al. 2013).

8 Therapie

Prinzipiell ist in der Pharmakotherapie der Borderline-Störung zu beachten, dass die Erwartungen an eine Medikation realistisch bleiben, Patienten aktiv in die Behandlung einbezogen sind und die Compliance, die Sicherheit, Nebenwirkungen und erwünschte Wirkungen gut monitorisiert sind, und schließlich möglichst auch eine unabhängige Beurteilung der pharmakologischen Wirkung von Medikamenten gesucht wird, da die Medikation insbesondere bei Cluster-B-Persönlichkeitsstörungen nicht unabhängig von Beziehungsinteraktionen zu beurteilen ist und etwa Idealisierung (Heilungserwartungen) und Entwertung, Ängste vor dem Kontrolliert-Werden oder Gefühle, durch Medikamente abgeschoben zu werden, in der subjektiven Wahrnehmung der Patienten eine Rolle spielen.

In der Behandlung der antisozialen Persönlichkeitsstörung beschränkt sich die Evidenzbasierung in der Pharmakotherapie allein auf die Behandlung der impulsiven Aggressivität mittels Antipsychotika oder Mood-Stabilizer (Ripoll et al. 2013).

Die Pharmakotherapie der vermeidenden Persönlichkeitsstörung lehnt sich an die Erkenntnisse aus den Behandlungen der (generalisierten) sozialen Phobie an. Irreversible und reversible MAO-A-Hemmer (Phenelzin bzw. Moclobemid) sowie insbesondere SSRIs (Paroxetin, Sertralin, Fluvoxamin) und SNRI (Venlafaxin) zeigen eine empirisch erprobte Wirksamkeit (Evidenzgrad Ib). Auch Benzodiazepine wirken anxiolytisch, bringen allerdings gerade bei Persönlichkeitsstörungen, wo Symptome länger andauern, ein hohes Suchtrisiko mit sich. Pregabalin und Gabapentin werden als weiter zu untersuchende, Erfolg versprechende Therapieoptionen eingeschätzt. Ebenso gibt die Deutsche Gesellschaft für Psychiatrie und Psychotherapie, Psychosomatik und Nervenheilkunde (DGPPN) orientierende Richtlinien vor für ein kombiniertes therapeutisches Vorgehen mit einer Pharmakotherapie und Psychotherapie, die beide als Monotherapien den Placebobedingungen signifikant überlegen sind, die Kombinationstherapie allerdings keinen Vorteil zeigt gegenüber den Monotherapien (DGPPN 2009).

8.5 Pharmakologische Behandlung

Bei der komorbiden Alkoholabhängigkeit kommen zur Rückfallprophylaxe Acamprosat und Naltrexon zum Einsatz (Walter und Wiesbeck 2009). Acamprosat ist zugelassen zur Aufrechterhaltung der Abstinenz bei alkoholabhängigen Patienten. Seine rückfallverhindernde Wirkung entfaltet das Medikament durch Modulation der Reizübertragung im glutamatergen System. Dadurch soll das Verlangen nach Alkohol reduziert werden. Nach der heute gängigen Modellvorstellung soll Acamprosat durch seine Glutamat-antagonistische Wirkung der Entstehung des sog. »Pseudo-Entzugssyndroms« entgegenwirken (Kiefer und Mann 2010). Naltrexon ist ein selektiv wirkender Opioidrezeptor-Antagonist, der zur Rückfallpävention bei Alkoholabhängigkeit zugelassen ist. Die Substanz reduziert das Verlangen nach Alkohol, indem es die Endorphin-mediierte Dopaminfreisetzung kompetitiv hemmt. Klinisch unterstützt Naltrexon nicht nur die Abstinenz, sondern ist offenbar auch in der Lage (im Gegensatz zu Acamprosat), einen Rückfall zum unkontrollierten Trinken vorzubeugen.

Bei der komorbiden Heroin- oder Opioidabhängigkeit ist in Krankheitsphasen mit anhaltendem Substanzkonsum meist eine Substitutionsbehandlung indiziert. In den Empfehlungen der schweizerischen Gesellschaft für Suchtmedizin (SSAM) und den Standardwerken zur Suchtmedizin (Soyka et al. 2019) wird die Substitutionsbehandlung mit Methadon und Buprenorphin als Therapieform der ersten Wahl bei der Opioidabhängigkeit formuliert. Zur Substitution mit Methadon liegen umfangreiche Erfahrungen bei Einstellung und Dosierung vor. Als Substitution gilt allgemein der ärztlich verordnete Ersatz eines illegal eingenommenen Betäubungsmittels durch ein legales Medikament. Die Substitution mit einem Opioid-Agonisten wie Methadon oder Buprenorphin kann zu einer psychosozialen Stabilisierung führen und stellt gerade für Patienten mit Persönlichkeitsstörung und Opiatabhängigkeit eine wichtige Behandlungsform dar.

Die Forschung zur medikamentösen Behandlung der Komorbidität von Persönlichkeitsstörung und Suchterkrankung ist erst in den Anfängen. Derzeit liegen noch keine kontrollierten Studien vor, es gibt aber Hinweise dafür, dass Mood-Stabilizer und einige Antipsychotika der zweiten Generation auch Craving und Alkoholkonsum günstig beeinflussen können (Gianoli et al. 2012).

9

Ausblick

Bei Patienten mit Persönlichkeitsstörungen kommen Suchterkrankungen sehr häufig vor. Je nach Setting kann bei etwa jedem zweiten Patienten eine komorbide Suchterkrankung diagnostiziert werden. Eine besonders häufige Assoziation wurde zwischen der Borderline-Persönlichkeitsstörung, der antisozialen Persönlichkeitsstörung und der narzisstischen Persönlichkeitsstörung und einer komorbiden Suchterkrankung gefunden. Auch eine Vermeidend-Selbstunsichere Persönlichkeitsstörung und Sucht treten häufig zusammen auf. Während bei den schweren Persönlichkeitsstörungen die Selbst- und Beziehungsstörungen im Vordergrund stehen (Selbstwertprobleme, Beziehungskonflikte) und damit auch die Arzt-Patient-Beziehung prägen, sind bei Vermeidend-Selbstunsicheren Persönlichkeitsstörungen die ängstlich-depressive Symptomatik und nicht die interpersonellen Beziehungsschwierigkeiten der Patienten charakterisierend.

Die Komorbidität von Persönlichkeitsstörung und Sucht ist grundsätzlich gekennzeichnet durch eine schwere Suchtproblematik und einen eher ungünstigen klinischen Verlauf. Liegt neben der Suchtproblematik eine schwere Persönlichkeitstörung vor (ICD-11), reicht eine suchtspezifische Behandlung wie etwa die motivierende Gesprächsführung (MI) in der Regel allein nicht aus, um die persönlichkeitsassoziierten und dysfunktionalen Verhaltensmuster wie selbstdestruktives Verhalten oder Gefühle von Angst oder Abhängigkeit zu beeinflussen oder verändern zu können. Im Gegenteil verstärken hier diese Verhaltensmuster häufig noch die Suchtentwicklung im Sinne einer andauernden und selbstschädigenden »Selbstmedikation« zur Selbst- und Affektregulation. Der klinische Verlauf ist dann häufig mit vielen stationären Suchtbehandlungen verbunden, die selten zu einer Verbesserung der Symptomatik führen.

Bei Verdacht auf eine Persönlichkeitsstörung sollte deshalb zuerst immer eine sorgfältige Diagnostik und Differenzialdiagnostik mit einem standardisierten klinischen Interview erfolgen. Anschließend ist eine Psychotherapie, wenn möglich in einem ambulanten oder teilstationären Setting zu empfehlen, die sucht- und störungspezifische Behandlungsmethoden integriert. Zusätzlich sind bei schwerer Suchterkrankung mit einem Abhängigkeitssyndrom im engeren Sinne Entzugsbehandlungen oder Substitutionsbehandlungen, die häufig ambulant erfolgen können, anzuraten.

Für die psychotherapeutische Behandlung liegen derzeit drei verschiedene evidenzbasierte Psychotherapien für die Patienten mit Persönlichkeitsstörung und komorbider Suchterkrankung vor: die an Suchtprobleme angepasste Form der Dialektisch-behavioralen Therapie (DBT), die Dynamisch Dekonstruktive Therapie (DDT) und die Erweiterung der Schematherapie. Ob sich diese für die Komorbidität adaptierten evidenzbasierten Therapieformen im Klinikalltag etablieren können, wird die Zukunft zeigen. In allen drei

Therapieverfahren sind sowohl Elemente der störungsspezifischen Therapie (verhaltenstherapeutischen oder psychodynamischen Ursprungs) wie DBT, Schematherapie, MBT und TFP als auch der suchtspezifischen Therapie wie der motivierenden Gesprächsführung oder der Rückfallprävention vorhanden. Diese Kombination führt dazu, dass weder die Anteile der Persönlichkeitsstörung noch die der Suchterkrankung in der Therapie vernachlässigt werden.

Für die medikamentöse Behandlung bei Patienten mit dieser Komorbidität fehlen noch kontrollierte Studien. Hier gilt aber, dass bei Persönlichkeitsstörungen insbesondere krisenhafte Zustände und weitere komorbide psychische Störungen wie depressive Episoden medikamentös behandelt werden können.

Probleme zeigen sich in der Behandlung häufig dann, wenn Persönlichkeitsstörungen in den Fachkliniken und Ambulanzen nicht diagnostiziert werden. Allgemein ist bekannt, dass die Diagnostik der Persönlichkeitsstörung – auch weil zeitaufwendig und kompliziert für den unerfahrenen Kliniker durchzuführen – in den wissenschaftlichen Untersuchungen nicht erhoben und in den nachfolgenden Publikationen häufig nicht berichtet werden.

Gerade für Patienten mit schweren Persönlichkeitsstörungen sollten aber genügend ambulante Psychotherapieplätze vorhanden sein, wenn etwa eine Entzugsbehandlung erfolgreich absolviert worden ist. Die Persönlichkeitsproblematik bessert sich durch eine Entzugsbehandlung allein in der Regel nur selten und der therapeutische Umgang greift aufgrund der fehlenden Kenntnisse zum Umgang und zur Therapie der Persönlichkeitsstörung häufig zu kurz und führt in diesem Zusammenhang höchstens zu einer höheren Dropout-Rate der Patienten. Oder die Diagnose einer Persönlichkeitsstörung wird als Grund dafür gebraucht, wenn die Behandlung keinen Erfolg hatte oder erst gar nicht begonnen wurde. Umgekehrt braucht es seitens der Psychotherapeuten ausreichende Kenntnisse zum therapeutischen Umgang mit Suchtpatienten, damit diese nicht bei Konsumrückfällen, die zur Suchterkrankung naturgemäß dazugehören, den Therapieplatz gleich wieder verlieren.

9 Ausblick

Sollte es aber gelingen, dass das Wissen und die Erfahrung mit Persönlichkeitsstörungen einerseits und Sucht andererseits sich zukünftig vertiefen, kann auch damit gerechnet werden, dass die Prognose dieser Komorbidität nicht schlechter sein muss als für jedes der beiden Störungsbilder allein. Das beinhaltet auch das Wissen darüber, dass bei einigen Patienten keine grundlegende Veränderung, sondern trotz großer Anstrengung nur eine gewisse psychische Stabilisierung gelingen kann. Es wäre dabei abschließend wünschenswert, dass die Therapeuten in ihrer täglichen Arbeit angesichts dieser Herausforderungen sich ihren Optimismus und ihre Motivation erhalten und sich gemeinsam mit ihren Patienten weiterentwickeln können.

Literatur

Agrawal HR, Gunderson J, Holmes BM, Lyons-Ruth K (2008) Attachment studies with borderline patients: A review. Harv Rev Psychiatry 12: 94–104.

Ainsworth MS, Blehar MC, Waters E, Wall S (1978) Patterns of attachment: A psychological study of the strange situation. Hillsdale, NJ: Erlbaum.

Akhtar S (1992) Broken structures. Severe personality disorders and their treatment. New York: Aronson.

Alden LE, Capreol MJ (1993) Avoidant personality disorder: Interpersonal problems as predictors of treatment response. Behavior Therapy 24: 357–376.

Alden LE, Ryder AG, Laposa JM, Taylor C (2002) Avoidant personality Disorder: Current status, future directions. J Pers Disord 16: 1–29.

Allen JG, Fonagy P, Bateman AW (Hrsg.) (2011) Mentalisieren in der psychotherapeutischen Praxis. Stuttgart: Klett-Cotta.

Altmeyer M, Thomä H (Hrsg.) (2006) Die vernetzte Seele. Stuttgart: Klett-Cotta.

American Psychiatric Association (APA) (2013). Diagnostic and Statistical Manual of Mental Disorders (DSM-5). Arlington: American Psychiatric Publishing.

Arbeitskreis OPD (1996) Operationalisierte Psychodynamische Diagnostik OPD. Das Manual für Diagnostik und Therapieplanung. Bern: Huber.

Arbeitskreis OPD (2006) Operationalisierte Psychodynamische Diagnostik OPD-2. Das Manual für Diagnostik und Therapieplanung. Bern: Huber.

Arbeitskreis OPD (2013) Modul Abhängigkeitserkrankungen. Das Diagnostik-Manual. Bern: Huber.

Arntz A, van den Hoorn M, Cornelis J et al. (2003) Reliability and validity of the borderline personality disorder severity index. J Pers Disord 17: 45–59.

AWMF (Arbeitsgemeinschaft der Wissenschaftlichen Medizinischen Fachgesellschaften e. V.) https://www.awmf.org/leitlinien/detail/ll/076-001.html, Zugriff am 18.10.2021.

Bagby RM, Vachon DD, Bulmash E, Quilty LC (2008) Personality disorders and pathological gambling: A review and re-examination of prevalence rates. J Pers Psychol 22: 191–207.

Ball S (1998) Manualized treatment for substance abusers with personality disorders: Dual focus schema therapy. Addict Behav 23: 883–891.

Ball S (2007) Comparing individual therapies for personality disordered opioid dependent patients. Journal of personality disorders 21: 305–321.

Ball S, Cobb-Richardson P, Connolly AJ, Bujosa CT, O'Neall WO (2005) Substance abuse and personality disorders in homeless drop-in centre clients: Symptoms severity and psychotherapy retention in a randomized clinical trial. Compr Psychiatry 46: 371–379.

Barnow S (2008) Persönlichkeitsstörungen. Was versteht man darunter? In: Barnow S (Hrsg.) Persönlichkeitsstörungen: Ursachen und Behandlung. Bern: Huber. S. 17–19.

Baron-Cohen S (1995) Mindblindness: An Essay on Autism and Theory of Mind. Cambridge, MA, Bradford: MIT Press.

Bartholomew K, Kwong MJ, Hart SD (2001) Attachment. In: Livesley WJ (Hrsg.) Handbook of personality disorders: Theory, research, and treatment. New York: Guilford. S. 196–230.

Bateman A, Bolton R, Fonagy P (2013) Antisocial Personality Disorder: A Mentalizing Framework. Focus 11: 178–186

Bateman AW, Fonagy P (1999) Effectiveness of partial hospitalization in the treatment of borderline personality disorder: A randomized controlled trial. Am J Psychiatry 156: 1563–1569.

Bateman AW, Fonagy P (2001) Treatment of borderline personality disorder with psychoanalytically oriented partial hospitalization: An 18-month follow-up. Am J Psychiatry 158: 36–42.

Bateman A, Fonagy P (2004) Psychotherapy for Borderline Personality Disorder: Mentalization Based Treatment. London: Oxford University Press. [dt. (2008) Psychotherapie der Borderline-Persönlichkeitsstörung: Ein mentalisierungsgestütztes Behandlungskonzept. Gießen: Psychosozial-Verlag].

Bateman A, Fonagy P (2008) 8-year follow-up of patients treated for borderline personality disorder: mentalization-based treatment versus treatment as usual. Am J Psychiatry 165: 631–638.

Bateman A, Fonagy P (2009) Randomized controlled trial of outpatient mentalization-based treatment versus structured clinical management for borderline personality disorder. Am J Psychiatry 166: 1355–1364.

Bateman AW, Fonagy P (Hrsg.) (2012) Handbook of mentalizing in mental health practice. Washington, London: American Psychiatric Publishing.

Battegay R (1989) Narzissmus beim Einzelnen und in der Gruppe. Göttingen: Huber.

Beck AT, Freeman A, Davis DD (2006) Cognitive Therapy of Personality Disorders. 2. Auflage. New York: Guilford Press.

Becker DF, Grilo CM, Morey LC, Walker ML, Edell WS, McGlashan TH (1999) Applicability of personality disorder criteria to hospitalized adolescents: evaluation of internal consistency and criterion overlap. J Am Acad Child Adolesc Psychiatry 38: 200–205.

Becker H, Senf W (1988) Praxis der stationären Psychotherapie. Stuttgart, New York: Thieme.
Beesdo-Baum K, Zaudig M, Wittchen HU (Hrsg) (2018) SCID-5-PD. Strukturiertes Klinisches Interview für DSM-5 – Persönlichkeitsstörungen. Göttingen: Hogrefe.
Bender DS, Morey LC, Skodol AE (2011) Toward a model for assessing level of personality functioning in DSM-5, part I: a review of theory and methods. J Pers Assess 93: 332–346.
Benecke C, Koschier A, Peham D, Bock A, Dahlbender R, Biebl W, Doering S (2009) Erste Ergebnisse zu Reliabilität und Validität der OPD-2 Strukturachse. Z Psychosom Med Psychother 55: 84–96.
Benoy C, Walter M (2022) Zwang. Grundlagen – Formen – Interventionen. Stuttgart: Kohlhammer.
Berghaus A (2005) Psychoanalytisch-interaktionelle Methode, Affektspiegelung und Mentalisierung. Gruppenpsychother Gruppendyn 41: 193–218.
Bilitza KW (2009) Psychoanalytisch-interaktionelle Gruppenpsychotherapie und die psychotherapeutische Arbeit mit Gruppen in der Suchtklinik heute. In: Bilitza KW (Hrsg.) Psychotherapie der Sucht. Göttingen: Vandenhoeck & Ruprecht. 93–110.
Bion WR (1967) Second thoughts. Selected papers on Psycho-Analysis. New York: Basic Books.
Bion WR (1970) Attention and interpretation. New York: Basic Books.
Bion WR (1971) Erfahrungen in Gruppen und andere Schriften. Stuttgart: Klett-Cotta.
Bion WR (1990) Lernen durch Erfahrung. Frankfurt a. M.: Suhrkamp.
Black DW, Belsare G, Schlosser S (1999) Clinical features, psychiatric comorbidity, and health-related quality of life in persons reporting compulsive computer use behavior. J Clin Psychiatry 60: 839–844.
Bohus M (2019) Borderline-Störung. 2. Auflage. Göttingen: Hogrefe.
Bohus M, Haaf B, Simms T, Limberger MF, Schmahl Ch, Unckel Ch, Lieb K, Linehan M (2004) Effectiveness of inpatient dialectical behavioral therapy for borderline personality disorder: a controlled trial. Behaviour Research and Therapy 42: 487–499.
Bohus M, Kröger C (2011) Psychopathologie und Psychotherapie der Borderline-Persönlichkeitsstörung. Nervenarzt 82: 16–24.
Bohus M, Limberger MF, Frank U et al. (2007) Psychometric properties of the Borderline Symptom List (BSL) Psychopathology 40: 126–132.
Boll-Klatt A, Kohrs M (2014) Borderline: Zwischen Trieb, Trauma und den neuen Therapien. In: Boll-Klatt A, Kohrs M (Hrsg.) Praxis der psychodynamischen Psychotherapie. Stuttgart: Schattauer. S. 370–401.

Bottlender M, Preuss UW, Soyka M (2006) Association of personality disorders with Type A and Type B alcoholics. Eur Arch Psychiatry Clin Neurosci 256: 55–61.

Bowlby J (1977) The making and breaking of affectional bonds. I. Aetiology and psychopathology in the light of attachment theory. An expanded version of the Fiftieth Maudsley Lecture, delivered before the Royal College of Psychiatrists, 19 November 1976. Br J Psychiatry 130: 201–210.

Brockmann J, Kirsch H (2010) Konzept der Mentalisierung – Relevanz für die psychotherapeutische Praxis. Psychotherapeut 55: 279–290.

Bronisch B, Hiller W, Mombour W, Zaudig M (1995) IDCL-P Internationale Diagnosen Checkliste für Persönlichkeitsstörungen. Göttingen: Hogrefe.

Buchheim A (2011) Borderline Persönlichkeitsstörung und Bindungserfahrung. In: Dulz B, Herpertz S, Kernberg OF, Sachsse U (Hrsg.) Handbuch der Borderline Persönlichkeitsstörungen. 2. Auflage. Stuttgart: Schattauer. S. 158–167.

Buchheim A, George C (2011) Attachment disorganization in borderline personality disorder and anxiety disorder. In Solomon J, George V (Hrsg.) Disorganization of Attachment and Caregiving. New York: Guilford Press. S. 343–383.

Buchheim A, George C (2012) Das Adult Attachment Interview (AAI) und das Adult Attachment Projective Picture System (AAP). In: Doering S, Hörz S (Hrsg.) Handbuch der Strukturdiagnostik. Stuttgart: Schattauer. S. 182–218.

Buchheim A, Roth G, Schiepek G, Pogarell P, Karch S (2013) Neurobiology of borderline personality disorder (BPD) and antisocial personality disorder (APD). Schweizer Archiv für Neurologie und Psychiatrie 164: 115–122.

Busmann M, Euler S (2019) Narzissmus in der therapeutischen Beziehung. PiD-Psychotherapie im Dialog 20:31–37.

Busmann M, Wrege J, Meyer A, Ritzler F, Schmidlin M, Gaab J, Lang UE, Walter M, Euler S (2019) Alternative model of personality disorders (DSM-5) predicts dropout in inpa-tient psychotherapy for patients with personality disorders. Front Psychology10: 952.

Chavez JX, Dinsmore JA, Hof DD (2010) Assessing the incidence rates of substance use disorders among those with antisocial and borderline personality disorders in rural settings. Int J Psychol 6: 57–66.

Choi-Kain LW, Gunderson JG (2008) Mentalization: ontogeny, assessment, and application in the treatment of borderline personality disorder. Am J Psychiatry 165: 1127–1135.

Clarkin JF, Caligor E, Stern B, Kernberg OF (2004) Structured Interview of Personality Organization (STIPO). Weill Medical College of Cornell University [dt. Doering S. Sturkturiertes Interview zur Persönlichkeitsorganisation

STIPO-D]. (http://www.meduniwien.ac.at/hp/fileadmin/psychoanalyse/pdf/STIPO-D.pdf, Zugriff am 18.10.2021).

Clarkin JF, Levy K. N, Lenzenweger MF, Kernberg OF (2007) Evaluating three treatments of borderline personality disorder: a multiwave study. Am J Psychiatry 164: 922–928.

Clarkin JF, Yeomans FE, Kernberg OF (2006) Psychotherapy of borderline personality disorder. Focusing on object relations. Arlington: American Psychiatric Publishing [dt. (2008) Psychotherapie der Borderline-Persönlichkeit. 2. Auflage. Stuttgart: Schattauer.].

Cleckley H (1941) The mask of sanity. St. Louis: Mosby.

Cloninger CR (2005) Genetics. In: Oldham JM, Skodol AE, Bender DS (Hrsg.) Textbook of personality disorders. Washington, DC: American Psychiatric Publishing. S. 143–54.

Coid J, Ullrich S (2010). Antisocial personality disorder is on a continuum with psychopathy. Compr Psychiatry 51: 426–433.

Coid J, Yang M, Tyrer P, Roberts A, Ullrich S (2006) Prevalence and correlates of personality disorder in Great Britain. Br J Psychiatry 188: 423–431.

Colpaert K, Vanderplasschen W, De Maeyer J, Broekaert E, De Fruyt F (2012) Prevalence and determinants of personality disorders in a clinical sample of alcohol-, drug-, and dual-dependent patients. Subst Use Misuse 47: 649–61.

Compton WM, Conway KP, Stinson FS, Colliver JD, Grant BF (2005) Prevalence, correlates, and comorbidity of DSM-IV antisocial personality syndromes and alcohol and specific drug use disorders in the United States: results from the national epidemiologic survey on alcohol and related conditions. J Clin Psychiatry 66: 677–685.

Costa PT, McCrae RR (1990) Personality disorders and the five-factor model of personality. J Pers Disord 4: 362–371.

Costa PT, McCrae RR (1992) Revised NEO Personality Inventory (NEO-PI-R) and NEO Five-Factor Inventory (NEO-FFI) professional manual. Odessa, FL: Psychological Assessment Resources.

Crawford MJ, Koldobsky N, Mulder R, Tyrer P (2011) Classifying personality disorder according to severity. J Pers Disord 25: 321–330.

Crawford M, Sahib H, Bratton P, Tyrer P, Davidson K (2009) Service provision for men with antisocial personality disorder who make contact with mental health services. Pers Ment Health 3: 165–171.

Damasio AR (2010) The self comes to mind. New York: Viching.

Dammann G (2001) Bausteine einer allgemeinen Psychotherapie der Borderline-Störung. Dammann G, Janssen PL (Hrsg.) Psychotherapie der Borderline-Störungen. Krankheitsmodelle und Therapiepraxis – störungsspezifisch und schulenübergreifend. Stuttgart: Thieme. S. 232–257.

Dammann G (2004) Interaktionelle Methode und übertragungsfokussierte Psychotherapie. Forum Psychoanal 4: 314–330.

Dammann G (2013) Psychodynamische Aspekte der Komorbidität. In: Walter M, Gouzoulis-Mayfrank E (Hrsg.) Psychische Störungen und Suchterkrankungen. Diagnostik und Behandlung von Doppeldiagnosen. Stuttgart: Kohlhammer.

Dammann G, Buchheim P, Clarkin JF, Kernberg OF (2001) Die Arbeit mit Therapievereinbarungen in der übertragungsfokussierten, psychodynamischen Therapie der Borderline-Störungen. In: Dammann G, Janssen PL (Hrsg.) Psychotherapie der Borderline-Störungen. Stuttgart: Thieme. S. 59–70.

Damman G, Gerisch B (2005) Narzisstische Persönlichkeitsstörungen und Suizidalität: Behandlungsschwierigkeiten aus psychodynamischer Perspektive. Schweizer Archiv für Neurologie und Psychiatrie 156: 299–309.

Dammann G, Gerber H, Denier N, Schmid O, Huber C, Riecher-Rössler A, Wiesbeck GA, Borgwardt SJ, Gremaud-Heitz D, Walter M (2017) The Influence of Comorbid Personality Disorder on Patients in Heroin-Assisted Treatment: Pilot data on Clinical Outcome. Heroin Addict Relat Clin Probl 19: 57–64.

Dammann G, Hügli C, Selinger J, Gremaud-Heitz D, Sollberger D, Wiesbeck GA, Küchenhoff J, Walter M (2011) The self-image in borderline personality disorder: an in-depth qualitative research study. J Pers Disord 25: 517–27.

De Vegar ML, Siever LJ, Trestman RL (1994) Impulsivity and serotonin in borderline personality disorder. In: Silk KR (Hrsg.) Biological and neurobehavioral studies of borderline personality disorder (progress in psychiatry). Washington, DC: Psychiatric Press. S. 23–40.

Deneke F, Hilgenstock B (1989) Das Narzissmus-Inventar. Bern: Huber.

Depue RA, Lenzenweger MF (2005) A neurobehavioral dimensional model of personality disturbance. In: Lenzenweger MF, Clarkin JF (Hrsg.) Major theories of personality disorder. New York: Guilford Press. S. 391–453.

DGPPN (Deutsche Gesellschaft für Psychiatrie und Psychotherapie, Psychosomatik und Nervenheilkunde) (Hrsg.) (2009) Leitlinien für Persönlichkeitsstörungen – S2 Praxisleitlinien in Psychiatrie und Psychotherapie. Heidelberg: Steinkopff.

Di Pierro R, Preti E, Vurro N, Madeddu F (2014) Dimensions of personality structure among patients with substance use disorders and co-occuring personality disorders: A comparison with psychiatric outpatients and healthy controls. Compr Psychiatry.

Diamond D, Yeomans FE, Stern B, Levy KN, Hörz S, Doering S, Fischer-Kern M, Delaney J, Clarkin JF (2013) Transference focused psychotherapy for patients with comorbid narcissistic and borderline personality disorder. Psychoanal Inquiry 33: 527–551.

Dilling H, Mombour W, Schmidt MH (1991) Internationale Klassifikation psychischer Störungen: ICD-10, Kapitel V (F). Klinisch-diagnostische Leitlinien, Weltgesundheitsorganisation. Bern: Huber.

Distel M A, Hottenga JJ, Trull T J, Boomsma D I (2008) Chromosome 9: linkage for borderline personality disorder features. Psychiatric Genetics 18: 302–307.

Doering S, Hörz S, Rentrop M et al. (2010) Transference-focused psychotherapy v. treatment by community psychotherapists for borderline personality disorder: randomised controlled trial. Br J Psychiatry 196: 389–395.

Doering S, Renn D, Höfer S, Rumpold G, Smrekar U, Janecke N, Schatz DS, Schotte C, DeDoncker D, Schüßler G (2007) Validierung der deutschen Version des Fragebogens zur Erfassung von DSM-IV Persönlichkeitsstörungen (ADP-IV). Z Psychosom Med Psychother 53: 111–128.

Domes G, Schulze L, Herpertz SC (2009) Emotion recoginition in borderline personality disorder – a review of the literature. J Pers Disord 23: 6–19.

Dornes M (2004) Über Mentalisierung, Affektregulierung und die Entwicklung des Selbst. Forum Psychoanal 20: 175–199

Dulz B, Herpertz S, Kernberg O, Sachsse U (Hrsg.) (2011) Handbuch der Borderline Persönlichkeitsstörungen. 2. Auflage. Stuttgart: Schattauer.

Ehrenthal JC (2014) Strukturdiagnostik. Neue Ergebnisse aus der Forschung für die Praxis. Psychodynamische Psychotherapie 13: 103–114.

Ellgring H, Heigl-Evers A, Standke G (1989) Sachbericht zum Forschungsprojekt Selbsterleben und Objektbeziehungen von Alkoholkranken. Suchtgefahren 35: 191–201.

Emmelkamp PM, Brenner A, Kuipers A et al. (2006) Comparison of brief dynamic and cognitive-behavioural therapies in avoidant personality disorder. Br J Psychiatry 189: 60–64.

Erikson EH (1966) Das Problem der Ich-Identität. In: Erikson EH (Hrsg.) Identität und Lebenszyklus. Frankfurt a. M.: Suhrkamp. S. 123–212.

Erikson EH (1976) Identität und Lebenszyklus. Frankfurt a. M.: Suhrkamp.

Euler S (2014) Mentalisierungsbasierte Therapie (MBT) – ein schulen- und störungsübergreifendes Behandlungsverfahren. P&N 3: 6–11.

Euler S, Schultz-Venrath U (2014a) Mentalisierungsbasierte Therapie (MBT) – Mentalisieren als Grundlage wirksamer Psychotherapien. PiD; 15: 40–43.

Euler S, Schultz-Venrath U (2014b) Theorie und Praxis der mentalisierungsbasierten Therapie (MBT) bei der Borderline-Persönlichkeitsstörung. PSYCH up2date 8(06): 393–407. Stuttgart: Thieme.

Euler S, Sollberger D, Bader K, Lang UE, Walter M (2015) A systematic review of personali-ty disorders and addiction: Epidemiology, course and treatment. Fortschr Neurol-Psychiatr, 83: 544–54.

Euler S, Stöbi D, Sowislo J, Huber C, Lang UE, Wrege J, Walter M (2018a) Association of grandiose and vulnerable narcissism with psychopathology in borderline personality disorder. Psychopathology 51: 110–121.

Euler S, Wrege J, Busmann M, Lindenmeyer HJ, Sollberger D, Lang UE, Gaab J, Walter M (2018b) Exclusion-proneness in borderline personality disorder inpatients impairs alliance in mentalization-based group therapy. Front Psychol 9: 824.

Euler S, Stalujanis E, Spitzer C (2018c) Current practice in psychotherapy of personality disorders. Z Psychiatr Psychol Psychother, 66: 95–105.

Euler S, Dammann G, Endtner K, Leihener F, Perroud NA, Reisch T, Schmeck K, Sollberger D, Walter M, Kramer U (2018d) Borderline personality disorder: treatment recom-mendations of the swiss society for psychiatry and psychotherapy (SGPP/SSPP. Swiss Arch Neurol Psychiatr Psychother169: 135–143.

Euler S, Stalujanis E, Allenbach G, Kolly S, de Roten Y, Despland JN, Kramer U (2018e) Dialectical behavior therapy affects defense mechanisms in borderline personality disor-der – an integrative approach of mechanisms in psychotherapy. Psychother Res, 13: 1–12.

Euler S, Nolte T, Constantinou M, Griem J, Montague PR, Fonagy P (2019a) Interpersonal problems in borderline personality disorder: Associations with mentalizing, emotion regulation and impulsiveness. J Pers Disord, 1–17.

Euler S, Stalujanis E, Lindenmeyer HJ, Kramer U, Perroud NA, Weibel (2021) Impact of childhood maltreatment in borderline personality disorder on treatment response to intensive dialectical behaviour therapy. J Pers Disord 35:428–446.

Euler S, Walter M (2020) Mentalisierungsbasierte Psychotherapie (MBT). 2. Auflage. Stuttgart: Kohlhammer.

Fabian E, Dulz B, Martius Ph (Hrsg.) (2009) Stationäre Psychotherapie der Borderline-Störungen. Therapiespektrum und klinikspezifische Behandlungskonzepte. Stuttgart: Schattauer.

Fairbarin WR (1952) Psychoanalytic studies of the personality. London: Tavistock Publications in association with Routlegde, Kegan Paul.

Falkai P, Wittchen HU et al. (Hrsg.) (2015) Diagnostisches und Statistisches Manual Psychischer Störungen DSM-5®. Göttingen: Hogrefe.

Fenton MC, Keyes K, Geier T, Greenstein E, Skodol A, Krueger B, Grant BF, Hasin DS (2012) Psychiatric comorbidity and the persistence of drug use disorders in the United States. Addiction 107: 599–609.

Fiedler P (2007) Persönlichkeitsstörungen. 6. Auflage. Weinheim: Beltz Verlags-Union.

Fiedler P (2011) Persönlichkeitsstörungen. In: Wittchen HU, Hoyer J (Hrsg.) Klinische Psychologie, Psychotherapie. Berlin: Springer.

Fiedler P, Herpertz S (2010) Persönlichkeitsstörungen im Spannungsfeld zwischen Biologie und Sozialisation. In: Voderholzer U, Hohagen F (Hrsg.) Therapie psychischer Erkrankungen. State of the Art. 5. Auflage. München: Urban & Fischer. S. 321–344.

First MB, Spitzer RL, Gibbon M, Williams JBW, Benjamin L (1995) The Structured Clinical Interview for DSM-IV Personality Disorders (SCID-II). Washington: American Psychiatric Press.

First MB, Spitzer RL, Gibbon M, Williams JBW, Davies M, Borus J, Howes MJ, Kane J, Pope HG, Rounsaville B (1995) The Structured Clinical Interview for DSM-III-R Personality Disorders (SCID-II). Part II: Multi-site Test-retest Reliability Study. J Pers Disord 9: 92–104.

Fischer Th (2009) Guppenpsychotherapie bei Abhängigkeitserkrankungen. In: Bilitza KW (Hrsg.) Psychotherapie der Sucht. Göttingen: Vandenhoeck & Ruprecht. S. 111–131.

Fonagy P (1995) Playing with reality: The development of psychic reality and its malfunction in borderline patients. Int J Psychoanal 76: 39–44.

Fonagy P (2003) Bindungstheorie und Psychoanalyse. Stuttgart: Klett-Cotta.

Fonagy P, Bateman AW (2006) Mechanisms of change in mentalization-based treatment of borderline personality disorder. J Clin Psychol 62: 411–430.

Fonagy P, Bateman AW (2008) The development of borderline personality disorder – a mentalizing model. J Pers Disord 22: 4–21.

Fonagy P, Bateman A and Bateman A (2011) The widening scope of mentalizing: A discussion. Psychology and Psychotherapy: Theory, Research and Practice 84: 98–110.

Fonagy P, Bateman AW, Luyten P (2012) Introduction and overview. In: Bateman AW, Fonagy P (Hrsg.) Handbook of mentalizing in mental health practice. Washington DC, London: American Psychiatric Publishing. S. 3–42.

Fonagy P, Steele H, Moran G et al. (1991) The capacity for understanding mental states: The reflective self in parent and child and its significance for security of attachment. Infant Ment Health J 13: 200–217.

Fonagy P, Steele H, Moran G et al. (1996) The relation of attachment status, psychiatric classification, and response to psychotherapy. J Consul Clin Psychol 64: 22–31.

Fonagy P, Target M (1997) Attachment and reflective function: Their role in self-organization. Development and Psychopathology 9: 679–700.

Literatur

Fonagy P, Target M (2003) Psychoanalytic theories: Perspectives from developmental psychopathology. New York: Brunner-Routledge. S. 270–282.

Fonagy P, Gergely G, Jurist EL, Target M (2004) Affektregulierung, Mentalisierung und die Entwicklung des Selbst. Stuttgart: Klett-Cotta.

Freud S (1914/1999) Zur Einführung des Narzissmus. Gesammelte Werke XIV. Frankfurt am Main: Fischer.

Freud S (1920/1999) Jenseits des Lustprinzips. Gesammelte Werke Bd. XIII. Frankfurt am Main: Fischer.

Fydrich T, Renneberg B, Schmitz B, Wittchen HU (1997) Strukturiertes Klinisches Interview für DSM-IV, Achse II (Persönlichkeitsstörungen) SKID-II. Göttingen: Hogrefe.

Fydrich T, Schmitz B, Dietrich D, Heinicke S, König J (1996) Prävalenz und Komorbidität von Persönlichkeitsstörungen. In: Schmitz B, Frydrich T, Limbacher K (Hrsg.) Persönlichkeitsstörungen. Diagnostik und Psychotherapie. Weinheim: Beltz Verlags Union.

Gabbard GO (2005) Übertragung und Gegenübertragung in der Behandlung von Patienten mit Narzisstischer Persönlichkeitsstörung. In: Kernberg OF, Hartmann H-P (Hrsg.) Narzissmus. Grundlagen – Störungsbilder – Therapie. Stuttgart, New York: Schattauer. S. 693–704.

Gabbard GO (2011) Die Borderline-Persönlichkeitsstörung als Schnittstelle zwischen Psychoanalyse und Neurobiologie. In: Dulz B, Herpertz SC, Kernberg OF, Sachsse U (Hrsg.) Handbuch der Borderline-Störungen. Stuttgart: Schattauer. S. 123–133.

Gabbard GO, Horowitz MJ (2009) Insight, transference interpretation, and therapeutic change in the dynamic psychotherapy of borderline personality disorder. Am J Psychiatry 166: 517–521.

Galen LW, Brower KJ, Gillespie BW, Zucker RA (2000) Sociopathy, gender, and treatment outcome among outpatient substance abusers. Drug Alcohol Depend 61: 23–33.

George C, Kaplan J, Main M (1994) Adult Attachment Interview. Department of Psychology, University of California at Berkeley.

Gianoli MO, Jane JS, O'Brien E, Ralevski E (2012) Treatment for comorbid borderline personality disorder and alcohol use disorders: a review of the evidence and future recommendations. Exp Clin Psychopharmacol 20: 333–44.

Gibbon S, Duggan C, Stoffers J, Huband N, Völlm BA, Ferriter M, Lieb K (2010) Psychological interventions for antisocial personality disorder. Cochrane Databse Syst Rev 16: CD007668.

Giesen-Bloo J, van Dyck R, Spinhoven P, van Tilburg W et al. (2006) Outpatient psychotherapy for borderline personality disorder: randomized trial of

schema-focused therapy vs transference-focused psychotherapy. Arch Gen Psychiatry 63: 649-658.
Glenn AL, Johnson AK, Raine A (2013) Antisocial personality disorder: a current review. Curr Psychiatry Rep 15(12): 427.
Götze P (2007) Übertragungs-Gegenübertragungs-Widerstand in der Diagnostik und Behandlung suizidaler Patienten. Suizidprophylaxe 34: 123-134.
Gregory RJ, DeLucia-Deranja E, Mogle JA (2010) Dynamic deconstructive psychotherapy versus optimized community care for borderline personality disorder co-occuring with alcohol use disorder. J Nerv Ment Disease 198: 292-298.
Gregory RJ, Remen A (2008) A manual-based psychodynamic therapy for treatment-resistant borderline personality disorder. Psychotherapy: Theory, research, practice, training 45: 15-27.
Grijalva E, Newman DA, Tay L, Donnellan MB, Harms PD, Robins RW, Yan T (2015) Gender differences in narcissism: a meta-analytic review. Psychological Bulletin 141: 261-310.
Grilo CM, Sanislow CA, Skodol AE et al. (2007) Longitudinal diagnostic efficiency of DSM-IV criteria for borderline personality disorder: a 2-year prospective study. Can J Psychiatry 52: 357-62.
Grilo CM, Shea MT, Sanislow CA et al. (2004) Two-year prevalence and stability of individual DSM-IV criteria for schizotypal, borderline, avoidant, and obsessive-compulsive personality disorders. J Consult Clin Psychol 72: 767-775.
Grunberger B (1979) Narcissism: Psychoanalytic Essays. New York: International Universities Press.
Gsellhofer B, Küfner H, Vogt M, Weiler D (1999) European Addiction Severity Index - EuropASI. Hohengehren: Schneider Verlag.
Gunderson JG (1996) The borderline patient's intolerance of aloneness: insecure attachments and therapist availability. Am J Psychiatry 153: 752-758.
Gunderson J (2007) Disturbed relationships as a phenotype for borderline personality disorder. Am J Psychiatry 164: 1637-1640.
Gunderson JG (2009) Borderline Personality Disorder: Ontogeny of a Diagnosis. Am J Psychiatry 166: 530-539.
Gunderson JG, Bateman A, Kernberg OF (2007) Alternative perspectives on psychodynamic psychotherapy of borderline personality disorder: A case of »Ellen« (case conf.). Am J Psychiatry 164: 1333-1339.
Gunderson JG, Stout RL, McGlashan TH, Shea MT, Morey LC et al. (2011) Ten-year course of borderline personality disorder: psychopathology andfunction from the Collaborative Longitudinal Personality Disorders study. Arch Gen Psychiatry 68: 827-837.

Gunderson JG, Weinberg I, Choi-Kain L (2013) Borderline personality disorder. Focus 11: 129–145.

Gurvits IG, Koenigsberg HW, Siever LJ (2000) Neurotransmitter dysfunction in patients with boderline personality disorder. Psychiatr Clin North Am 23: 27–40.

Hare RD (1991) Manual for the Revised Psychopathy Checklist. Toronto, ON, Canada: Multi-Health Systems.

Hare RD (2003) Manual for the Revised Psychopathy Checklist. 2. Auflage. Toronto, ON, Canada: Multi-Health Systems.

Hasin D, Fenton MC, Skodol A, Krueger R, Keyes K, Geier T, Greenstein E, Blanco C, Grant B (2011) Personality disorders and the 3-year course of alcohol, drug, and nicotine use disorders. Arch Gen Psychiatry 68: 1158–1167.

Heigl-Evers A, Heigl FS (1983) Das interaktionelle Prinzip in der Einzel- und Gruppentherapie. Z Psychosom Med Psychoanal 29: 1–14.

Henseler H (2000) Narzisstische Krisen: Zur Psychodynamik des Selbstmords. 4. aktualisierte Auflage. Wiesbaden: Westdeutscher Verlag.

Herman JL (1993) Die Narben der Gewalt. Traumatische Erfahrungen verstehen und überwinden. München: Kindler.

Herpertz S (2011) Was bringt das DSM-V Neues zur Klassifikation der Persönlichkeitsstörungen? Z Psychiatr Psychol Psychother 59: 261–266.

Herpertz SC (2011a) Der Beitrag der Neurobiologie zum heutigen Verständnis der Borderline Persönlichkeitsstörung. Nervenarzt 82: 9–15.

Herpertz SC (2018) Neue Wege in der Klassifikation von Persönlichkeitsstörungen in ICD-11. Fortschr Neurol Psychiatr 86: 150-1–155.

Herpertz SC, Habermeyer E (2004) »Psychopathy« als Subtyp der antisozialen Persönlichkeit. Persönlichkeitsstörungen – Theorie und Therapie PTT 8: 73–84.

Herpertz SC, Zanarini M, Schulz CS, Siever L, Lieb K, Möller HJ (2007) WFSBP Task Force on Personality Disorders. World Federation of Societies of Biological Psychiatry (WFSBP) guidelines for biological treatment of personality disorders. World J Biol Psychiatry 8: 212–44.

Higgins ST, Petry NM (1999) Contingency management. Incentives for sobriety. Alcohol Res Health 23: 122–127.

Hinsch R, Pfingsten U (2007) Gruppentraining sozialer Kompetenzen (GSK). Grundlagen, Durchführung, Anwendungsbeispiele. Weinheim: PVU.

Hirsch M (2004) Psychoanalytische Traumatologie – das Trauma in der Familie: Psychoanalytische Theorie und Therapie schwerer Persönlichkeitsstörungen. Stuttgart: Schattauer.

Literatur

Höfer R, Keupp H (1997) Identitätsarbeit heute. Klassische und aktuelle Perspektiven der Identitätsforschung. Frankfurt a. M.: Suhrkamp.

Hyler SE (1994) Personality Diagnostic Questionnaire – 4 (PDQ-4+]). New York: New York State Psychiatric Institute.

Hyler SE, Rieder RO, Williams JBW, Spitzer RL, Hendler J, Lyons M (1988) The Personality Diagnostic Questionnaire: Development and Preliminary Results. J Pers Disord 2: 229–237.

Ingenhoven T, Lafay P, Rinne T, Passchier J, Duivenvoorden H (2010) Effectiveness of pharmacotherapy for severe personality disorders: meta-analyses of randomized controlled trials. J Clin Psychiatry 71: 14–25.

Jackson HJ, Burgess PM (2000) Personality disorders in the community: a report from the Australian National Survey of Mental Health and Wellbeing. Social Psychiatry and Psychiatric Epidemiology 35: 531–538.

Johnson DM, Shea MT, Yen S (2003) Gender differences in borderline personality disorder: findings from the Collaborative Longitudinal Personality Disorders Study. Compr Psychiatry 44: 284–292.

Johnson JG, Cohen P, Kasen S, Skodol AE, Hamagami F, Brooks JS (2000) Age-related change in personality disorder trait levels between early adolescence and adulthood: a community-based longitudinal investigation. Acta Psychiatr Scand 102: 265–275.

Jørgensen CR (2006) Disturbed sense of identity in borderline personality disorder. J Pers Disord 20: 618–644.

Jørgensen CR (2010) Invited essay: identity and borderline personality disorder. J Pers Disord 24: 344–364.

Karterud S, Øien M, Pedersen G (2011) Validity aspects of the Diagnostic and Statistical Manual of Mental Disorders, Fourth Edition, narcissistic personality disorder construct. Compr Psychiatry 52: 517–526.

Khantzian EJ (1974) Opiate addiction: A critique of theory and some implications for treatment. Journal of American Psychotherapy 28: 59–70.

Khantzian EJ (1977) The ego, the self, and opiate addiction: Theoretical and treatment considerations. International Review of Psychoanalysis 5: 89–99.

Khantzian EJ (1985) The self-medication hypothesis of addictive disorders. American Journal of Psychiatry 142: 1259–1264.

Khantzian EJ (1997) The self-medication hypothesis of substance use disorders: a reconsideration and recent applications. Harv Rev Psychiatry 4: 231–244.

Khantzian EJ (2003) Understanding Addictive Vulnerability: An Evolving Psychodynamic Perspective. Neuropsychoanalysis 5: 5–21.

Kernberg OF (1967) Borderline personality organisation. J Am Psychoanal Assoc 15: 641–685.

Literatur

Kernberg OF (1970) Factors in the treatment of narcissistic personality disorder. J Am Psychoanal Assoc 18: 51–58.

Kernberg OF (1978) Borderline Störungen und pathologischer Narzissmus. Frankfurt a. M.: Suhrkamp.

Kernberg OF (1984) Severe Personality Disorder. New Haven: Yale University Press.

Kernberg OF (2004) Aggressivity, narcissism, and self-destructiveness in the psychotherapeutic relationship. New Haven: Yale University Press.

Kernberg OF (2006a) Identity: recent findings and clinical implications. Psychoanalytic Quarterly 75: 969–1004.

Kernberg OF (2006b) Die narzisstische Persönlichkeit und ihre Beziehung zu antisozialem Verhalten und Perversionen – pathologischer Narzisssmus und narzisstische Persönlichkeit. In: Kernberg OF, Hartmann HP (Hrsg.) Narzissmus. Grundlagen, Störungsbilder, Therapie. Stuttgart: Schattauer. S. 263–306.

Kernberg OF, Dulz B, Sachsse U (2000) Handbuch der Borderline-Störungen. 1. Auflage. Stuttgart: Schattauer.

Kernberg OF, Hartmann H-P (2005) Narzissmus. Grundlagen – Störungsbilder – Therapie. Stuttgart, New York: Schattauer.

Kernberg OF, Hörz S (2006) Persönlichkeitsentwicklung und Trauma –theoretische und therapeutische Anmerkungen In: Dulz B, Herpertz S, Kernberg O, Sachsse U (Hrsg.) Handbuch der Borderline Persönlichkeitsstörungen. Stuttgart: Schattauer. S. 693–712.

Kernberg OF, Levy KN (2006) Borderline-Persönlichkeitsstörung und Borderline-Persönlichkeitsorganisation – Psychopathologie und Diagnose. In: Kernberg OF, Hartmann HP (Hrsg.) Narzissmus. Grundlagen, Störungsbilder, Therapie. Stuttgart: Schattauer. S. 286–300.

Kernberg OF, Michels R (2009) Borderline Personality Disorder. Editorial. Am J Psychiatry 166: 505–508.

Kessler RC, Berglund P, Demler O et al. (2005) Lifetime prevalence and age-of-onset distributions of DSM-IV disorders in the National Comorbidity Survey Replication. Arch Gen Psychiatry 62: 593–602.

Keupp H et al. (1999) Identitätskonstruktionen. Das Patchwork der Identitäten in der Spätmoderne. Reinbek b. Hamburg: Rowohlt.

Kiefer F, Mann K (2010) Acamprosate: how, where, and for whom does it work? Mechanism of action, treatment targets, and individualized therapy. Curr Pharm Des 16: 2098–2102.

Klerman, Gerald L (1986) Historical perspectives on contemporary schools of psychopathology. In: Millon Th, Klerman GL (Hrsg.) Contemporary directions in psychopathology: Toward the DSM-IV New York: Guilford Press. S. 3–28.

Köck P, Walter M (2018) Personlaoity disorder and substance use disorder – an update. Mental Health & Prevention 12: 82–89.

Köhler L (1990) Neue Ergebnisse der Kleinkindforschung – Ihre Bedeutung für die Psychoanalyse. Forum Psychoanal 6: 32–51.

Koenigsberg HW, Siever LJ, Lee H et al. (2009) Neural correlates of emotion processing in borderline personality disorder. Psychiatry Res 172: 192–199.

Kohut H (1966) Forms and transformations of narcissism. J Am Psychoanal Assoc 14: 243–272.

Kohut H (1976) Narzissmus. Eine Theorie der psychoanalytischen Behandlung narzisstischer Persönlichkeitsstörungen. Frankfurt/M.: Suhrkamp.

Kohut H (1971) The Analysis of the Self. New York: International Universities Press.

Kohut H (1977) The Restoration of the Self. New York: International Universities Press.

Koob GF, LeMoal M (2006) Neurobiology of Addiction. London: Elsevier.

Koons CR, Robins CJ, Tweed JL et al. (2001) Efficacy of dialectical behavior therapy in women veterans with borderline personality disorder. Behav Therapy 32: 371–390.

Krystal H, Raskin HA (1996) Drogensucht: Aspekte der Ich-Funktion. Göttingen: Vandenhoeck & Ruprecht.

Küchenhoff J (2009) Fallzentrierte Teamsupervision. In: Küchenhoff J, Mahrer Klemperer R (Hrsg.) Psychotherapie im psychiatrischen Alltag. Die Arbeit an der therapeutischen Beziehung. Stuttgart: Schattauer. S. 294–299.

Kuhl J, Kazén M (1997) Persönlichkeits-, Stil- und Störungsinventar (PSSI). Göttingen, Hogrefe.

Lackinger F (2008) Psychodynamische Strukturdiagnostik und Deliktanalyse bei persönlichkeitsgestörten Delinquenten. In: Lackinger F, Dammann G, Wittmann B (Hrsg.) Psychodynamische Psychotherapie bei Delinquenz. Praxis der übertragungsfokussierten Psychotherapie. Stuttgart: Schattauer. 3–37.

Lampe L, Sunderland MJ (2015) Social Phobia and Avoidant Personality Disorder: Similar but Different? Pers Disord 29: 115–130.

Langås AM, Malt UF, Opjordsmoen S (2012) In-depth study of personality disorders in first-admission patients with substance use disorders. BMC Psychiatry 12: 180.

Leichsenring F, Leibing E, Kruse J, New AS, Leweke F (2011) Borderline personality disorders. Lancet 377: 74–84.

Lembke A (2012) Time to abandon the self-medication hypothesis in patients with psychiatric disorders. Am J Drug Alcohol Abuse 38: 524–529.

Levy KN (2005) The implications of attachment theory and research for understanding borderline personality disorder. Development and Psychopathology 17: 959–986.

Levy KN (2012) Subtypes, Dimensions, Levels, and Mental States in Narcissism and Narcissistic Personality Disorder. J Clin Psychology: In session 68: 886–897.

Levy KN, Clarkin JF, Yeomans FE, Scott LN, Wassermann RH, Kernberg OF (2006) The mechanisms of change in the of borderline personality disorder with transference focused psychotherapy. J Clin Psychology 62: 481–501.

Levy KN, Meehan KB, Kelly KM et al. (2006) Change in attachment patterns and reflective function in a randomized control trail of transference-focused psychotherapy for borderline personality disorder. J Consult Clin Psychol 74: 1027–1040.

Lewis KL, Grenyer BF (2009) Borderline personality or complex posttraumatic stress disorder? An update on the controversy. Harv Rev Psychiatry 17: 322–8.

Lieb K, Zanarini MC, Schmahl C et al. (2004) Borderline personality disorder. Lancet 364: 453–461.

Lieb K, Völlm B, Rücker G, Timmer A, Stoffers JM (2010) Pharmacotherapy for borderline personality disorder: Cochrane systematic review of randomised trials. Br J Psychiatry 196: 4–12.

Linehan MM (1993a) Cognitive-behavioral treatment in borderline personality disorder. New York: Guilford Press [dt. Linehan MM (1996a) Dialektisch-Behaviorale Therapie der Borderline-Persönlichkeitsstörung. München: CIP-Medien].

Linehan MM (1993b) Skills training manual for treating borderline personality disorder. New York: Guilford Press [dt. Linehan MM (1996b) Trainings-Manual zur Therapie der Borderline-Störung. München: CIP-Medien].

Linehan MM, Armstrong HE, Suarez A et al. (1991) Cognitive-behavioral treatment of chronically parasuicidal borderline patients. Arch Gen Psychiatry 48: 1060–1064.

Linehan MM, Comtois K, Murray A et al. (2006) Two years randomized trial and follow-up of dialectical behavioral therapy vs therapy by experts for suicidal behaviors and borderline personality disorder. Arch Gen Psych 63: 757–766.

Linehan MM, Dimeff LA, Reynolds SK, Comtois KA, Shaw Welch S, Heagerty P et al. (2002) Dialectical behaviour therapy versus comprehensive validation therapy plus 12-step for the treatment of opioid dependent women meeting criteria for borderline personality disorder. Drug Alcohol Depend 67: 13-26.

Linehan MM, Heard HL, Armstrong HE (1993) Naturalistic follow-up of a behavioural treatement for chronically parasuicidal borderline patients. Arch Gen Psychiatry 50: 971-974.

Linehan MM, Schmidt H, Dimeff LA, Craft JC, Kanter J, Comtois KA (1999) Dialectical behaviour therapy for patients with borderline personality disorder and drug dependence. Am J Addict 8: 279-292.

Links PS (2013) Pathological narcissism and the risk of suicide. In: Ogrodniczuk JS (Hrsg.) Understanding and treating pathological narcissism. Baltimore: United Book.

Livesley WJ, Jang K (2008) Behavioral genetics of personality disorder. Annu Rev Clin Psychol 4: 247-274.

Livesley W, Jang KL, Vernon PA (1998) Phenotypic and genetic structure of traits delineating personality disorder. Arch Gen Psychiatry 55: 941-948.

Lohmer M (2006) Borderline-Therapie. Psychodynamik, Behandlungstechnik und therapeutische Settings. Stuttgart: Schattauer.

Loranger AW, Sartorius N, Andreoli A et al. (1994) The International Personality Disorder Examination. Arch Gen Psychiatry 51: 215-224.

Lorenzini N, Fonagy P (2013) Attachment and Personality Disorders: A Short Review FOCUS 11: 155-166.

Lucius-Hoene G, Deppermann A (2002) Rekonstruktion narrativer Identität. Opladen: Leske+Budrich.

Lürssen E (1976) Das Suchtproblem in neuerer psychoanalytischer Sicht. In: Eicke D (Hrsg.) Freud und die Folgen (1). Bd. II: Die Psychologie des 20. Jh.s. Zürich, München: Kindler. S. 838-867.

Lynch TR, Chapman AL, Rosenthal M et al. (2009) Mechanisms of change in dialectical ehaviour therapy: theoretical and empirical observations. J Clin Psychology 62: 459-480.

Magyar MS, Edens JF, Lilienfeld SO, Douglas KS, Poythress NG (2011) Examining the Relationship Among Substance Abuse, Negative Emotionality and Impulsivity Across Subtypes of Antisocial and Psychopathic Substance Abusers. Journal of Criminal Justice 39: 232-237.

Maier W, Hawellek B (2011) Genetik. In: Dulz B, Herpertz SC, Kernberg OF, Sachsse U (Hrsg.) Handbuch der Borderline-Störungen. Stuttgart: Schattauer. S. 69-74.

Maltsberger JT, Buie DH (1974) Countertransference hate in the treatment of suicidal patients. Arch Gen Psychiatry 30: 625-633.

Marlatt GA, Gordon JR (1985) Relapse Prevention: a self-control strategy for the maintenance of behavior change. New York: Guilford.

Marsh AA, Blair RJ (2008) Deficits in facial affect recognition among antisocial populations: a meta-analysis. Neurosci Biobehav Rev 32: 454–465.

Martinez-Raga J, Marshall EJ, Keaney F, Ball D, Strang J (2002) Unplanned versus planned discharges from in-patient alcohol detoxification: retrospective analysis of 470 first-episode admissions. Alcohol 37: 277–81.

McAdams DP (1996) Personality, modernity, and the storied self: A contemporary framework for studying persons. Psychological Inquiry 7: 295–321.

McBride O, Teesson M, Hasin D et al. (2009) Further evidence of differences in substance use and dependence between Australia and the United States. Drug Alcohol Depend 100: 258–264.

McCullogh L. McGill M (2009) Affect-focused short-term dynamic thearpiy: empirically-supported strategies for resolving affect phobias. In: Levy R, Ablon S (Hrsg.) Evidence-based psychodynamic psychotherapy. New York: Humana. S. 249–277.

McGlashan TH, Grilo CM, Skodol AE, Gunderson JG, Shea MT, Morey LC, Zanarini MC, Stout RL (2000) The Collaborative Longitudinal Personality Disorders Study: baseline Axis I/II and II/II diagnostic co-occurrence. Acta Psychiatr Scand. 102: 256–264.

McGlashan TH, Grilo CM, Sanislow CA, Ralevski E, Morey LC, Gunderson JG, Skodol AE, Shea MT, Zanarini MC, Bender DS, Stout RL, Yen S, Pagano ME (2005) Two-year prevalence and stability of individual DSM-IV criteria for schizotypal, borderline, avoidant, and obsessive-compulsive personality disorders: toward a hybrid model of axis II disorders. Am J Psychiatry 162: 883–889.

McKernan LC, Nash MR, Gottdiener WH, Anderson SE, Lambert WE, Carr ER (2015) Further Evidence of Self-Medication: Personality Factors Influencing Drug Choice in Substance Use Disorders. Psychodynamic Psychiatry 43: 243–276.

McMain SF, Links PS, Gnam PH, Guimond T, Cardish RJ, Korman L, Streiner DL (2009) A randomized trial of dialectical behavioral therapy versus general psychiatric management for borderline personality disorder. Am J Psychiatry 166: 1365–1374.

Meyers RJ, Smith JE, Lange W (2007) CRA-Manual zur Behandlung von Alkoholabhängigkeit: erfolgreicher behandeln durch positive Verstärkung. Bonn: Psychiatrie-Verlag.

Miller WR, Rollnick S (2009) Motivierende Gesprächsführung. 3. unveränderte Auflage. Freiburg i.Br.: Lambertus-Verlag.

Millon T (1981) Disorders of personality: DSM-III, Axis II. New York: Wiley.

Millon T, Everly GS (1985) Personality and its disorders: a biosocial learning approach. New York: Wiley.

Moore BE, Fine D (Hrsg.) (1967) A Glossary of Psychoanalytic Terms and Concepts. New York: American Psychoanalytic Association.

Morf CC, Rhodewalt F (2001) Unravelling the paradoxes of narcissism: A dynamic self-regulatory processing model. Psychol Inquiery 12: 177–196.

Müller KW, Koch A, Beutel ME, Dickenhorst U, Medenwaldt J, Wölfling K (2012) Komorbide Internetsucht unter Patienten der stationären Suchtrehabilitation. Psychiatr Prax 39: 286–292.

Mueser KT, Gottlieb JD, Cather C, Glynn SM, Zarate R, Smith LF et al. (2012) Antisocial Personality Disorder in People with Co-Occurring Severe Mental Illness and Substance Use Disorders: Clinical, Functional, and Family Relationship Correlates. Psychosis 4: 52–62.

Neumann E (2010) Offener und verdeckter Narzissmus. Psychotherapeut 55: 21–28.

New AS, Goodman M, Triebwasser J, Siever LJ (2008) Recent advances in the biological study of personality disorders. Psychiatr Clin North Am 231: 441–61.

Niederhofer E, Goldmann T, Nyhuis PW (2013) Psychoedukation für Suchpatienten in der Entzugsbehandlung. Vorstellung der Therapiemodule und Ergebnisse einer Evaluation. Suchttherapie 14: S 01.

Olajide K, Munjiza J, Moran P, O'Connell L, Newton-Howes G, Bassett P, Akintomide G, Ng N, Tyrer P, Mulder R, Crawford MJ (2018). J Pers Disord: 32: 44–56.

Oldham JM, Phillips KA, Gabbard GO et al. (2001) Practice guidelines for the treatment of patients with borderline personality disorder. Am J Psychiatry 158 (10): 1–52.

Paim Kessler FH, Barbosa Terra M, Faller S, Ravy Stolf A, Carolina Peuker A, Benzano D, Brazilian ASI Group, Pechansky F (2012) Crack users show high rates of antisocial personality disorder, engagement in illegal activities and other psychosocial problems. Am J Addict 21: 370–380.

Paris J, Chenard-Poirier MP, Biskin R (2013) Antisocial and borderline personality disorders revisited. Compr Psychiatry 54: 321–215.

Paris J, Lis E (2013) Can sociocultural and historical mechanisms influence the development of borderline personality disorder? Transcult Psychiatry 50: 140–51.

Pennay A, Cameron J, Reichert T, Strickland H, Lee NK, Hall K, Lubman DI (2011) A systematic review of interventions for co-occuring substance use disorder and borderline personality disorder. J Subst Abuse 41: 363–373.

Pincus AL, Ansell EB, Pimentel CA et al. (2009) Initial construction and validation of the pathological narcissism inventory. Psychol Assess 21: 365– 379.

Pincus AL, Roche MJ (2011) Narcissistic grandiosity and narcissistic vulnerability. In: Campbell WK, Miller JA (Hrsg.) The handbook of narcissism and narcissistic personality disorder. Hoboken: Wiley.

Posner MI, Rothbart MK, Vizueta N et al. (2002) Attentional mechanisms of borderline personality disorders. Proceedings Natl Acad Sci USA 99: 16366–16370.

Poythress NG, Edens JF, Skeem JL, Lilienfeld SO, Douglas KS, Frick PJ, Patrick CJ, Epstein M, Wang T (2010) Identifying Subtypes among Offenders with Antisocial Personality Disorder: A Cluster-Analytic Study. Journal of Abnormal Psychology 119: 389–400.

Preuss UW, Johann M, Fehr C, Koller G, Wodarz N, Hesselbrock V, Wong WM, Soyka M (2009) Personality disorders in alcohol-dependent individuals: relationship with alcohol dependence severity. Eur Addict Res 15: 188–195.

Preuss UW, Koller G, Barnow S, Eikmeier M, Soyka M (2006) Suicidal Behavior in Alcohol-Dependent Subjects: The Role of Personality Disorders. Alcoholism: Clinical and Experimental Research 30: 866–877.

Preuss UW, Wong WM (2000) Comorbidity. In: Zernig G, Saria A, Kurz M, O'Malley SS (Hrsg.) Handbook of alcoholism. Boca Raton, FL, US: CRC Press. S. 287–303.

Pritzel M (2008) Neurobiologische Korrelate emotionalen Verhaltens/Wissenschaftliche Ansätze innerhalb der Neurowissenschaft. In: Barnow S (Hrsg.) Persönlichkeitsstörungen: Ursachen und Behandlung. Bern: Huber. S. 122–126,

Rado S (1934) Psychoanalyse der Pharmakothymie. Int Z Psychoanal 20: 16–32.

Rascovsky A (1997) On drug addiction. A psychoanalytic perspective. In: Rascovsky A (Hrsg.) Psychoanalysis in Argentina. Selected Articles 1942–1997. Buenos Aires: Ediciones Tauro. S. 291–318.

Raskin R, Hall CS (1979) A narcissistic personality inventory. Psychol Rep 45: 590

Renneberg B, Schmitz B, Doering S, Herpertz S, Bohus M (2010) Behandlungsleitlinie Persönlichkeitsstörungen. Psychotherapeut 4: 339–354.

Renneberg B, Ströhle A (2006) Soziale Angststörungen. Nervenarzt 77: 1123–1132.

Ripoll LH, Triebwasser J, Siever LJ (2013) Evidence-based pharmacotherapy für personality disorders. Focus 11: 225–248.

Ritter K, Dziobek I, Preissler S et al. (2011) Lack of empathy in patients with narcissistic personality disorder. Psychiatry Res 187: 241–247.

Ritter K, Lammers CH (2007) Narzissmus – Persönlichkeitsvariable und Persönlichkeitsstörung. Psychotherapie, Psychosomatik, Medizinische Psychologie 57: 53–60.

Ritter K, Roepke S, Merkl A, Heuser I, Fydrich T, Lammers CH (2010) Comorbidity in patients with narcissistic personality disorder in comparison to patients with borderline personality disorder. Psychotherapie, Psychosomatik, Medizinische Psychologie 60: 14–24.

Ritter K, Vater A, Rüsch N Schröder-Abé M, Schütz A, FydrichT, Lammers CH, Roepke S (2014) Shame-prone self-concept in patients with narcissistic personality disorder. Psychiatry Res 215: 429–437.

Ronningstam EF (2005) Identifying and understanding the narcissistic personality. New York: Oxford Press.

Ronningstam E, Weinberg I (2013) Narcissistic personality disorder: Progress in recognition and treatment. Focus 11: 167–177.

Rosa H (2005) Beschleunigung. Die Veränderung der Zeitstrukturen in der Moderne. Frankfurt a. M.: Suhrkamp.

Ross S, Dermatis H, Levounis P, Galanter M (2003) A comparison between dually diagnosed inpatients with and without Axis II comorbidity and the relationship to treatment outcome. Am J Drug Alcohol Abuse 29: 263–79.

Rost WD (2001) Psychoanalyse des Alkoholismus. Theorie, Diagnostik, Behandlung. Stuttgart: Klett-Cotta.

Rounsaville BJ, Kranzler HR, Ball S, Tennen H, Poling J, Triffleman E (1998) Personality disorders in substance abusers: relation to substance use. J Nerv Ment Dis 186: 87–95.

Rumpf HJ, Vermulst AA, Bischof A, Kastirke N, Gürtler D, Bischof G, Meerkerk GJ, John U, Meyer C (2014) Occurence of internet addiction in a general population sample: a latent class analysis. Eur Addict Res 20: 159–166.

Ruocco AC, Amirthavasagam S, Choi-Kain LW, McMain SF (2013) Neural correlates of negative emotionality in borderline personality disorder: an activation-likelihood-estimation meta-analysis. Biol Psychiatry 73: 153–160.

Russ E, Shedler J, Bradley R, Westen D (2008) Refining the construct narcissisticpersonality disorder: diagnosticcriteria and subtypes. Am J Psychiatry 165: 1473–1481.

Sachse R, Sachse M, Fasbender J (2011) Klärungsorientierte Psychotherapie der narzisstischen Persönlichkeitsstörung. Göttingen: Hogrefe.

Sachsee U (2011) Traumazentrierte Psychotherapie der Komplexen Posttraumatischen Belastungsstörung respektive Borderline-Persönlichkeitsstörung mit ausgeprägter komorbider Posttraumatischer Belastungsstörung. In: Dulz B, Herpertz S, Kernberg O, Sachsse U (Hrsg.) Handbuch der Borderline Persönlichkeitsstörungen. Stuttgart: Schattauer. S. 713–725

Sack M (2004) Diagnostische und klinische Aspekte der komplexen Posttraumatischen Belastungsstörung. Nervenarzt 75: 451–459.

Sack M, Sachsse U, Dulz B (2011) Ist die Borderline-Persönlichkeitsstörungeine Traumafolgestörung? In: Dulz B, Herpertz S, Kernberg O, Sachsse U (Hrsg.) Handbuch der Borderline Persönlichkeitsstörungen. Stuttgart: Schattauer. S. 197–201.

Saez-Abad C, Bertolin-Guillen JM (2008) Personality traits and disorders in pathological gamblers versus normal controls. J Addict Dis 27: 33–40.

Salavert J, Gasol M, Vieta E et al. (2011) Fronto-limbic dysfunction in borderline personality disorder: a 18F-FDG positron emission tomography study. J Affect Disord 131: 260–267.

Saß H, Wittchen H-U, Zaudig M et al. (2003) Diagnostisches und Statistisches Manual Psychischer Störungen. Textrevision (DSM-IV-TR). Göttingen: Hogrefe.

Schindler A (2019) Attachment and Substance Use Disorders–Theoretical Models, Empirical Evidence, and Implications for Treatment. Front Psychiatry 10: 727.

Schmahl C, Berne K, Krause A et al. (2009) Hippocampus and amygdalavolumes in patients with borderline personality disorder with orwithout posttraumatic stress disorder. J Psychiatry Neurosci 34: 289–95.

Schmitz B, Schuhler P, Handke-Raubach A, Jung A (2001) Kognitive Verhaltenstherapie bei Persönlichkeitsstörungen und unflexiblen Persönlichkeitsstilen. Lengerich: Pabst.

Schultz-Venrath U (2013) Lehrbuch Mentalisieren. Stuttgart: Klett-Cotta.

Schultz-Venrath U, Brand T, Euler S, Fuhrländer S (2012) Mentalisierungsbasierte Therapie (MBT) für Persönlichkeitsstörungen – ein (neues) Paradigma für behaviorale und psychodynamische Psychotherapien? Schweizer Archiv für Neurologie und Psychiatrie 163: 179–186.

Schulze L, Dziobek I, Vater A et al. (2013) Gray matter abnormalities in patients with narcissistic personality disorder. J Psychiatr Res 47: 1363–1369.

Siever LJ, Torgersen S, Gunderson JG et al. (2002) The borderline diagnosis III: identifying endophenotypes for genetic studies. Biol Psychiatry 51: 964–968.

Silbersweig D, Clarkin JF, Goldstein M et al. (2009) Failure of frontolimbic inhibitory function in the context of negative emotion in borderline personality disorder. Am J Psychiatry 164: 1832–1841.

Simonsen S, Euler S (2019) Avoidant and Narcissistic Personality Disorder. In: Bateman A & Fonagy P: Handbook of mentalizing in mental health practice. Washington, DC: American Psychiatric Association Publishing.

Skodol AE, Oldham JM, Bender DS, Dyck IR, Stout RL, Morey LC, Shea MT, Zanarini MC, Sanislow CA, Grilo CM, McGlashan TH, Gunderson JG (2005) Dimensional representations of DSM-IV personality disorders: relationships to functional impairment. Am J Psychiatry 162: 1919–1925.

Skodol AE, Oldham JM, Gallaher PE (1999) Axis II comorbidity of substance use disorders among patients referred for treatment of personality disorders. Am J Psychiatry 156: 733–738.

Sollberger D (2009) Beziehung und Beziehungsarbeit aus der Sicht der in der Psychiatrie tätigen Berufsgruppen. In: Küchenhoff J, Mahrer Klemperer R (Hrsg.) Beziehungsarbeit im psychiatrischen Alltag. Stuttgart: Schattauer. S. 42–69.

Sollberger D (2013) On identity: From a philosophical point of view. Child Adolescent Psychiatry Mental Health 7: 29.

Sollberger D (2020) Selbstschädigung durch Selbstmedikation. Persönlichkeitsstörungen 24: 139–149.

Sollberger D, Gremaud-Heitz D, Riemenschneider A, Agarwalla P, Benecke C, Schwald O, Küchenhoff J, Walter M, Dammann D (2015) Change in identity diffusion and psychopathology in a specialised inpatient treatment for borderline personality disorder. Clin Psychol Psychother 22: 559–569.

Sollberger D, Walter M (2010) Psychotherapie der Borderline-Persönlichkeitsstörung: Gemeinsamkeiten und Differenzen evidenzbasierter störungsspezifischer Behandlungen. Fortschr Neurol Psychiatr 78: 698–708.

Soloff PH (1998) Algorithms for pharmacological treatment of personality dimensions: symptom-specific treatments for cognitive-perceptual, affective, and impulsive-behavioral dysregulation. Bull Menninger Clin 62: 195–214.

Sowislo J, Euler S (2017) Psychodynamische Therapien der Borderline-Persönlichkeitsstörung. Psychiatrie & Neurologie, 4: 26–29.

Soyka M, Batra A, Heinz A, Moggi F, Walter M (Hrsg.) (2019) Suchtmedizin. München: Urban & Fischer Verlag/Elsevier.

Stalujanis E, Euler S (2019) Mentalisierungsbasierte Therapie bei Narzisstischer Persönlichkeitsstörung. PiD-Psychotherapie im Dialog 20: 44–47.

Steele H, Siever L (2010) Current Attachment Perspective on Borderline Personality Disorder: Advances in Gene–Environment Considerations. Psychiatry Reports 12: 61–67.

Steinberg BJ, Trestman RL, Siever LJ (1994) The colinergic and noradrenergic neurotransmitter systems and affective instability in borderline personality disorder. In: Silk KR (Hrsg.) Biological and neurobehavioral studies of borderline personality disorder (progress in psychiatry). Washington, DC: Psychiatric Press. S. 41–62.

Steiner J (1993) Psychic retreats. London: Routledge.

Steiner J (2006) Orte des seelischen Rückzuges. 3. Auflage. Stuttgart: Klett-Cotta.

Stern A (1938) Psychoanalytic investigation and therapy in the borderline group of neuroses. Psychoanal Q 7: 467–489.

Stern DN (2007a) Die Lebenserfahrung des Säuglings. Stuttgart: Klett-Cotta.

Stern DN (2007b) Der Gegenwartsmoment. Veränderungsprozesse in Psychoanalyse, Psychotherapie und Alltag. Frankfurt am Main: Brandes & Apsel.

Stieglitz RD Ermer A (2007) Diagnostik von Persönlichkeitsstörungen. Psychiatrie und Psychotherapie up2date 1: 413–432.

Stinson FS, Dawson DA, Goldstein RB, Chou SP, Huang B, Smith SM, Ruan WJ, Pulay AJ, Saha TD, Pickering RP, Grant BF (2008) Prevalence, correlates, disability, and comorbidity of DSM-IV narcissistic personality disorder: results from the wave 2 National Epidemiologic Survey on Alcohol and Related Conditions. J Clin Psychiatry 69: 1033–1045.

Stoffers JM, Völlm BA, Rücker G, Timmer A, Huband N, Lieb K (2012) Psychological therapies for people with borderline personality disorder. Cochrane Database of Systematic Reviews 15: CD005652.

Stolorow RD, Brandchaft B, Atwood GE (1987) Psychoanalytic Treatment. An Intersubjective Approach. Hillsdale/New Jersey: The Analytic Press.

Stone M (1993) Etiology of borderline personality diosorder: psychobiological factors contributing to an underlying irritability. In: Paris J (Hrsg.) Borderline personality disorder. Washington, DC: American Psychiatric Press. S. 87–102.

Stravynski A, Lamontagne Y, Lavallée YJ (1983) Clinical phobias and avoidant personality disorder among alcoholics admitted to an alcoholism rehabilitation setting. Can J Psychiatry 3: 714–719.

Streeck U (2007) Psychotherapie komplexer Persönlichkeitsstörungen. Stuttgart: Klett-Cotta.

Subic-Wrana C, Böhringer D, Breithaupt J, Herdt L, Knebel A, Beutel ME (2010) Mentalisierungsdefizite bei stationären Patienten. Psychotherapeut 55: 306–311.

Subkowski P (2000) Die psychoanalytische Sicht der Abhängigkeitserkrankungen. Psychotherapeut 4: 253–266.

Svartberg M, McCullogh L (2010) Cluster C personality disorders. Prevalence, phenomenology, treatment effects, and principles of treatment. In: Clarkin JF, Fonagy P, Gabbard GO (Hrsg.) Psychodynamic psychotherapy for personality disorders. A clinical handbook. Washington D.C.: American Psychiatric Publishing. S. 337–367.

Svartberg M, Stiles TC, Seltzer MH (2004) Randomized, controlled trial of the effectiveness of short-term dynamic psychotherapy and cognitive therapy for Cluster C personality disorders. Am J Psychiatry 161: 810–817.

Sylvers P, Landfield KE, Lilienfeld SO (2011) Heavy episodic drinking in college students: associations with features of psychopathy and antisocial personality disorder. J Am Coll Health 59: 367–72.

te Wildt BT (2011) Pro und Contra: Ist die pathologische Internetnutzung als eigenständige Erkrankung im Sinne einer stoffungebundenen Suchterkrankung zu diagnostizieren? Suchttherapie 12: 80–82.

te Wildt BT, Putzig I, Drews M, Lampen-Imkamp S, Zedler M, Wiese B, Dillo W, Ohlmeier MD (2010) Pathological Internet use and psychiatric diorders: A cross-sectional study on psychiatric phenomenology and clinical relevance of Internet dependency. Eur J Psychiatry 24: 136–145.

Torgersen S (2000) Genetics of patients with borderline personality disorder. Psychiatr Clin North Am 23: 1–9.

Torgersen S, Kringlen E, Cramer V (2001) The prevalence of personality disorders in a community sample. Arch Gen Psychiatry 58: 590–596.

Tretter F (2011) Drogenkonsum und -abhängigkeit bei Borderline-Störungen. In: Dulz B, Herpertz SC, Kernberg OF, Sachsse U (Hrsg.) Handbuch der Borderline-Störungen. Stuttgart, New York: Schattauer.

Trull TJ, Distel MA, Carpenter RW (2011) DSM-5 Borderline personality disorder: At the border between a dimensional and a categorical view. Current Psychiatry Reports 13: 43–49.

Trull TJ, Jahng S, Tomko RL, Wood PK, Sher KJ (2010) Revised NESARC personality disorder diagnoses: gender, prevalence, and comorbidity with substance dependence disorders. J Pers Disord 24: 412–426.

Van Asselt AD, Dirksen CD, Arntz A et al. (2008) Out-patient psychotherapy for borderline personality disorder: cost-effectiveness of schema-focused therapy v. transference-focused psychotherapy. Br J Psychiatry 192: 450–457.

Van den Bosch LM, Verheul R, Schippers GM et al. (2002) Dialectical Behavior Therapy of borderline patients with and without substance use problems. Implementation and long-term effects. Addict Behav 27: 911–923.

Van Reekum R, Links PS, Fedorov C (1994) Impulsivity in borderline personality disorder. In: Silk KR (Hrsg.) Biological and neurobehavioral studies of borderline personality disorder (progress in psychiatry) Washington, DC: Psychiatric Press. S. 11–22.

Vater A, Ritter K, Schröder-Abé M, Schütz A, Lammers CH, Bosson JK, Roepke S (2013b) When grandiosity and vulnerability collide: implicit and explicit self-esteem in patients with narcissistic personality disorder. J Behav Ther Exp Psychiatry 44: 37–47.

Vater A, Roepke S, Ritter K, Lammers CH (2013) Narzisstische Persönlichkeitsstörung Forschung, Diagnose und Psychotherapie. Psychotherapeut 58: 599–615.

Verheul R (2001) Co-morbidity of personality disorders in individuals with substance use disorders. Eur Psychiatry 16: 274–282.

Verheul R, Kranzler HR, Poling J, Tennen H, Ball S, Rounsaville BJ (2000) Axis I and Axis II disorders in alcoholics and drug addicts: fact or artifact? J Stud Alcohol 61: 101–110.

Verheul R, van Den Bosch LM, Koeter MW, De Ridder MA, Stijnen T, Van Den Brink W (2003) Dialectical behaviour therapy for women with borderline personality disorder: 12-Month, randomized clinical trial in the Netherlands. Br J Psychiatry 182: 135–140.

Voigtel R (1996) Die Überlassung an das unbelebte Objekt. Zur begrifflich-diagnostischen Abgrenzung der Sucht. Psyche – Z Psychoanal 50: 715–742.

Volkert J, Euler S (2018) Mentalisierungsbasierte Psychotherapie. Psychodynamische Psychotherapie 3: 138–146.

Wälte D (2003) Selbstunsichere Persönlichkeitsstörung. In: Herpertz SC, Sass H. Persönlichkeitsstörungen. Stuttgart: Thieme.

Wallerstein RS (1998) Erikson's concept of ego identity reconsidered. J Am Psychoanaly Assoc 56: 229–247.

Walter M, Berth H, Selinger J, Gerhard U, Küchenhoff J, Frommer J, Dammann G (2009b) The lack of negative affects as an indicator for identity disturbance in borderline personality disorder: a preliminary report. Psychopathology 42: 399–404.

Walter M, Bilke-Hentsch O (2020) Narzissmus. Grundlagen – Formen – Interventionen. Stuttgart: Kohlhammer.

Walter M, Bureau JF, Holmes BM, Bertha EA, Hollander M, Wheelis J, Brooks NH, Lyons-Ruth K (2008a) Cortisol response to interpersonal stress in young adults with borderline personality disorder: a pilot study. Eur Psychiatry 23: 201–204.

Walter M, Dammann G (2006) Beziehungen bei Persönlichkeitsstörungen: Empirische Forschungsergebnisse in Diagnostik und Therapie aus interpersoneller Perspektive. Persönlichkeitsstörungen: Theorie und Therapie 10: 121–131.

Walter M, Dammann G (2012) Abhängigkeitserkrankungen und Persönlichkeitsstörungen: Eine aktuelle Übersicht aus neurobiologischer und psychodynamischer Perspektive. Psychotherapeut 57: 425–233.

Walter M, Dammann G, Selinger J, Frommer J (2008b) Identität und Identitätsstörungen bei Persönlichkeitsstörungen: Definition, Konzeptionen und Perspektiven aus psychodynamischer Sicht. Schweizer Archiv für Neurologie und Psychiatrie 159: 304–312.

Walter M, Dammann G, Wiesbeck GA, Klapp BF (2005) Psychosozialer Stress und Alkoholkonsum. Fortschr Neurol Psychiatr 73: 517–525.

Walter M, Degen B, Treugut C, Albrich J, Oppel M, Schulz A, Schächinger H, Dürsteler-MacFarland KM, Wiesbeck GA (2011) Affective reactivity in heroin-dependent patients with antisocial personality disorder. Psychiatry Res 187: 210–213.

Walter M, Dürsteler KM, Petitjean S, Wiesbeck GA, Euler S, Sollberger D, Vogel M (2015) Psychosoziale Behandlungen bei Suchterkrankungen – suchtspezifische Psychotherapieformen und ihre Wirksamkeit. Fortschr Neurol Psychiatr 83: 201–210.

Walter M, Gouzoulis-Mayfrank E (Hrsg.) (2019) Psychische Störungen und Suchterkrankungen. Diagnostik und Behandlung von Doppeldiagnosen. 2. Auflage. Stuttgart: Kohlhammer.

Walter M, Gunderson JG, Zanarini MC, Sanislow C, Grilo CM, McGlashan TH, Morey LC, Yen S, Stout R, Skodol A (2009a) New onsets of substance use disorders in borderline personality disorder over seven years of followups. Addiction 204: 97–103.

Walter M, Wiesbeck GA (2009) Pharmakotherapie von Abhängigkeits- und Entzugssyndromen. Ther Umsch 66: 449–57.

Weber R, Tschuschke V (2001) Behandlung von Suchterkrankungen in Gruppen. In: Tschuschke V (Hrsg.) Praxis der Gruppenpsychotherapie. Stuttgart: Thieme. S. 290–295.

Westen D, Heim AK (2003) Disturbances of self and identity in personality disorders. In: Leary MR, Tangney JP (Hrsg.) Handbook of self and identity. New York: Guilford. S. 643–664.

WHO (World Health Organization) (2021) International Statistical Classification of Diseases and Related Health Problems (ICD). (https://www.who.int/standards/classifications/classification-of-diseases, Zugriff am 18.10.2021).

Wink P (1991) Two faces of narcissism. J Pers Soc Psychol 61: 590–597.

Winnicott DW (1965/2002) Reifungsprozesse und fördernde Umwelt. Studien zur Theorie der emotionalen Entwicklung. Gießen: Psychosozial-Verlag.

Winnicott DW (2010) Vom Spiel zur Kreativität. 12. Auflage. Stuttgart: Klett-Cotta.

Wittchen HU (1996) Critical issues in the evaluation of comorbidity of psychiatric disorders. Br J Psychiatry 168: 9–16.

Wölfling K, Bühler M, Leménager T, Mörsen C, Mann K (2009) Gambling and internet addiction: review and research agenda. Nervenarzt 80: 1030–1039.

Wrege JS, Ruocco AC, Carcone D, Lang UE, Lee ACH, Walter M (2021a) Facial Emotion Perception in Borderline Personality Disorder: Differential Neural Activation to Ambiguous and Threatening Expressions and Links to Impairments in Self and Interpersonal Functioning. J Affect Disord 284:126–135.

Wrege J, Busmann M, Meyer AH, Euler S, Lang UE, Walter M (2021b) Impulsiveness in borderline personality disorder predicts the lopng-term outcome of a psychodynamic treatment program. Clin Psychol Psychother 28:633–641.

Wrege J, Ruocco AC, Euler S, Preller K, Busmann M, Lenz C, Meya L, Schmidt A, Lang UE, Borgwardt S, Walter M (2019) Negative affect moderates the effect of social rejection on frontal and anterior cingulate cortex activation in borderline personality disorder. Cogn Affect Behav Neurosci 19: 1273–1285.

Wurmser L (1987) Flucht vor dem Gewissen. Berlin: Springer.

Wurmser L (1997) Die verborgene Dimension. Psychodynamik des Drogenzwangs. Göttingen: Vandenhoeck & Ruprecht.

Yen S, Shea MT, Pagano M, Sanislow CA, Grilo CM, McGlashan TH, Skodol AE, Bender DS, Zanarini MC, Gunderson JG, Morey LC (2003) Axis I and Axis II disorders as predictors of prospectivesuicide attempts: Findings from the Collaborative Longitudinal Personality Disorders Study.Journal of Abnormal Psychology 112: 375–381.

Yeomans F (2006) Questions concerning the randomized trial of schema-focused therapy vs. transference-focused psychotherapy. Arch Gen Psychiatry 64: 609–610.

Young JE, Klosko JS, Weishaar ME (2003) Schema Therapy. A Practitioner's Guide. NewYork, NY: The Guilford Press [dt. (2005) Schematherapie. Ein praxisorientiertes Handbuch. Paderborn: Jungferman Verlag].

Young KS (1998) Caught in the net. How to recognize the signs of internet addiction and a winning strategy for recovery. New York: John Wiley & Sons Inc.

Young KS, Nabuco de Abreu C (2011) Internet addiction. New York: John Wiley & Sons Inc.

Zanarini MC (2000) Childhood experiences associated with the development of borderline personality disorder. Psychiatr Clin North Am 23: 89–101.

Zanarini MC, Frankenburg FR, Dubo ED, Sickel AE, Trikha A, Levin A, Reynolds V (1998) Axis I comorbidity of borderline personality disorder. Am J Psychiatry 155: 1733–1729.

Zanarini MC, Frankenburg FR, Hennen J, Reich DB, Silk KR (2004) Axis I comorbidity in patients with borderline personality disorder: 6-year follow-up and prediction of time to remission. Am J Psychiatry 161: 2108–2114.

Zanarini MC, Frankenburg FR, Hennen J, Reich DB, Silk KR (2005) The McLean Study of Adult Development (MSAD) overview and implications of the first six years of prospective follow-up. J Pers Disord 19: 505–23.

Zanarini MC, Frankenburg FR, Reich BD, Fitzmaurice G (2010) The 10-year Course of Psychosocial Functioning among Patients with Borderline Personality Disorder and Axis II Comparison Subjects. Acta Psychiatr Scand 122: 103–109.

Zanarini MC, Frankenburg FR, Reich DB, Silk KR, Hudson JI, McSweeney LB (2007) The subsyndromal phenomenology of borderline personality disorder: a 10-year follow-up study. Am J Psychiatry 164: 929–35.

Zanarini MC, Frankenburg FR, Vujanovic AA, Hennen J, Reich DB, Silk KR (2004) Axis II comorbidity of borderline personality disorder: description of 6-year course and prediction to time-toremission. Acta Psychiatr Scand 110: 416–420.

Zanarini MC, Stanley B, Black DW, Markowitz JC, Goodman M, Pilkonis P, Lynch TR, Levy K, Fonagy P, Bohus M, Farrell J, Sanislow C (2010) Methodological considerations treatment trials for persons personality disorder. Ann Clin Psychiatry 22: 75–83.

Zimmermann J, Benecke C, Bender DS, Skodol AE, Krueger RF, Leising D (2013) Persönlichkeitsdiagnostik im DSM-5 [Personality assessment in DSM-5]. Psychotherapeut 58: 455–465.

Zimmerman M, Rothschild L, Chelminski I (2005) The prevalence of DSM-IV personality disorders in psychiatric outpatients. Am J Psychiatry 162: 1911–1918.

Stichwortverzeichnis

A

Abhängigkeitssyndrom 107
Abwehr 138
Abwehrmechanismus 89, 91, 131
Acamprosat 189
Affekt 117, 131, 138, 163, 176
Affektive Störung 30
Affektregulation 63, 141
Affektspiegelung 77
Aggression 54, 64, 91 f., 186
Alkoholabhängigkeit 27 f., 55, 154, 189
Ambivalenz 147
Ambulante Psychotherapie 165
Amygdala 65
Angst 96, 131, 163
Ängstliches Bindungsverhalten 120
Angststörung 30, 60
Antagonismus 36
Antisoziale Persönlichkeitsstörung 27 f., 33, 51, 55, 126, 180
Atypische Neuroleptika 187
Autoaggression 172

B

Behandlungsziele 123
Benzodiazepin 187
Bewältigungsmechanismus 142
Beziehung 69, 94, 124, 127
Beziehungsdynamik 185
Beziehungserfahrung 185
Bindungsangst 56
Bindungsstörung 71, 74
Bindungstheorie 72

Bindungstyp 73
Borderline-Persönlichkeitsorganisation 40, 70, 86, 126
Borderline-Persönlichkeitsstörung 26, 28, 33, 40, 114, 132, 144, 156, 158

C

Cannabisabhängigkeit 27, 155
Case-Management 146
Cluster-B-Persönlichkeitsstörung 65, 126, 154, 161 f., 172, 180, 188
Cluster-C-Persönlichkeitsstörung 119, 132
Community Reinforcement Approach (CRA) 150
Computerspielsucht 111
Craving 109, 190

D

Deutung 138
Diagnostik 102, 105, 109–111
Dialektisch-behaviorale Therapie (DBT) 115, 128, 133, 142
Dissozialität 39
Distanziertheit 39
Doppeldiagnose 153, 160
DSM-5 35
Dynamisch-dekonstruktive Therapie (DDP) 156, 158

E

Emotionsregulation 62, 114

Stichwortverzeichnis

Empathie 36, 99
Epidemiologie 25

F
Funktionsniveau der Persönlichkeit 35

G
Gegenübertragungsreaktionen 178
Gruppentherapie 164, 167

H
Heroinabhängigkeit 155
Hilfs-Ich 166, 179

I
ICD-11 37
Idealisierung 101, 173
Identität 36, 66 f., 113
Identitätsdiffusion 66, 89, 91, 117, 119
Identitätsentwicklung 71
Identitätsstörung 66
Impulsivität 33, 52, 63, 187
Intoxikation 106

K
Klärung 138
Klassifikation von Persönlichkeitsstörungen 37
Kognitive Verhaltenstherapie 152
Kokainabhängigkeit 146, 154
Komorbidität 28, 44
Konfrontation 138
Kontingenzmanagement 151
Kontrollverlust 109
Kränkungen 169, 177
Kriterium B 35

L
Level of Personality Functioning Scale LPFS 35

M
Maladaptive Schemata 143
Mehrfachabhängigkeit 151, 154
Mentalisieren 77, 82, 159
Mentalisierungsbasierte Therapie (MBT) 84, 128, 135, 138
Mentalisierungskonzept 84
Mentalisierungsstörung 76
Motivationsarbeit 149
Motivierende Gesprächsführung 147, 152, 166

N
Naltrexon 189
Narzisstische Dynamik 101
Narzisstische Persönlichkeitsstörung 26, 33, 46, 48, 172
Neid 168 f.
Neurobiologie 62

O
Objektbeziehung 69, 72, 96, 99, 136, 140
Objektbeziehungstheorie 176, 178
Operationalisierte Psychodynamische Diagnostik (OPD) 85, 101
Opioidabhängigkeit 146

P
Paar- und Familientherapie 152
Pathologische Glücksspiel 27, 45, 109
Persönlichkeit 113, 177
Persönlichkeitsentwicklung 77, 86
Persönlichkeitsstil 33

Persönlichkeitsstörung 14, 30, 32, 66, 85, 111, 187
Persönlichkeitsstruktur 95
Pharmakotherapie 186
PID-5 36
Primärer Krankheitsgewinn 183
Psychodynamik 85, 93, 100, 178
Psychodynamische Therapie 152
Psychoedukation 152
Psychopathiekonzept 52
Psychopathische Persönlichkeit 55
psychosoziale Funktionsbeeinträchtigung 37
Psychosoziale Funktionsfähigkeit 134
Psychotherapie 114, 163, 184

R
Rückfall 150
Rückfallprävention 153, 166

S
Schädlicher Gebrauch 106
Schematherapie 128, 143
Schizotypische Persönlichkeitsstörung 28
Schüchternheit 60
Schweregrad der Persönlichkeitsstörung 37
Sedativaabhängigkeit 155
Sektion III der DSM-5 36
Sekundäre Krankheitsgewinn 183
Selbstbild 160
Selbstdestruktives Verhalten 38
Selbstpsychologie 175
Serotonin-Wiederaufnahmehemmer SSRI 187
Soziale Ängstlichkeit 58
Soziale Kompetenz 56
Soziale Phobie 57

Spaltung 90, 175
Standardized Assessment of Severity of Personality Disorder (SASPD) 37
Stimmungsstabilisatoren 187
Störungsspezifische Therapie 114, 146
Stress 60
Substanzkonsum 170, 173 f.
Substanzstörungen 105, 107
Suchtentwicklung 96
Suchterkrankungen 13, 29, 31, 33, 105, 111, 151–153, 161, 177
Suchtpersönlichkeit 14
Suizidalität 33, 172, 186 f.

T
Tabakabhängigkeit 27
Tagesklinische Behandlung 164 f.
Teamsupervision 184–186
Therapie 129
Therapievereinbarungen 124, 184
Toleranz 109
Trauma 74
Traumatisierung 75

U
Über-Ich-Pathologie 91
Übertragungs- und Gegenübertragungsmanifestation 173 f., 179
Übertragungsfokussierte Deutungsarbeit 133
Übertragungsfokussierte Psychotherapie 128, 133, 135
Unehrlichkeit 182

V
Verhaltenssucht 109
Verhaltenstherapie 48

Vermeidende Persönlichkeitsstörung 26, 57, 120, 125, 129, 188
Vermeidend-Selbstunsichere Persönlichkeitsstörung 33, 56
Verschlossenheit 36

W
Wut 96, 131, 163

Z
Zwanghaftigkeit 39